쉽고
간단하게,
코딩을 몰라도
OK!

MCP로 똑똑하게 일하는 법

MCP로 똑똑하게 일하는 법

ⓒ 2025. 케이트리 All rights reserved.

1판 1쇄 발행 2025년 6월 26일
1판 2쇄 발행 2025년 7월 31일

지은이 케이트리
펴낸이 장성두
펴낸곳 주식회사 제이펍

출판신고 2009년 11월 10일 제406-2009-000087호
주소 경기도 파주시 회동길 159 3층 / **전화** 070-8201-9010 / **팩스** 02-6280-0405
홈페이지 www.jpub.kr / **투고** submit@jpub.kr / **독자문의** help@jpub.kr / **교재문의** textbook@jpub.kr

소통기획부 김정준, 이상복, 안수정, 박재인, 박새미, 송영화, 김은미, 나준섭, 권유라
소통지원부 민지환, 이승환, 김정미, 서세원 / **디자인부** 이민숙, 최병찬

기획 및 진행 송영화 / **교정·교열** 이정화 / **내지 디자인** 이민숙 / **표지 디자인** nu:n
용지 에스에이치페이퍼 / **인쇄** 한승문화사 / **제본** 일진제책사

ISBN 979-11-94587-54-5 (93000)
책값은 뒤표지에 있습니다.

※ 이 책은 저작권법에 따라 보호를 받는 저작물이므로 무단 전재와 무단 복제를 금지하며,
  이 책 내용의 전부 또는 일부를 이용하려면 반드시 저작권자와 제이펍의 서면 동의를 받아야 합니다.
※ 잘못된 책은 구입하신 서점에서 바꾸어드립니다.

제이펍은 여러분의 아이디어와 원고를 기다리고 있습니다. 책으로 펴내고자 하는 아이디어나 원고가 있는 분께서는
책의 간단한 개요와 차례, 구성과 지은이/옮긴이 약력 등을 메일(submit@jpub.kr)로 보내주세요.

쉽고
간단하게,
코딩을 몰라도
OK!

MCP로 똑똑하게 일하는 법

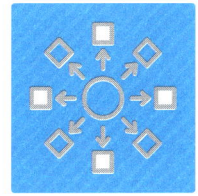

케이트리 지음

인공지능에 도구를 더해
나만의 AI 에이전트 만들기

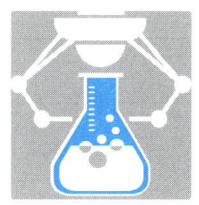

Jpub
제이펍

※ 드리는 말씀
- 이 책에 기재된 내용을 기반으로 한 운용 결과에 대해 지은이, 소프트웨어 개발자 및 제공자, 제이펍 출판사는 일체의 책임을 지지 않으므로 양해 바랍니다.
- 이 책에 등장하는 회사명, 제품명은 일반적으로 각 회사의 등록상표 또는 상표입니다.
  본문 중에는 ™, ⓒ, ® 등의 기호를 생략했습니다.
- 이 책에서 소개한 URL 등은 시간이 지나면 변경될 수 있습니다.
- 책의 내용과 관련된 문의사항은 지은이나 출판사로 연락해주시기를 바랍니다.
  - 지은이: ktree_writer@naver.com
  - 출판사: help@jpub.kr

차 례

추천사 ······ vii   머리말 ······ x

CHAPTER 1 | AI 에이전트가 만드는 세상   1

- 1.1 AI란? ······ 3
- 1.2 에이전트란? ······ 9
- 1.3 AI 에이전트의 등장 ······ 12

CHAPTER 2 | AI 에이전트를 가능하게 하는 MCP   17

- 2.1 프로토콜이란? ······ 19
- 2.2 MCP가 필요한 이유 ······ 22
- 2.3 MCP가 만들어가는 세상 ······ 25
- 2.4 MCP의 구성 요소 ······ 28

CHAPTER 3 | MCP 실전 활용 가이드   33

- 3.1 MCP 구성 방법 ······ 35
- 3.2 활용하기 좋은 MCP와 설정 방법 ······ 50
  - 3.2.1 Filesystem   51
  - 3.2.2 Google Maps   61
  - 3.2.3 Slack   69
  - 3.2.4 Sequential thinking   83
  - 3.2.5 그 외 MCP 목록   91
  - 3.2.6 유의할 점   96

CHAPTER 4 | MCP를 더 똑똑하게 쓰는 법　105

- 4.1　나만의 회의록 관리 도구 ········· 107
- 4.2　나만의 주니어 데이터 분석가 ········· 122
- 4.3　나만의 정보 검색사 ········· 144
- 4.4　나만의 전략 설계 선생님 ········· 152

CHAPTER 5 | 나만의 MCP 서버 만들기　161

- 5.1　환경 설정과 서버 세팅 ········· 163
- 5.2　나만의 서버 만들기(feat. 도구) ········· 173
- 5.3　나만의 리소스 정의하기 ········· 190
- 5.4　나만의 프롬프트 정의하기 ········· 198
- 5.5　초보자를 위한 바이브 코딩으로 서버 구성(feat. LLM) ········· 202

CHAPTER 6 | AI 에이전트와 MCP의 미래　209

찾아보기 ········· 217

추천사

전통적인 AI 개념에서 출발한 에이전트가 왜 지금 MCP라는 연결 기술을 필요로 하게 되었는지, 이 책은 그 흐름을 친절하면서도 체계적으로 안내합니다. 단순한 기술 개요가 아니라, 왜 필요한지, 어디서부터 이해해야 하는지를 먼저 짚어줍니다.

요즘 MCP에 대한 정보는 온라인에서도 쉽게 찾아볼 수 있지만, 막상 제대로 활용하려면 어디서부터 어떻게 시작해야 할지 막막한 경우가 많습니다. 이 책은 기초 개념부터 실습 중심의 설명까지 단계적으로 구성되어 있어, 초보자도 무리 없이 따라올 수 있도록 도와줍니다. 특히 화면 캡처와 설정 파일 예시를 통해 실제 환경에서의 적용법을 세심하게 보여주기 때문에, IT 종사자나 AI 시스템 구축에 관심 있는 독자에게 실용적입니다.

또한 MCP 자체가 하나의 도구처럼 기능하는 기술이기 때문에 단순히 '배웠다'에서 끝나는 것이 아니라, 어떻게 써야 하는지를 구체적인 예시와 실습을 통해 자연스럽게 익히게 해준다는 점이 이 책의 큰 강점입니다. 실제로 책에서는 기본적인 설정 방법부터 MCP 서버를 직접 만들어보는 예시까지 다루어, 독자의 수준에 따라 확장된 학습이 가능합니다.

무엇보다 이 책의 주목할 만한 특징은 단순히 도구의 사용법만을 알려주는 데 그치지 않고, MCP의 구조적 핵심인 '리소스'와 '프롬프트' 개념을 명확히 짚어준다는 점입니다. 덕분에 독자는 MCP의 단순한 기능이 아닌, AI 에이전트 구조 내에서의 역할과 중요성을 입체적으로 이해하게 됩니다.

에이전트 기반 AI 시대를 준비하려는 이들에게 이 책은 출발 지점부터 든든한 길라잡이가 되어줄 것입니다.

김태영, AIFactory CEO

이 책은 AI 시대의 핵심 기술로 사실상 업계 표준이 된 MCP를 통해 AI 에이전트의 무한한 가능성을 실용적으로 풀어낸 가이드입니다. 복잡한 기술 개념을 일반인도 이해할 수 있도록 친절하게 설명하며, 실제 구현까지 상세히 안내해 누구나 직접 활용해볼 수 있게 돕습니다.

AI와 실세계를 연결하는 MCP의 혁신적 가치를 깨닫고, 직접 활용해보고 싶은 독자들에게 최적의 입문서가 되어줄 것입니다. 단순한 이론서를 넘어 실무에 바로 적용할 수 있는 노하우까지 담겨 있어, AI 에이전트 시대를 준비하는 모든 이에게 강력히 추천합니다.

이 책과 함께 AI가 만들어갈 새로운 세상의 주역이 되길 바랍니다.

김성완, 생성 AI 컨설턴트, 前)펄어비스 AI 연구원, 《AI 미래》 저자

MCP의 개념을 이처럼 명쾌하고 실용적으로 풀어낸 책은 처음입니다. 복잡하게 느껴질 수 있는 AI 기술을 일상의 업무와 연결해, 실제적인 성과로 이어질 수 있는 구체적인 방법론을 제시합니다. 막연함을 넘어 현실적으로 MCP를 활용하기 원하는 이들에게 강력히 추천합니다.

보표, AI 코리아 커뮤니티 대표

인공지능은 빠르게 발전하고 있지만, 여전히 실세계와의 실질적인 상호작용에는 많은 제약이 있습니다. 뛰어난 지능을 갖추고도 실제 환경에서 제대로 된 '행동'을 하지 못하는 AI의 한계를 넘어서기 위한 혁신적인 해답이 바로 MCP입니다.

MCP는 인공지능에 손과 발을 달아주는 새로운 표준입니다. 이제 인공지능은 MCP를 통해 파일을 관리하고, 외부 데이터를 읽고, 실제 작업을 직접 수행할 수 있습니다. 이 책은 MCP의 원리와 구성 방식을 알기 쉽게 풀어내어 MCP가 가져올 변화와 가능성을 명확히 이해할 수 있도록 도와줍니다.

AI의 진정한 가치는 현실 세계와의 연결에서 더욱 빛을 발합니다. MCP는 바로 그 연결을 위한 중요한 기술적 기반입니다. 앞으로 펼쳐질 AI 에이전트 시대를 대비하고 싶다면, 이 책이 가장 유익한 길잡이가 되어줄 것입니다.

안광섭(해봄), 국민대학교 경영대학 머신러닝 겸임교수, 3blocks.ai 대표

머리말

지금 이 글을 보고 있다는 것은 여러분이 MCP, 에이전트, AI 등 그것이 무엇이건 미지의 세계를 탐험하고자 하는 호기심을 가지고 있다는 증거라고 본다. 미지의 세계를 탐험하는 여러분의 여정에 함께하게 되어 기쁘다.

현대 사회의 기술 발전은 실로 놀랍다. 당장 100년 전에 살아간 사람들이 현재의 기술을 보기만 해도 아마 눈이 휘둥그레질 것이다. 그러나 기술이 발전할수록 그 작동 원리가 점점 더 블랙박스처럼 불투명하게 느껴지고, 활용하기 어려운 현상이 두드러지게 나타난다.

내가 공과 대학원에서 석박사들에게 AI를 가르치며 깨달은 것은, 기술적으로 이해하는 것도 중요하지만 진정한 변화는 그 기술이 사회 속에 자연스럽게 녹아들 때 비로소 살아난다는 것이다. 그리고 그 기술을 개발하거나 활용하는 사람들의 의무이자 책무는, 삶 속에서 실제로 활용할 수 있도록 돕는 일이라고 생각한다. 이 책은 그런 나의 생각을 바탕으로 MCP_{Model Context Protocol}라는 기술을 탐구한다.

일반인도 이해할 수 있도록 기술을 쉽게 서술하기 위해서 가능한 한 익숙한 사례를 통해 MCP의 개념을 쉽게 풀어내고자 했다. 얼마 전부터 나는 MCP를 활용하여 다양한 커스텀 서버를 구축하기 시작했다. 처음에는 단순한 호기심에서 출발했지만, 점차 일상생활과 연구 작업에 이를 활용하면서 놀라운 변화를 체감하게 되었다. 심지어 arxiv MCP를 활용해서 최신 연구 자료를 가져와 분석하고 새로운 통찰을 얻었을 때는, 나의 사고방식과 일하는 방식 자체가 변화하는 경험을 했다.

이로 인해 주변 사람들에게 MCP를 소개하고, 그들이 이 기술을 활용할 수 있도록 도왔다. 다양한 배경을 가진 사람들이 각자의 방식으로 MCP를 활용하는 모습을 보며, 이 기술이 얼마나 유연하고 강력한지 다시 한번 확인할 수 있었다. 그들로부터 받은 긍정적인 피드백과 감사 인사는 이 책을 쓰게 된 또 다른 원동력이 되었다.

이러한 경험이 쌓이면서 나는 MCP의 개념과 활용 방법을 쉽게 설명한 책이 있다면 더 많은 사람들이 이 기술의 혜택을 누릴 수 있을 것이라는 확신을 가지게 되었다. 기술의 민주화란 단순히 접근성을 높이는 것을 넘어, 다양한 관점과 필요에 의해 기술이 발전하는 길이기도 하다.

기술 서적은 종종 독자를 소외시킨다. 개발자를 위한 책은 코드로 가득하고, 이론서는 수식으로 빼곡하다. 이 책은 그 간극을 메우고자 한다. 우리는 코딩을 몰라도 스마트폰을 사용할 수 있고, 자동차의 내연기관을 이해하지 못해도 운전할 수 있다. MCP도 그러하다. 커스텀 MCP 서버를 다루는 부분도 있지만, 이미 만들어진 MCP 서버를 어떻게 활용할 수 있는지를 안내하는 데에도 꽤 많은 공을 들였다.

그러다 보니 기술적 세부사항보다는 '누구나 이해할 수 있는 책'에 집중했다. 따라서 기술적 정밀성과 세부 구현이 궁금한 시니어 개발자라면 공식 문서를 참고하길 바란다. 쉬운 이해를 위해 의도적으로 논리적 생략이나 비유를 사용했으며, 이로 인해 모든 상황과 예외를 포괄하지는 않았다.

대개 처음 접하는 사람에게 쉽게 설명하려면, 생략이나 비유를 활용하는 경우가 있다. 이는 머릿속의 모든 내용을 빠짐없이 나열하는 것이 현실적으로 어렵고, 그렇게 하면 오히려 설명이 늘어져 핵심이 흐려질 수 있기 때문이다. 특히 이 책의 독자처럼 MCP 개념을 처음 접하는 경우, 모든 예외 상황을 포함한 설명은 오히려 더 큰 혼란을 줄 수 있다.

예외까지 포함해 모든 경우에 통용되는 사실을 서술하려면 각 특수 조건과 사례를 다루어야 하지만, 그러한 방식은 설명의 접근성을 해칠 수 있다. 따라서 본문에서는 일반적인 상황과 논리 전개를 중심으로 설명하며, 다양한 비유를 활용해 개념을 직관적으로 전달하고자 했다.

예를 들어, 어떤 입문서에서 인공신경망을 '뇌의 뉴런이 신호를 전달하는 것과 같다'고 비유했다고 하자. 개념의 구조와 정보 전달 방식의 유사성이라는 관점에서 보면 이는 타당한 설명이다. 실제로 인공신경망은 생물학적 신경망에서 영감을 받은 것으로 알려져 있다.

뉴런이 시냅스를 통해 연결되어 자극을 전달하는 것처럼, 인공신경망도 노드 간에 가중치를 적용해 입력을 받아 출력으로 전달한다. 또한 생물학적 뉴런이 학습과 경험에 따라 시냅스 강도가 달라지듯, 인공신경망도 학습을 통해 각 연결의 가중치weight를 조정한다.

이러한 유사성 덕분에 초보자에게 개념을 처음 설명할 때 이 비유는 직관적인 이해를 돕는 데 유효하다. 완전한 정확성을 희생하더라도, 이해의 문턱을 낮추기 위한 도구로 기능하는 것이다. 물론 실제로는 인공신경망과 생물학적 신경망 간의 구조와 동작 원리에 차이가 많고, 엄밀히 따지자면 여러 예외와 한계가 존재한다. 하지만 초보자의 이해를 돕기 위해 그러한 차이점은 생략하고, 비유를 중심으로 설명함으로써 전체적인 개념을 좀 더 쉽게 전달하고자 하는 것이다.

나 역시 같은 이유로, 개념의 본질을 더 직관적으로 전달하고자 했으며, 그 과정에서 일부 예외 상황이나 기술적 세부사항은 생략하고 주로 비유를 통해 전개하고 있으니 참고하기 바란다.

과거 한 공개 강의에서 AI 기술에 대해 "만약 인간이 모든 상황을 규칙으로 정의하고 코딩할 수 있다면 AI는 필요하지 않을 것이다. 그러나 현실적으로는 모든 상황을 규칙으로 포괄하는 것이 불가능하기 때문에 AI 기술이 사용되며, 자율주행이 그 예가 될 수 있다"라고 설명한 적이 있다. 이에 대해 한 교수님께서 "자율주행에는 AI가 아니라 강화 학습이 적용된다"라고 반박하신 적이 있다.

그러나 내가 전달하고자 했던 핵심은 '규칙 기반 접근 방식의 한계'였으며, 그로 인해 자율적으로 상황을 인식하고 판단할 수 있는 기술이 필요하다는 점이었다. 강화 학습은 AI의 하위 분야로, 자율주행 시스템에서 강화 학습이 사용되었다면 이는 AI 기술이 활용된 사례라고 볼 수 있다. 즉, 규칙 기반으로 해결하기 어려운 복잡하고 예측 불가능한 상황을 처리하기 위해 AI 기술이 요구된다는 점에서 'AI가 사용된다'는 설명은 타당하다. 이후 이 점을 교수님께 다시 설명드렸고, 납득하신 적이 있다.

나는 그 교수님이 자율주행 시스템에서 '어떤 구체적인 AI 기법이 주로 사용되는가'를 중점에 두고 바라본 것이라고 생각한다. AI의 범위는 넓기 때문에 강화 학습이 아닌 기술도 AI이고, 따라서 'AI가 적용된다'는 표현은 큰 틀에서 보면 틀린 설명이 아니다. 각자의 초점과 맥락에 따라 서로 다른 해석이 가능하다는 점을 이 경험을 통해 깨달았다.

따라서 이 책을 읽을 때 설명의 흐름과 전개 맥락을 따라가는 것이 중요하다고 생각한다. 또한, 이 책은 2025년 4월 기준으로 집필이 완료되었으며, 책이라는 매체의 특성상 이후 등장한 기술 변화나 세부 업데이트가 실시간으로 반영되기는 어렵다. 큰 틀에서는 변함이 없겠지만, 세부적인 변동 가능성은 열려 있음을 참고해주기를 바란다.

만약 책 내용과 관련해 협업이 필요한 경우, 출판사를 통해 연락을 부탁드린다.

이러한 이유로, 이 책은 대학이나 대학원에서 쓰이는 전문 서적은 아니지만, 최대한 쉽게 설명하면서도 정확함을 유지하고자 노력했다. 개발 경험이 없거나 개발이 익숙하지 않은 주니어 개발자는 물론, 비전공자와 일부 시니어 개발자에게도 실질적인 도움이 되리라 믿는다.

미래는 AI와 함께 살아가는 세상이다. 아직도 AI를 어렵고 나와는 거리가 먼 기술이라 여기는 사람이 많은 것 같다. 그러나 그 기술을 일단 활용해보는 것 자체가 기술을 이해하는 첫걸음이라고 생각한다. 그러니 이 책을 통해 MCP를 활용해보길 바란다.

마지막으로, MCP 도서 집필에 대한 나의 열정을 지지해준 아내와 양가 부모님들께 감사의 말씀을 전한다. 또한 이 책이 세상의 빛을 볼 수 있도록 집필을 제안해주신 제이펍의 대표님과 편집자님, 디자이너님, 감수를 도와주신 모든 분들께 깊이 감사드린다. 집필 과정에서 이해를 돕기 위해 생성형 AI를 활용해 삽화를 그리거나 문장 및 단어를 일부 수정했으며, 책의 판매 수익금 중 일부는 그 기여에 상응하는 만큼 사회에 환원할 예정이다.

AI라는 새로운 대륙을 MCP와 함께 탐험해보자. 이 여정이 여러분에게 영감과 통찰로 가득하기를 희망한다.

케이트리

CHAPTER

1

AI 에이전트가 만드는 세상

AI 기술의 급속한 발전과 함께, 우리 사회는 이제 새로운 변화의 문턱에 서 있다. 특히 **AI 에이전트**AI agent라고 불리는 지능형 시스템들이 등장하면서, 기술과 인간의 상호작용 방식은 근본적으로 재정의되고 있다. 이 장에서는 AI와 에이전트의 개념을 명확히 이해하고, 이 둘을 결합한 AI 에이전트의 특성과 의의, 그리고 실제 사례들을 살펴보면서 우리 앞에 펼쳐질 미래의 모습을 탐색해본다.

먼저 AI란 무엇인지, 어떤 형태로 존재하는지 알아볼 것이다. 이어서 에이전트라는 개념이 가진 독특한 특성을 파악하고, 마지막으로 AI 에이전트의 혁신적 가치와 실제 응용 사례들을 살펴볼 것이다. 이를 통해 AI 에이전트가 만들어가는 세상과 그 가능성에 대한 포괄적인 이해를 제공하고자 한다.

1.1 **AI란?**

1.2 **에이전트란?**

1.3 **AI 에이전트의 등장**

1.1 AI란?

AI$_{artificial\ intelligence}$를 한 줄로 정의하면 '인간의 지능적 사고와 학습 능력을 모방하여 구현한 컴퓨터 시스템'이다. AI와 전통적인 컴퓨터 시스템 사이의 가장 큰 차이는 **학습 능력**이다. 전통적인 시스템은 프로그래머가 명시적으로 작성한 규칙에 따라 작동하지만, AI는 데이터로부터 스스로 규칙을 발견하고 적용한다.

예를 들어 스팸 메일 필터링 시스템을 생각해보자. 전통적인 방식에서는 프로그래머가 다음과 같은 수백 개의 규칙을 직접 작성해야 한다. 코드 1.1은 이메일 제목에 '당첨', '무료', … , '특가' 등이 들어가면 스팸으로 분류하는 간단한 예시다. 이를 적용하기 위해서는 스팸으로 분류되는 모든 경우의 수를 파악해야 한다.

```
if "당첨" in 이메일_제목 or  ... or "무료" in 이메일_제목 or "특가" in 이메일_제목:
    분류 = "스팸"
else:
    분류 = "정상"
```

코드 1.1 이메일의 제목에 포함되는 특정 키워드 수백 개를 직접 정의하여 스팸으로 분류하는 의사코드 예시

반면, 학습 기반 AI는 수천 개의 스팸과 정상 메일 예시를 분석하여 스스로 패턴을 찾아내고, 새로운 유형의 스팸도 효과적으로 식별할 수 있다. 그렇다 보니 전통적인 프로그래밍과 AI의 가장 핵심적인 차이인 학습 능력은 데이터를 통해 패턴을 인식하고, 경험을 축적하여 성능을 개선하는 과정에서 차이를 드러내며, 이에 따라 AI의 성능도 확연히 달라지게 된다.

 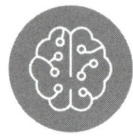

그림 1.1 전통적인 프로그래밍과 학습 기반 AI의 차이(출처: Napkin.ai)

이러한 AI의 학습 방법과 형태는 다양한데, 크게 **지도 학습**supervised learning, **비지도 학습** unsupervised learning, **강화 학습**reinforcement learning의 세 분류로 나눌 수 있다. 지도 학습은 한마디로 말하자면, 정답이 분류된 데이터를 통해 입력과 출력 사이의 관계를 배우는 방식이다. 예를 들어 앞서 살펴보았던 스팸 메일을 탐지하는 AI를 보자. 이 AI는 '스팸' 또는 '정상'으로 분류된 수만 개의 이메일을 학습 데이터로 사용한다. 학습 과정에서 AI는 이메일의 내용, 발신자, 제목 등의 특징을 분석하여 어떤 특징이 스팸과 연관성이 높은지 파악한다.

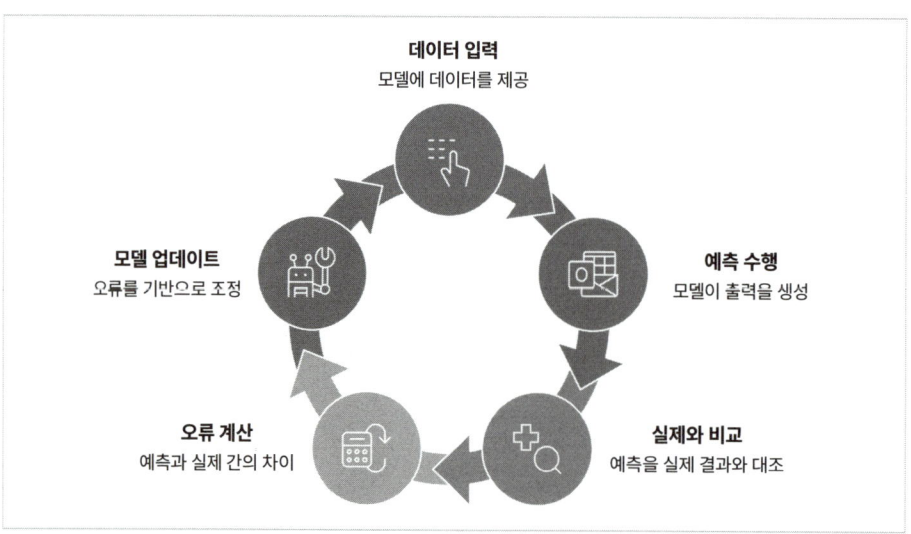

그림 1.2 지도 학습의 개념적 구조도(출처: Napkin.ai)

AI가 메일을 '스팸'으로 예측했는데 실제로는 '정상' 메일이라면, 그것을 오차로 판단하고 이 오차를 줄이는 방향으로 스스로를 조정한다. 수많은 이메일에 대해 이 과정을 반복하면서, AI는 점차 정확한 스팸 탐지 능력을 갖추게 된다.

이처럼 지도 학습은 '입력 → 예측 → 실제 정답과 비교 → 오차 계산 → 업데이트'의 과정을 반복하며 학습을 진행한다.

다음으로, 비지도 학습은 정답 없이 데이터 자체의 구조와 패턴을 발견하는 방식이다. 지도 학습이 '이것은 고양이다', '이것은 개다'와 같이 정답이 있는 데이터를 통해 학습하는 반면, 비지도 학습은 정답 없이 데이터의 내재된 특성을 찾아낸다.

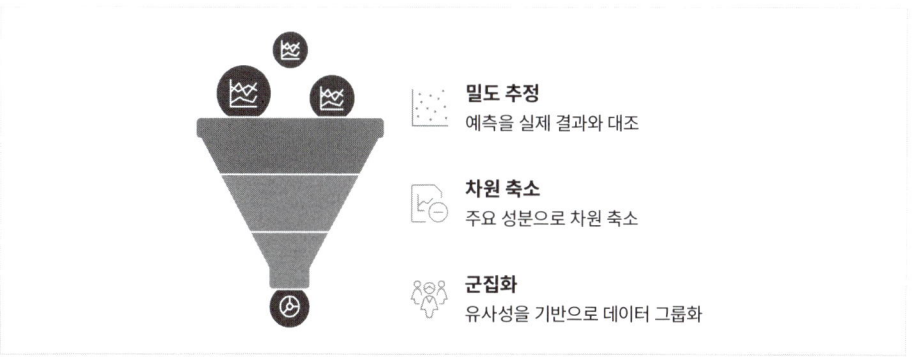

그림 1.3 **비지도 학습 주요 기법들의 예시**(출처: Napkin.ai)

예를 들어 온라인 쇼핑몰의 고객 세분화 AI는 구매 이력, 검색 패턴, 방문 빈도 등의 데이터만을 가지고 유사한 행동 패턴을 보이는 고객들을 자동으로 그룹화한다.

이 과정에서 AI는 '이 고객이 어떤 그룹에 속하는지'에 대한 명시적인 정답 없이, 미리 정의된 데이터(고객) 간의 거리나 밀도를 측정하는 공식을 통해 거리(유사도)를 추정하고, 가까운 거리를 가진 데이터(고객)끼리 그룹을 형성하도록 한다. 이렇게 형성된 고객 그룹은 그룹끼리 공통된 특징을 가지는 것으로 간주할 수 있다.

예를 들어 어떤 그룹은 '20대 여성 패션 애호가'이고, 다른 그룹은 '가격 민감형 소비자'이며, 또 다른 그룹은 '기술 얼리어답터'의 특징을 가지는 그룹으로 해석될 수 있으며, 이를 바탕으로 맞춤형 마케팅 전략을 수립할 수 있다.

비지도 학습의 학습 과정은 데이터의 분포 자체를 이해하고, 유사성이나 차이점을 효과적으로 표현하는 방향으로 진행되며, 지도 학습처럼 정답과의 직접적인 비교 없이도 의미 있는 패턴을 발견할 수 있다는 특징이 있다.

마지막으로, 환경(AI가 상호작용하는 대상으로, 주로 외부 세계나 상황 혹은 외부 세계나 상황과 동일하게 상호작용이 가능한 시뮬레이터)과의 상호작용을 통해 보상(좋은 행동에 대한 긍정적 신호)을 최대화하는 행동을 학습하는 강화 학습이 있다. 강화 학습을 한마디로 표현하면 '시행착오를 통한 학습'으로, AI가 행동을 취하고 그 결과에 따라 환경으로부터 보상이나 벌점을 받으며 학습하는 방식이다.

예를 들어 게임 AI는 게임 환경(게임의 규칙과 상태)에서 다양한 행동(게임 내 조작)을 시도하고, 점수가 오르면 보상을, 생명이 줄거나 게임 오버가 되면 벌점(부정적 보상)을 받는다. 처음에는 무작위로 행동하지만, 시간이 지날수록 좀 더 큰 보상을 얻을 가능성이 높은 행동을 더 자주 선택하게 된다.

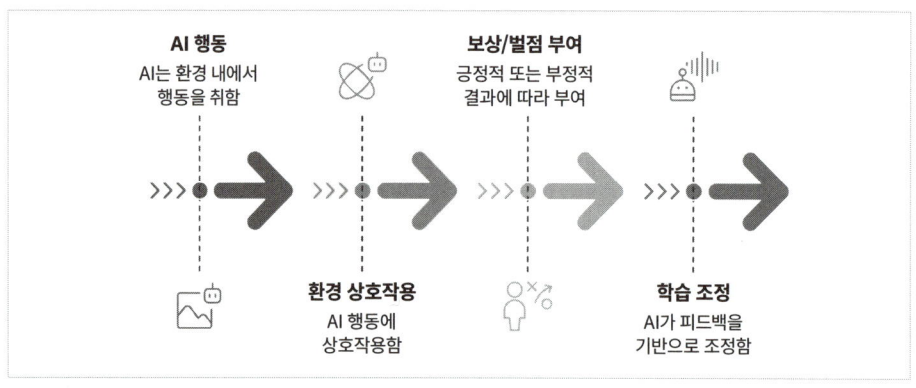

그림 1.4 강화 학습 과정의 개념적 구조도(출처: Napkin.ai)

이러한 AI의 학습에는 일반적으로 대량의 데이터가 필요하다. 이는 복잡한 패턴을 정확히 파악하기 위해 다양한 사례를 접해야 하기 때문이다. 인간이 언어를 배울 때 수년간 수많은 대화를 들으며 학습하는 것처럼, AI도 자연어 처리를 위해 방대한 텍스트 데이터가 필요하다.

이런 대량의 데이터는 학습 데이터에만 지나치게 최적화되는 **과적합**overfitting 문제를 줄이고, 다양한 상황에 적용 가능한 일반화된 규칙을 학습하는 데 도움이 된다.

최근에는 적은 수의 데이터만으로도 새로운 작업을 학습할 수 있는 **퓨샷 러닝**few-shot learning과 같은 기술을 활발히 연구하고 있지만, 현재로서는 적은 데이터로만 학습하는 AI의 성능에는 제한이 있다. 인간은 적은 수의 예시만으로도 개념을 이해하고 일반화할 수 있지만, 현재의 AI는 여전히 대량의 데이터가 필요하다.

그러나 AI는 한 번 학습하면 특정 분야에서는 인간이 찾기 어려운 복잡한 패턴도 찾아낼 수 있으므로, 일부 영역에서는 사람보다 더 뛰어난 성능을 보이기도 한다.

이러한 AI의 학습은 이전에는 컴퓨터로 할 수 없었던 자연어 이해, 이미지 인식, 복잡한 의사결정 등을 가능하게 만들었다. 자율주행차는 도로 환경과 교통 상황을 학습하여 안전하게 주행할 수 있고, 언어 번역 시스템은 다양한 문맥과 표현을 학습하여 더 자연스러운 번역을 제공한다. 전통적인 컴퓨터 시스템은 정확한 규칙과 알고리즘을 통해 계산과 데이터 처리를 수행하는 데는 탁월했지만, 불확실하고 복잡한 실세계 문제에는 취약했던 것을 AI가 극복할 수 있게 된 것이다.

이러한 학습 기반 AI의 발전은 단순히 기술적 진보를 넘어, 인간과 AI의 관계, 일의 미래, 지식의 생산과 공유 방식에 대한 근본적인 변화를 가져오고 있다.

따라서 우리는 AI와 협력하며, AI를 더 잘 사용할 수 있도록 한 단계 더 발전된 방식으로 일해야 한다. 이 책은 이러한 변화에 따라 AI를 활용하는 다양한 방법 중, **MCP**Model Context Protocol라는 방법을 중심으로 설명하고자 한다. MCP에 대해서는 추후 더 자세히 설명하겠다.

> **용어 설명**

★ 과적합

과적합은 기계 학습 모델이 훈련 데이터에 너무 완벽하게 맞춰진 나머지, 새로운 데이터에 대해서는 제대로 예측하지 못하는 현상이다. 마치 시험 문제만 달달 외우고 실전에서는 응용을 못하는 학생과 비슷하다.

예를 들어 어떤 학생이 수학 문제집의 모든 문제와 답을 완벽히 암기했다고 하자. 시험에서 문제집과 똑같은 문제가 나오면 잘 풀겠지만, 조금이라도 변형된 새로운 문제가 나오면 풀지 못할 것이다. 이처럼 과적합된 AI 모델은 학습한 데이터에 대해서는 높은 정확도를 보이지만, 처음 보는 데이터에 대해서는 성능이 크게 떨어진다.

★ 퓨샷 러닝

퓨샷 러닝은 적은 수의 예시만으로 새로운 과제를 수행하는 학습 방식이다. '퓨샷(few-shot)'이라는 말 그대로 '몇 번의 시도'만으로 학습한다는 의미다.

일상에서 비유하자면, 아이에게 사과를 가르칠 때 수십 개의 사과를 보여줄 필요 없이 2~3개만 보여주고 '이게 사과야'라고 알려주면 아이는 다른 사과도 인식할 수 있게 되는 것과 비슷하다. 마찬가지로 퓨샷 러닝은 AI에게 몇 가지 예시만 제공해도 새로운 상황에 적용할 수 있는 능력을 키울 수 있도록 해준다.

1.2 에이전트란?

에이전트agent란 특정 환경 안에서 스스로 판단하고 행동하여 독립적인 역할을 수행하는 존재를 말한다. 우리 주변에서 흔히 볼 수 있는 '대리인' 또는 '대행자'와 비슷한 개념으로, 나를 대신해 일을 처리하는 역할을 한다.

예를 들어 부동산 중개인이 집주인을 대신해 집을 판매하고, 여행사 직원이 여행객을 대신해 항공권과 호텔을 예약하는 것처럼, 에이전트는 특정 목적을 위해 자율적으로 행동한다.

쉽게 말해, 에이전트는 '내가 직접 하기 번거로운 일을 대신 처리해주는 도우미'라고 생각하면 된다. 우리가 비서에게 '오늘 오후 2시에 회의실을 예약해줘'라고 요청하면, 비서는 자율적으로 회의실을 찾고, 예약 시스템에 접속하여 예약을 완료한 후 결과를 알려준다. 이처럼 에이전트는 우리의 지시를 받아 독립적으로 작업을 수행한다.

IT 세계에서의 에이전트도 유사하다. IT에서는 대신 작업을 수행하는 소프트웨어를 에이전트라고 칭한다. 우리가 접하는 일반 프로그램과 에이전트의 가장 큰 차이점은 '자율성'이다. 에이전트는 주어진 목표를 달성하기 위해 해야 할 작업을, 정해진 규칙이나 알고리즘에 기반해 자율적으로 수행할 수 있어야 한다.

에이전트는 환경과 상호작용하는 방식으로 작동한다. 여기서 **환경**environment이란 에이전트가 존재하고 작업을 수행하는 공간이나 상황을 말한다. 실생활에서의 환경은 우리가 살아가는 물리적 세계이고, 디지털 세계에서의 환경은 컴퓨터 시스템, 네트워크, 웹사이트 등이다. 에이전트는 이 환경을 감지하고, 정보를 처리한 후, 환경에 영향을 미치는 행동을 취한다.

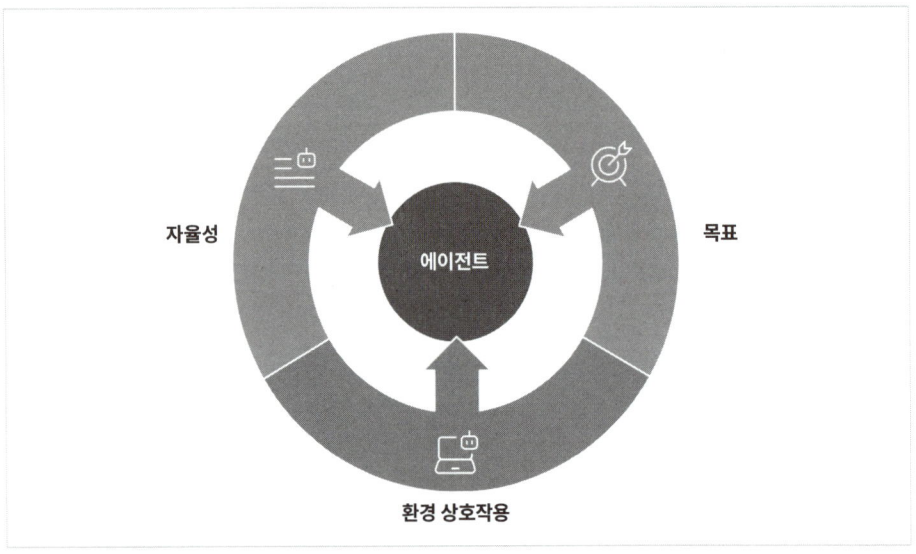

그림 1.5 **IT에서 에이전트의 개념적 특징**(출처: Napkin.ai)

예를 들어 온도 조절 에이전트는 실내 온도계를 통해 현재 온도를 측정하고, 이 정보를 바탕으로 설정 온도와 비교한 후, 필요하다면 난방 또는 냉방 시스템을 작동시킨다. 이러한 과정은 매번 개입하지 않아도, 이미 몇 가지 조건에 의해 규칙으로 프로그래밍되어 있기 때문에 자동으로 이루어진다.

우리는 왜 에이전트를 사용할까? 일상생활에서 이와 유사한 사례를 생각해보자. 바쁜 회사 임원이 개인 비서를 고용하는 이유는 무엇일까? 비서는 일정 관리, 이메일 응답, 회의 준비 등 반복적이고 시간 소모적인 작업을 처리함으로써, 임원이 중요한 의사결정과 창의적인 작업에 집중할 수 있게 해준다. 에이전트도 이와 마찬가지다.

현대 사회 속 컴퓨터 환경에서는 처리해야 할 정보와 작업이 폭발적으로 증가하고 있다. 에이전트는 반복적이고 규칙적인 작업을 자동으로 처리함으로써, 인간의 시간과 노력을 절약해준다. 예를 들어 이메일을 자동으로 분류하고, 중요한 알림만 전달하며, 광고성 메일을 걸러내는 등 에이전트는 우리가 수많은 정보 속에서 중요한 것에만 집중할 수 있게 해준다. 이를 통해 자동화와 효율성을 달성할 수 있는 것이다.

이를 이해하기 위해 스마트홈 시스템을 예로 들어보자. 스마트홈에는 조명, 온도 조절, 보안 카메라, 사운드 시스템, 냉장고 등 많은 기기가 연결되어 있다. 이 모든 기기를 각각 따로 제어하려면 여러 앱을 열고 설정을 변경하거나 기기 간 조회를 맞추는 등 복잡한 작업이 필요하다.

하지만 스마트홈 에이전트가 있다면, 모든 기기를 직접 제어할 필요가 없다. 에이전트가 정해진 규칙에 따라 조명을 어둡게 조절하고, 온도를 적절하게 맞추고, TV를 켜고, 사운드 시스템을 영화에 맞게 설정하는 등 여러 작업을 자동으로 처리한다. 각 기기를 개별적으로 조작할 필요 없이, 원하는 결과를 얻는 것이다.

생각해보면, 우리 주변의 많은 시스템이 이미 에이전트 개념을 활용하고 있다. 자동 온도 조절 장치, 시스템 자동 업데이트 등이 모두 에이전트의 일종이다. 이들은 모두 특정 환경을 감지하고, 목표(적절한 온도 유지, 버전 최신화 등)에 따라 행동한다.

이처럼 에이전트는 정보화 시대의 복잡성을 관리하고 자동화 요구를 해결하기 위한 중요한 개념으로 발전해왔다. 전통적인 에이전트들은 주로 규칙 기반으로 작동하며, 특정 상황에서 미리 정의된 행동을 수행한다. 이들은 오랫동안 컴퓨터 시스템의 자동화와 효율성 향상에 중요한 역할을 해왔으며, 현대 소프트웨어 시스템의 기반을 형성하고 있다.

그러나 우리가 사용하는 디지털 시스템은 점점 더 복잡해지고 있으며, 기존의 에이전트는 이러한 복잡성을 반영해서 발전해야 한다는 요구를 끊임없이 받고 있다. 다음 절에서는 이러한 에이전트의 개념이 AI 기술과 어떻게 결합되어, 복잡한 시스템에서도 동작하는 더욱 강력하고 혁신적인 AI 에이전트로 발전하는지 살펴볼 것이다.

1.3 AI 에이전트의 등장

앞에서 살펴본 바와 같이, AI와 에이전트의 개념은 이미 예전부터 존재했다. 그러나 최근 많은 곳에서 AI와 에이전트를 결합한 AI 에이전트에 대해서 이야기하고 있고, AI 에이전트에 대한 관심이 높아짐에 따라 이번 장에서는 AI 에이전트에 대해 설명하고자 한다.

AI 에이전트는 사실 에이전트라는 더 큰 개념 안에 포함되는 하나의 유형이다. 일반적으로 **에이전트**는 다양한 역할을 수행할 수 있는 자율적인 소프트웨어를 의미하며, 그중 AI 기술과 결합된 형태를 AI 에이전트라고 부른다. **AI 에이전트**는 전통적인 에이전트 개념에 인공지능 기술을 접목한 것으로, 보다 높은 수준의 자율성과 적응력을 갖춘 소프트웨어 시스템이다.

AI와 에이전트의 결합은 단순한 두 기술을 합친 것 그 이상의 가치를 창출한다. 단순히 미리 정의된 규칙에 따라 행동하는 규칙 기반의 에이전트는 복잡한 상황에 적절히 대응하지 못한다는 한계가 있었다. 그러나 AI 기술을 통해 에이전트는 다양한 경험을 통해 학습함으로써, 복잡한 상황에서도 적용할 수 있게 되었다.

에이전트와 AI의 결합이 특히 주목받는 이유는, 복잡한 상황에서의 적용 가능성이라는 점에서, 에이전트의 기본 작동 방식과 AI의 학습 능력이 서로의 장점을 한층 끌어올리기 때문이다. 에이전트는 기본적으로 지속적인 데이터 수집과 이에 기반하여 행동을 결정하는 순환 구조를 가지고 있다.

이러한 에이전트의 특성은 AI가 필요로 하는 '피드백 루프'를 자연스럽게 제공한다. AI 에이전트는 자신의 행동 결과를 즉각 관찰하고, 이를 학습 데이터로 활용하여 모델을 지속적으로 개선할 수 있다. 이러한 끊임없는 피드백 사이클은 AI 에이전트가 시간이 지남에 따라 더 높은 정확도를 달성할 수 있도록 해준다.

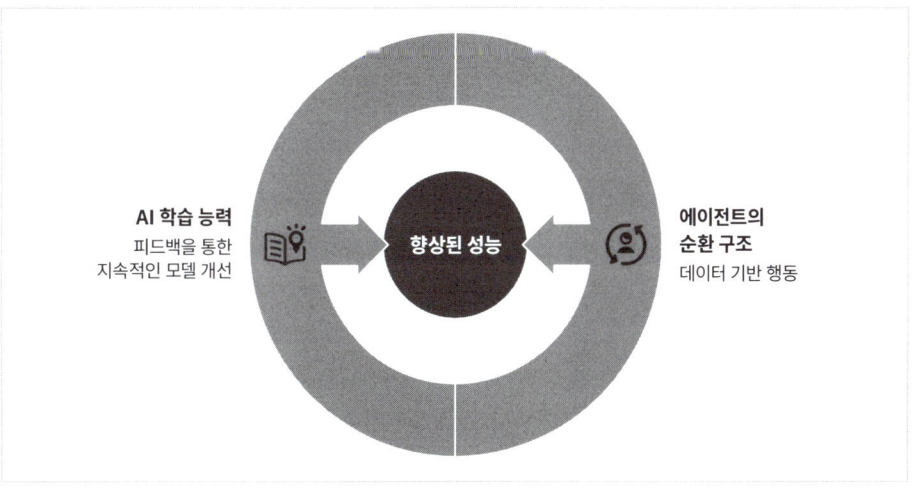

그림 1.6 AI와 에이전트의 결합으로 인한 향상된 성능 개념적 도식 (출처: Napkin.ai)

예를 들어 규칙 기반의 트래픽 관리 에이전트는 미리 정의된 몇 가지 교통 패턴에만 대응할 수 있었지만, AI 에이전트는 실시간으로 변화하는 다양한 교통 상황, 날씨, 특별 행사와 같은 여러 변수를 동시에 고려하여 더 효율적인 신호 체계를 구현할 수 있다. 방대한 데이터를 분석하여 자신의 행동을 개선함으로써, 객관적이고 최적화된 의사결정을 내릴 수 있게 되는 것이다.

이와 더불어, AI 기술은 에이전트의 가능성을 크게 확장시켰다. AI 에이전트는 복잡하고 불확실한 환경에서도 스스로 판단하고 행동할 수 있다. 예를 들어 강화 학습을 통해 단기적인 보상뿐만 아니라 장기적인 목표를 고려한 의사결정이 가능하며, 이는 복잡한 계획을 수립하고, 여러 단계에 걸친 행동을 조율할 수 있도록 한다. 이런 의사결정을 통해 AI 에이전트는 변화하는 환경에 유연하게 적응할 수 있다.

특히, **대규모 언어 모델**large language model, LLM(수많은 텍스트 데이터로 다음 단어나 문장을 예측하도록 학습한 거대한 규모의 AI 모델)의 **문맥 내 학습**in-context learning은 기존의 전통적인 에이전트에는 없었던 혁명적인 자율성을 AI 에이전트에게 부여했다. 문맥 내 학습이란, 사전에 명시적으로 프로그래밍되거나 훈련되지 않은 새로운 작업이나 상황에 대해 현재 상황을 기반으로 적절한 행동을 유추해내는 능력을 말한다.

문맥 내 학습의 대표적인 예시로, LLM의 경우 다음으로 등장할 단어가 어떤 것인지를 예측하도록 학습하는 과정에서 수학 문제를 풀 수 있게 되는 현상을 들 수 있다. 이러한 문맥 내 학습이 가능한 이유는, 학습 과정에서 방대한 텍스트 데이터를 통해 언어의 패턴, 개념 간의 관계, 다양한 작업의 수행 방식 등의 풍부한 지식을 획득했기 때문이다. 이 지식을 바탕으로 적합한 응답이나 행동을 유추할 수 있다.

이러한 특성들로 인해 미리 정의한 상황에서만 행동하던 에이전트는 AI를 만나면서 개발자가 정의하지 않은 상황에서도 적절한 행동을 취할 수 있게 되었다. 예를 들어 고객 서비스 AI 에이전트에 '보고서를 요약해'라는 지시를 주면, 별도의 사전 정의 없이도 적절한 요약을 제시할 수 있다.

기존에는 모든 가능한 상황과 대응 방식을 미리 프로그래밍해야 했지만, 이제는 일반적인 지침과 몇 가지 예시만으로도 에이전트가 다양한 상황에 적절히 대응할 수 있게 되었다. 예를 들어 영업 지원 AI 에이전트는 특정 산업이나 제품에 대한 전문 지식 없이도, 주어진 제품 정보와 고객 질문의 문맥을 이해하여 맞춤형 제안과 설명을 제공할 수 있다.

이러한 AI 에이전트의 등장은 현대 비즈니스 환경에서 일하는 회사원들에게 특별한 의미를 갖는다. AI 에이전트는 회사원의 반복적이고 시간 소모적인 작업을 자동화하여 업무 효율성을 크게 향상시킨다. 이메일 분류 및 응답 초안 작성, 회의 일정 조정, 데이터 수집 및 정리 등을 AI 에이전트가 처리함으로써, 회사원은 창의적이고 전략적인 업무에 더 집중할 수 있다.

회의나 프레젠테이션 중에 중요한 정보를 빠르게 검색하고 정리해야 하는 일도 더 이상 걱정할 필요가 없다. AI 에이전트는 24시간 작동하며, 직원이 퇴근한 후에도 중요한 알림을 모니터링하거나 업무 요청에 대응할 수 있다. 이는 특히 글로벌 비즈니스 환경에서 더욱 빛을 발한다.

최근에는 AI 에이전트끼리 협력을 통해, 더 복잡하고 고도화된 일을 처리하려는 시도가 많아지고 있다. 각 AI 에이전트가 역할을 분담하고, 특화된 영역을 담당하며 상호작용함으로써, 고차원적인 작업을 처리할 수 있게 되는 것이다. 이를 통해 개인의 생산성과 직무 만족도를 높이는 맞춤형 업무 경험을 제공할 수 있다.

이러한 가치를 인정받아 글로벌 AI 에이전트 시장 규모는 2024년에 54억 달러(2025년 4월 5일 기준 약 7.9조 원)로 추산되고 있으며, 2025년에서 2030년까지 매년 평균 45.8%씩 성장할 것으로 예상된다.[1]

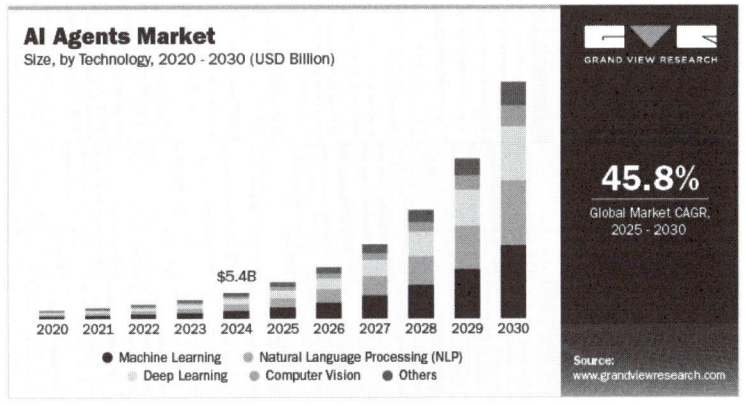

그림 1.7 2030년까지 매년 45.8% 성장을 이룩할 것이라고 예측한 자료. 그만큼 매년 가파른 성장이 예상된다.

이처럼 AI 에이전트는 단순한 생산성 도구를 넘어, 회사원의 전략적 파트너이자 개인 비서, 멘토 역할까지 수행할 수 있는 잠재력을 가지고 있다. 이는 개인의 업무 방식을 근본적으로 변화시킬 수도 있는 중요한 의미를 지닌다.

---

[1] https://www.grandviewresearch.com/industry-analysis/ai-agents-market-report

업무 방식을 변화시킨다는 것은, 결국 전통적인 직장 경력보다 자신만의 고유한 커리어 경로를 설계해야 한다는 것을 의미한다.

즉, 기존처럼 회사에서 주어진 일만 수행하는 것이 아니라, AI 에이전트와 협력하거나 이를 활용해 더 효율적이고 파급력 있는 일을 수행할 수 있어야 한다는 뜻이다. 이를 위해서는 정기적으로 새로운 AI 도구와 플랫폼을 익히고, 자신의 직무 분야에서 AI가 어떻게 활용되고 있는지를 꾸준히 파악하는 노력이 필요하다.

> **용어 설명**

★ LLM

LLM(large language model)은 대규모 언어 모델로, 엄청나게 많은 글과 정보를 읽고 학습한 AI 시스템이다. 쉽게 말해, 인터넷에 있는 책, 기사, 웹사이트 등 방대한 양의 텍스트를 '읽고' 언어의 패턴을 이해하도록 만들어진 인공지능이다.

LLM은 마치 수천만 권의 책을 읽은 사람처럼 다양한 주제에 대해 글을 쓰고, 질문에 답하고, 이야기를 만들어내는 능력을 갖추고 있다. 우리가 학교에서 많은 책을 읽고 지식을 쌓는 것처럼, LLM도 많은 텍스트를 통해 언어를 이해하는 법을 배운다.

★ 문맥 내 학습

문맥 내 학습(in-context learning)은 AI에게 새로운 것을 가르칠 때 복잡한 프로그래밍 없이 예시와 설명만으로 가르치는 방식이다. 마치 아이에게 새로운 게임을 가르칠 때 규칙을 설명하고 몇 가지 예를 보여주면 아이가 바로 이해하고 따라 하는 것과 비슷하다.

즉, 요리를 전혀 모르는 사람에게 레시피를 자세히 설명해주면 그 사람이 바로 요리를 시도할 수 있는 것과 같다. AI는 이미 언어에 대한 기본적인 이해를 갖추고 있어서, 구체적인 지시와 몇 가지 예시만으로 새로운 작업을 수행할 수 있다.

CHAPTER

2

AI 에이전트를 가능하게 하는 MCP

최근 챗GPT_{ChatGPT}나 Claude 같은 AI 챗봇들이 인기를 끌고 있지만, 이들은 종종 최신 정보에 접근하지 못하거나, 특정 작업을 직접 수행하는 데 한계가 있다. 이러한 한계를 극복하기 위해 개발된 것이 바로 **MCP**다.

한마디로 말하자면, MCP는 AI 모델이 외부의 다른 시스템과 소통할 때 사용하는 표준화된 방식이다. MCP를 통해 AI는 파일 시스템에 접근하거나, 데이터베이스를 검색하거나, 웹에서 정보를 가져오는 등의 작업을 수행할 수 있다.

즉, MCP는 AI 모델과 다양한 도구를 연결해주는 '어댑터'와 같다. 예를 들어 Claude가 날씨 정보가 필요하면 MCP를 통해 날씨 **API**_{application programming interface}에 접근할 수 있고, 코드 실행이 필요하다면 코드 실행 도구에 접근할 수 있다.

AI 에이전트는 MCP를 통해 더 많은 정보와 도구에 접근할 수 있으므로, 더 풍부하고 유용한 사용자 경험을 제공할 수 있다. 이러한 프로토콜이 왜 필요한지, 어떤 미래를 만들어갈 수 있는지와 MCP를 구성하는 핵심 요소에 대해 앞으로 더 자세히 살펴볼 것이다.

`2.1` **프로토콜이란?**
`2.2` **MCP가 필요한 이유**
`2.3` **MCP가 만들어가는 세상**
`2.4` **MCP의 구성 요소**

2.1 프로토콜이란?

프로토콜protocol은 컴퓨터나 원거리 통신 장비 사이에서 메시지를 주고받는 양식과 규칙의 체계다. 쉽게 말해, 서로 다른 기기들이 의사소통할 수 있게 해주는 공통된 '언어'라고 볼 수 있다. 사실 프로토콜은 우리 일상생활에도 존재한다.

예를 들어 사람들이 대화할 때는 다음과 같은 암묵적인 프로토콜을 따른다.

- 한 사람이 말하면, 다른 사람은 듣는다.
- 질문을 하면, 대답을 기대한다.
- 대화를 시작할 때는 인사를 한다.
- 대화를 끝낼 때는 작별 인사를 한다.

만약 이런 프로토콜이 없다면, 모든 사람이 동시에 말하거나, 질문에 아무도 대답하지 않는 혼란스러운 상황이 벌어질 것이다. 이처럼 프로토콜은 우리가 무의식 중에도 의사소통을 위해 활용하는 익숙한 개념이다.

전통적으로 프로토콜이라는 단어는 외교, 의전, 비즈니스 등 다양한 분야에서 공식적인 예절과 절차의 체계를 뜻한다. 예를 들어 국가 간 외교 프로토콜은 국가 원수가 만날 때 어떤 순서로 인사하고, 어떻게 대화하며, 어떤 절차를 따라야 하는지를 규정한다. 이는 소통의 혼란을 줄이고, 상호 존중을 표현하기 위한 장치다.

IT 분야에서 프로토콜은, 서로 다른 기기나 시스템이 '대화'할 수 있도록 하는 공통 언어와 규칙을 의미한다. 쉽게 말해, 컴퓨터들이 서로 이해할 수 있게 만드는 약속이다. 이러한 약속 덕분에 기기 간 통신이 가능해지고, 스마트폰, 컴퓨터, 태블릿, 스마트 TV 등 모든 디지털 기기가 서로 정보를 주고받을 수 있게 되는 것이다. 이는 모두 표준화된 프로토콜 덕분이다.

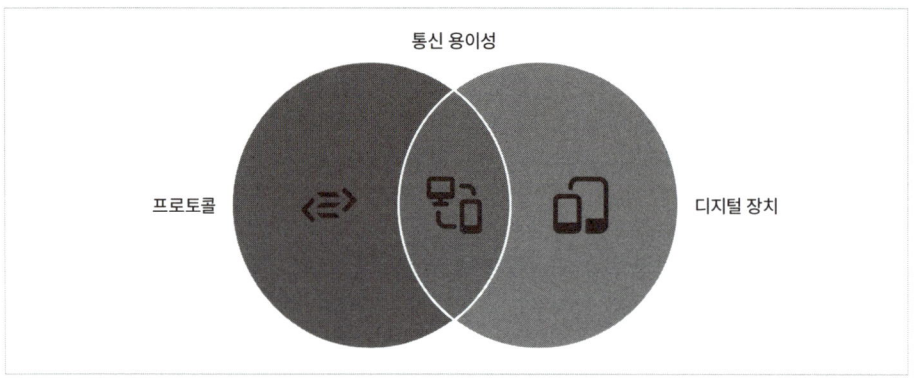

그림 2.1 **프로토콜의 개념적 역할**(출처: Napkin.ai)

예를 들어 삼성 휴대폰과 애플 컴퓨터가 서로 통신하려면, 두 기기 모두 같은 '언어', 즉 같은 규칙을 사용해야 한다. 예컨대, 근거리 무선 통신을 통해 연결하려면 다음과 같은 조건을 만족해야 한다.

1. 두 기기 모두 근거리 무선 통신 기능을 갖추고 있어야 한다.
2. 두 기기 모두 근거리 무선 통신 프로토콜(예: 블루투스 5.0)을 지원해야 한다.
3. 두 기기가 서로를 인식하고 페어링하는 방식이 프로토콜에 정의되어 있어야 한다.
4. 데이터를 어떤 형식으로 주고받을지에 대한 규칙이 마련되어 있어야 한다.

만약 삼성 휴대폰이 지원하는 근거리 무선 통신 프로토콜과 애플 컴퓨터가 지원하는 근거리 무선 통신 프로토콜이 서로 같은 버전을 지원하지 않는다면, 두 기기는 완벽하게 통신하지 못할 수도 있다. 또는 삼성 휴대폰이 특정 파일 형식으로 데이터를 전송하는데, 애플 컴퓨터가 그 형식을 인식하지 못한다면 데이터 전송에 실패할 수 있다.

만약 프로토콜이 없다면, 삼성 휴대폰은 애플 컴퓨터에게 어떻게 데이터를 요청해야 할지, 애플 컴퓨터는 어떤 형식으로 응답해야 할지 알 수 없게 된다.

이처럼 프로토콜은 기기 간 통신의 모든 측면을 정의하므로, 서로 다른 제조사의 기기들이 원활하게 통신하기 위해서는 공통된 프로토콜을 따라야 한다.

새로운 프로토콜은 기존의 방식으로는 해결할 수 없는 문제나 요구사항이 등장했을 때, 그 필요성을 인식하면서 개발된다. 초기에는 전문가 그룹이나 표준화 기구에서 새 프로토콜을 설계하고, 소프트웨어 개발자와 하드웨어 제조업체가 이를 자사 제품에 구현하면서, 자연스럽게 업계 전반에 걸쳐 새 프로토콜을 점차 채택하는 방식으로 확산된다.

이처럼 프로토콜은 디지털 세계에서 의사소통을 가능하게 하는 핵심 요소이며, 지금도 필요에 따라 새로운 프로토콜이 계속 개발되거나 검토되고 있다.

우리가 흔히 사용하는 HTTP는 웹의 통신을, 블루투스는 기기 간 연결을 가능하게 했듯이, AI 시대에도 AI와 외부 시스템을 연결할 수 있는 새로운 프로토콜이 필요하다.

이러한 필요성에 의해 앤트로픽Anthropic은 MCP라는 프로토콜 개념을 제안했고, 많은 연구자와 개발자가 이에 점차 관심을 가지기 시작했다.

이제, MCP에 대해 더 자세히 살펴보자.

2.2 MCP가 필요한 이유

최근 인공지능 기술은 놀라운 속도로 발전해왔다. 챗GPT, Claude와 같은 대화형 AI부터 삼성 갤럭시 S25에 탑재된 최신 AI 기능까지, 우리는 일상 곳곳에서 AI를 만나고 있다. 이러한 AI는 텍스트 생성, 이미지 편집, 언어 번역 등 다양한 작업을 수행할 수 있지만, 여전히 많은 한계가 존재한다.

현재 대부분의 AI는 외부 세계와 단절된 채로 작동한다. 이는 마치 인터넷에 연결되지 않은 컴퓨터처럼, 실시간 정보를 얻거나 다른 시스템과 상호작용하는 능력이 제한된다는 의미다. 예를 들어 AI에게 '오늘 날씨 어때?'라고 물어도, 날씨 정보에 접근할 수 없다면 정확한 답변을 제공하지 못한다. 이처럼 AI는 훈련 당시에 학습한 정보만 알고 있을 뿐, 실시간으로 변화하는 정보를 스스로 찾아 활용하기는 어렵다.

이러한 정보 접근의 한계는 AI의 유용성을 크게 제한한다. 또한 AI가 실행할 수 있는 작업의 범위도 제한적이다. 스마트폰이나 기타 기기에 내장된 AI도 대개 특정 기능만을 위해 설계되어 있으며, 제조사가 사전에 정한 작업만 수행할 수 있다. 예컨대 삼성이나 애플의 내장 AI는 사진 편집, 텍스트 요약, 간단한 검색 등은 할 수 있지만, 다른 서비스와 자유롭게 상호작용하거나 새로운 기능을 쉽게 추가하기는 어렵다. 이는 마치 고정된 메뉴만 있는 식당에서, 메뉴에 없는 음식을 주문할 수 없는 것과 비슷하다.

이러한 한계를 극복하기 위해 일부 기업들은 나름의 자체적인 해결책을 제시하고 있다. 챗GPT의 웹브라우징 기능이나 Perplexity와 같은 서비스는 AI에 인터넷 검색 기능을 부여해 최신 정보에 접근할 수 있게 한다.

하지만 이와 같은 기능들은 기업마다 독자적인 방식으로 구현되어 호환성이 부족하다. 오픈AI_{OpenAI}, 앤트로픽, 구글_{Google} 등 각 AI 기업은 외부 연결 기능을 독자적인 방식으로 개발하고 있기 때문에, 개발자가 여러 AI 시스템에 동일한 기능을 구현하려면 각각 다른 방식으로 작업해야 한다. 이는 과거 스마트폰 제조사마다 다른 충전 케이블을 사용하던 때의 불편함과 유사하다. 즉, 삼성 휴대폰용 충전기가 아이폰에서는 작동하지 않는 것과 같은 문제다.

이러한 문제를 해결하기 위해 등장한 것이 바로 **MCP**다. MCP는 AI가 외부 세계와 소통하기 위한 공통된 방법, 즉 '약속'을 정해놓은 것이다.[1] 이 약속 덕분에 모든 AI와 앱, 서비스들이 같은 방식으로 정보를 주고받을 수 있다.

MCP가 AI 산업에서 중요한 이유는 '확장성'이다. **확장성**이란 시스템이나 제품에 새로운 기능이나 부품을 쉽게 추가할 수 있는 능력을 의미하므로, MCP를 통해 AI에 새로운 기능을 '쉽게' 추가할 수 있다. 기존에는 AI에 새 기능을 추가하려면 개별 시스템에 맞춰 업데이트를 해야 했지만, MCP가 있으면 개발자가 직접 새로운 도구를 만들어 AI에 연결할 수 있다.

현재 대부분의 AI 서비스는 제공되는 기능만 사용할 수 있다. 우리가 원하는 새로운 기능(예: 가계부 앱과 연동하여 지출 분석하기)을 사용하려면, 해당 기능이 공식적으로 추가되기를 기다려야 한다. 하지만 MCP를 활용하면 누구나 새로운 도구를 개발하여 AI에 연결할 수 있다. 이는 마치 앱 스토어에서 원하는 앱을 자유롭게 다운로드해 스마트폰의 기능을 확장하는 것과 비슷하다.

사용자 입장에서도 MCP는 다양한 이점을 제공한다. 먼저, 우리는 훨씬 풍부하고 유용한 AI 경험을 누릴 수 있다. 예를 들어 AI가 여러 앱과 서비스에 접근할 수 있게 되면, '내일 회의 시간에 맞춰 알람 설정해줘'나 '지난달 식비 얼마나 썼는지 계산해줘'와 같은 복잡

---

1 "Think of MCP like a USB-C port for AI applications." https://modelcontextprotocol.io/introduction

한 요청도 처리할 수 있다.

이처럼 MCP는 현재 AI의 한계를 극복하고, 더 유용하고 안전하며 사용자 친화적인 AI 경험을 제공할 수 있다. 이는 단순한 기술적 편의를 넘어서, AI가 우리 일상에 더 깊이 통합되고 더 많은 가치를 제공할 수 있도록 만들어주는 필수 프로토콜이다.

아직 MCP가 등장한지 오래되지 않았지만, 2025년 3월 27일 오픈AI는 챗GPT용 데스크톱 앱을 포함한 제품 전반에 MCP 적용을 지원하겠다고 발표하면서 큰 주목을 받았다.[2] 이처럼 MCP는 차세대 AI의 표준 프로토콜로 자리잡을 가능성이 높은 기술이다.

따라서 이 책을 읽든, 서점에서 훑어보든, MCP라는 개념 자체는 꼭 따로 공부해보기를 권한다. MCP를 통해 AI는 더 많은 정보에 접근하고, 더 다양한 도구를 활용하며, 사용자의 필요에 더욱 유연하게 대응할 수 있게 될 것이다.

AI 에이전트 시대를 준비하기 위해, 우리는 지금 MCP를 이해하고 학습해야 한다.

---

[2] https://www.aitimes.com/news/articleView.html?idxno=169143

2.3 MCP가 만들어가는 세상

MCP가 널리 도입된다면, 우리 일상과 기술 환경에 어떤 변화가 생길까?

MCP는 단순한 웹 검색을 넘어, AI가 다양한 시스템과 앱에 직접 접근하고 이를 제어할 수 있게 해주는 혁신적인 프로토콜이다. 이러한 기술이 만들어갈 미래를 구체적인 예시를 통해 살펴보자.

먼저, 기업 환경에서의 변화를 중심으로 MCP가 가져올 영향을 살펴보자. 오늘날 대부분의 제조 현장에는 이미 다양한 데이터가 존재하지만, 각기 다른 시스템에 분산 저장되어 있어 활용이 어렵다.

한 자동차 제조사가 MCP를 도입했다고 가정해보자. 공장 관리자가 "오늘 A 라인에서 불량률이 왜 증가했지?"라고 질문했을 때, 현재는 여러 개의 데이터베이스database, DB를 일일이 따로 확인해야 한다. AI가 데이터베이스에 접근할 수 없기 때문에, 여전히 사람이 수작업으로 정보를 모아야 하는 경우가 많다.

하지만 MCP를 통해 분리된 데이터들과 AI를 쉽게 연결할 수만 있다면, 공장 관리자는 Claude나 챗GPT 같은 강력한 AI를 통해 모든 시스템에 한 번에 접근할 수 있다. 이때 AI는 품질 관리 데이터, 장비 센서 데이터, 작업자 로그, 원자재 정보 등을 동시에 분석하여 "3번 용접 로봇의 정밀도가 10% 하락했고, 오전 11시부터 온도가 5도 상승했습니다. 정비가 필요합니다"와 같은 통합적이고 실용적인 답변을 제공할 수 있게 된다.

이처럼 MCP가 가져올 가장 큰 사회적 변화 중 하나는 AI 기술 활용의 민주화다. 지금은 최첨단 AI 기술의 활용이 양극화되어, 일부 기업은 AI를 잘 활용하지만 많은 기업은 여전히 기술 도입에 어려움을 겪고 있다.

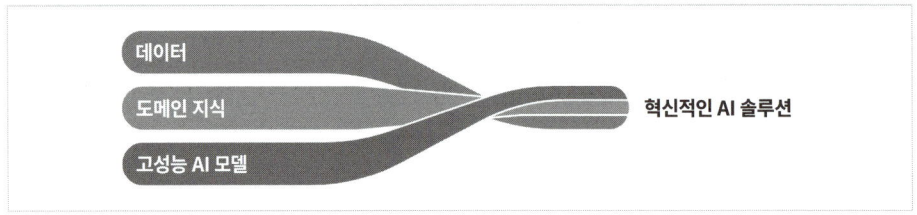

그림 2.2 **MCP가 가져올 AI 기술 활용의 민주화 개념**(출처: Napkin.ai)

MCP는 이러한 격차를 줄여준다. 고성능 AI 모델을 누구나 '쉽게' 활용할 수 있게 함으로써, 소규모 스타트업이나 개인 개발자도 MCP를 통해 자신의 도메인 지식과 데이터를 최신 AI 모델에 연결해 혁신적인 AI 솔루션을 만들 수 있다.

이는 마치 클라우드 컴퓨팅이 기업들이 자체 데이터 센터를 구축하지 않고도 강력한 컴퓨팅 자원을 활용할 수 있게 해준 것과 유사하다. MCP는 AI 혁신의 진입 장벽을 낮추고, 더 다양한 분야와 지역으로 AI 기술의 혜택을 확산시킬 것이다.

MCP의 확산과 발전 가능성을 더욱 높이는 중요한 요소는 오픈소스 기반이라는 점이다.

MCP는 집필 시점 기준 앤트로픽에서 MIT 라이선스 하에 오픈소스로 공개[3]하고 있어, 누구나 자유롭게 MCP를 사용하고 수정할 수 있으며 자사 제품에 통합 및 배포할 수 있다. 이러한 오픈소스 접근 방식은 MCP의 빠른 발전과 확산에 크게 기여할 것이다. 전 세계 커뮤니티의 집단 지성을 통해 MCP는 더욱 빠르게 개선되고, 확장될 수 있다.

앞서 살펴본 것처럼, MCP가 만들어가는 세상은 분리되어 있던 AI 시스템과 외부 서비스가 서로 연결되어, 더 통합된 지능형 환경을 제공하는 세상이다. 각각의 AI는 자신이 가

---

[3] https://github.com/orgs/modelcontextprotocol/repositories

진 전문성과 강점을 유지하면서, 다른 서비스에서 필요한 정보를 받아오고, 외부 시스템을 제어해 더욱 복잡한 문제를 해결할 수 있다.

이는 단순한 기술적 편의성을 넘어, 기업 운영 방식, 의료 서비스 제공 방식, 금융 서비스 방식, 일반 사용자의 디지털 경험 등을 근본적으로 변화시킬 것이다. 나아가, 우리가 일하는 방식, 소통하는 방식, 일상을 관리하는 방식까지도 바꿀 수 있다.

더 효율적이고, 통합적이며, 접근성 높은 디지털 환경은 더 많은 사람이 기술의 혜택을 누릴 수 있도록 하며, 인간의 창의성과 생산성을 새로운 차원으로 끌어올릴 것이다.

용어 설명

★ DB

DB(database)는 정보를 체계적으로 저장하고 관리하는 디지털 창고다. 일상에서 주소록, 가계부, 도서관의 책 목록처럼 정보를 정리하는 것과 비슷하지만, 컴퓨터 시스템에서 훨씬 더 효율적으로 대량의 데이터를 다룬다.

DB는 단순히 정보를 저장하는 것을 넘어 필요한 정보를 빠르게 찾고, 여러 정보 사이의 관계를 연결하며, 여러 사람이 동시에 안전하게 정보를 사용할 수 있게 해준다.

예를 들어 온라인 쇼핑몰의 DB는 상품 정보, 고객 정보, 주문 내역을 저장한다. 우리가 물건을 주문하면, 시스템은 DB에서 상품 정보를 확인하고, 계정 정보를 조회하고, 주문 정보를 새로 저장한다. 이 모든 과정이 순식간에 이루어지는 것은 DB가 정보를 효율적으로 관리하기 때문이다. 이처럼 DB는 우리 일상생활에서 많은 서비스가 원활하게 작동하도록 뒷받침하는 핵심 기술이다.

2.4 MCP의 구성 요소

이번 절에서는 MCP의 구성 요소를 설명하면서, MCP에 대한 이해를 한층 끌어올리고자 한다. 앞서 AI가 무엇인지, 그리고 AI 에이전트가 무엇인지 살펴보았다. 복습하자면, AI 모델은 학습 당시에 접한 정보만 알고 있으며, 그 이후의 최신 정보나 사용자 고유의 데이터에 접근하거나 외부 애플리케이션과의 상호작용에 한계가 있었다. MCP는 이러한 한계를 극복하고, AI가 외부 세계와 소통할 수 있도록 돕는 표준화된 방법을 제공한다.

이를 위한 MCP 생태계는 크게 **호스트**, **클라이언트**, **서버**라는 세 가지 주요 구성 요소로 이루어져 있다.

호스트는 Claude Desktop과 같은 AI 응용 프로그램으로, 사용자 인터페이스를 제공하고 전체 시스템을 관리한다. 사용자가 직접 상호작용하는 주체이며, 여러 클라이언트를 생성하고 관리하는 역할을 한다. 클라이언트는 호스트 내에서 각 서버와의 연결을 담당하는 구성 요소로, 중간 다리 역할을 한다. 마지막으로 서버는 실제 데이터와 기능을 제공하는 프로그램으로 파일 시스템, DB, 외부 API 등과 연결되어 있다.

이처럼 각 구성 요소가 중요한 역할을 하지만, 이번 절에서는 **MCP 서버**에 집중해 설명하고자 한다. 그 이유는 MCP 서버가 일반인들이 가장 쉽게 접근하고 개발할 수 있는 영역이기 때문이다. MCP 서버는 개인 개발자나 소규모 팀, 심지어 일반 사용자도 충분히 만들 수 있다. 또한 서버는 AI에게 실질적인 외부 세계 연결 기능을 제공하는 핵심 구성 요소이므로, 이를 이해하면 AI의 활용 가능성을 좀 더 구체적으로 파악할 수 있다.

또 MCP 클라이언트나 MCP 호스트에 대해 하나하나 설명하는 것은 비개발자에게는 오히려 너무 많은 정보로 작용할 수 있으며, 이로 인해 전체적인 이해와 접근성을 떨어뜨릴 수 있다. 따라서 이 책에서는 MCP 서버에 초점을 맞추어 서술하고자 한다. 클라이언트나 호스트가 궁금한 독자라면 공식 Docs를 참고하길 권한다. 추후 커스텀 호스트의 필요성이 커진다면, 이를 다룬 별도의 책을 집필할 예정이다.

자, 그러면 MCP 서버에 대해 좀 더 구체적으로 살펴보자. **MCP 서버**는 AI가 외부 세계와 상호작용할 수 있도록 돕는 프로그램이다. 서버는 파일 시스템, DB, 외부 API 같은 시스템에 연결되어, AI에 다양한 데이터와 기능을 제공한다. MCP 서버는 보통 특정 기능이나 도메인에 특화되어 있으며, 독립적으로 작동한다. 이를 요약하면 다음과 같은 특징을 가진다고 할 수 있다.

- 특정 도메인이나 기능에 특화되어 있다.
- 외부 시스템과 통합되어 있다.
- AI의 요청에 따라 작업을 수행한다.
- 호스트와 클라이언트를 통해 AI와 통신한다.

이처럼 MCP 서버는 마치 AI의 '손'과 '눈' 역할을 한다. AI가 직접 볼 수 없는 데이터를 대신 보여주고, AI가 직접 수행할 수 없는 작업을 대신 실행한다. MCP 서버는 리소스, 도구, 프롬프트라는 세 가지 핵심 기능을 통해 AI와 외부 세계를 연결한다. 이 기능들은 각각 고유한 목적과 사용 사례를 가지고 있다.

먼저, **리소스**resource는 AI에게 제공되는 데이터다. 마치 사람이 책을 읽거나 화면을 보는 것처럼, AI도 리소스를 통해 정보를 '읽을' 수 있다. 컴퓨터의 파일 내용, DB의 테이블, 웹 API에서 가져온 정보, 사용자의 문서나 스프레드시트 등이 이에 해당한다. 사용자가 '내 엑셀 파일을 분석해줘'라고 요청하면, AI는 파일 시스템 서버의 리소스를 통해 엑셀 파일의 내용을 확인하고 분석할 수 있다.

다음으로 **도구**tool는 AI가 실행할 수 있는 기능이다. 사람이 손으로 물건을 옮기거나 버튼을 누르는 것처럼, AI도 도구를 통해 특정 작업을 '수행'할 수 있다. 예를 들어 날씨 정보 검색하기, 이메일 보내기, 파일 생성하거나 수정하기, DB 쿼리 실행하기 등을 도구를 통해 실행할 수 있다. 만약 사용자가 '내일 회의 일정을 캘린더에 추가해줘'라고 요청하면, AI는 캘린더 서버의 도구 기능을 사용하여 직접 일정을 등록할 수 있다.

마지막으로 **프롬프트**prompt는 특정 작업을 위한 대화의 시작점이다. 마치 미리 준비된 대본이나 양식처럼, 프롬프트는 특정 목적을 위해 AI와 대화를 시작할 때 사용할 수 있는 틀을 제공한다. 이를 통해 프롬프트는 반복적이거나 구조화된 작업을 좀 더 일관되고 쉽게 수행할 수 있도록 도와주며, 이로써 사용자는 복잡한 지시 없이도 원하는 작업을 빠르게 실행할 수 있다.

MCP 서버는 그 목적과 기능에 따라 다양한 종류가 있으며, 이미 여러 유형의 서버가 개발되어 활용되고 있다. 모든 MCP 서버를 소개하고 싶지만, 사실 세상에 존재하는 모든 MCP 서버를 한 권의 책에서 모두 다루는 것은 불가능하다. 따라서 이 책에서는 업무 생산성 향상에 도움이 될 수 있다고 판단되는 서버들, 그리고 앤트로픽에서 공식적으로 배포하고 있는 MCP 서버들 중 일부를 선택하여 소개하도록 하겠다. 이 책에서 다루는 MCP 서버들은 입문자에게 소개하기에 적합하다고 판단한 것들로, 사용이 어렵지 않으면서도 효과는 큰 MCP 서버들이다. 그러므로 소개된 MCP 서버들을 꼭 한번씩 활용해 보기를 권한다. 중요한 점은 이러한 서버들은 서로 독립적으로 작동하면서도 함께 조합해 사용할 수 있다는 것이다.

예를 들어 사용자가 'DB의 판매 데이터를 분석해서 보고서를 작성하고, 팀에게 이메일로 보내줘'라고 요청하면, AI는 데이터베이스 서버, 파일 시스템 서버, 이메일 서버를 모두 활용하여 이 복잡한 작업을 수행할 수 있다.

이렇듯 MCP 서버는 AI의 능력을 크게 확장해준다. 서버가 없을 때 AI는 자신이 학습한 정보와 대화 내용에 기반해 답변해야 하지만, MCP 서버가 있으면 AI는 실시간 정보에 접근하고, 실제 작업을 수행하며, 특정 목적에 최적화된 상호작용이 가능해진다.

MCP 서버의 등장은 AI를 단순한 대화 상대를 넘어, 실용적인 비서, 분석가, 창작자로 진화시킨다. 앞으로 더 많은 MCP 서버가 개발되고 공유됨에 따라, AI의 활용 범위는 계속해서 넓어지고, 우리 삶의 다양한 분야에 깊숙이 녹아들게 될 것이다.

이제 MCP의 기본 구성 요소를 이해했으니, 다음 장에서는 MCP를 활용한 다양한 사례를 살펴보며, AI가 어떻게 실제 세계와 상호작용하는지 자세히 알아보자.

> **용어 설명**

★ 서버

서버는 정보와 서비스를 제공하는 중앙 컴퓨터 시스템이다. 마치 레스토랑에서 주문을 받고 음식을 가져다주는 웨이터처럼, 서버는 우리가 요청하는 데이터나 서비스를 처리하고 전달해주는 역할을 한다.

일상에서 경험하는 대부분의 디지털 서비스는 서버를 통해 작동한다. 우리가 웹사이트에 접속하면, 그 웹사이트의 서버가 페이지 내용을 우리에게 보내준다. 모바일 앱을 사용할 때도 대부분 서버와 통신하며 필요한 정보를 주고받는다.

예를 들어 온라인 게임을 할 때 게임 서버는 모든 플레이어의 위치와 행동을 관리하고, 다른 플레이어들에게 전달한다. 이메일을 보낼 때는 이메일 서버가 메시지를 저장했다가 수신자에게 전달한다. 동영상 스트리밍 서비스는 영상 콘텐츠를 저장하고 있는 서버에서 우리의 기기로 영상을 전송하는 서비스다.

★ 도메인

도메인은 특정 분야의 전문 지식이나 영역을 의미한다. 쉽게 말해 의학, 법률, 요리, 음악 등과 같이 특정한 주제나 분야를 말한다. AI가 학습하고 적용하는 특정 지식의 범위라고 볼 수 있다.

예를 들어 의료 도메인에 특화된 AI는 의학 용어, 질병 증상, 치료법 등에 대한 전문 지식을 가지고 의료 진단을 돕는다. 법률 도메인의 AI는 법률 용어와 판례를 이해하고 법률 문서 검토나 법적 자문을 제공할 수 있다.

도메인 지식이 풍부할수록 AI는 해당 분야에서 더 정확하고 유용한 정보를 제공할 수 있다. 일반적인 지식을 가진 AI와 특정 도메인에 특화된 AI는 그 활용 범위와 정확도에 큰 차이가 있다.

참고로, 일반적으로 IT에서 말하는 도메인은 앞서 설명한 것과 다른 의미로, 인터넷상의 웹사이트 주소(예: google.com)를 가리키는 용어다. 이는 컴퓨터가 이해하는 숫자 주소(IP)를 사람이 기억하기 쉬운 이름으로 변환해주는 시스템이다.

CHAPTER

3

MCP 실전 활용 가이드

MCP가 어떻게 구성되어 있고 어떤 원리로 작동하는지 살펴보았다면, 이제는 이 기술이 실제로 어떻게 활용되는지 알아볼 차례다. MCP는 다양한 분야에서 AI의 능력을 확장하고 실용적인 가치를 창출하는 데 사용되고 있다.

이번 장에서는 실제 환경에서 MCP가 적용된 사례들을 살펴보며, AI와 외부 세계의 연결이 어떤 혁신과 가능성을 열어주는지 탐색해보고자 한다.

MCP의 가장 큰 장점은, AI가 사전 학습 데이터의 한계를 넘어 최신 정보와 사용자 맞춤형 데이터를 활용할 수 있게 해준다는 점이다. 또한 MCP를 통해 AI는 단순히 정보를 제공하는 수준을 넘어, 실제 작업을 수행하고 시스템과 상호작용할 수 있는 능력을 갖추게 된다. 이와 같은 기능은 다양한 산업과 분야에서 혁신적인 활용 사례로 이어지고 있다.

소프트웨어 개발, 비즈니스 분석, 개인 생산성, 교육, 의료 등 다양한 영역에서 MCP는 AI의 활용 가능성을 폭넓게 확장하고 있다. 이러한 사례들을 통해, MCP가 어떻게 AI를 더 유용하고 강력한 도구로 변화시키는지, 그리고 그것이 우리의 일과 삶에 어떤 영향을 미칠 수 있는지 살펴보자.

3.1 **MCP 구성 방법**
3.2 **활용하기 좋은 MCP와 설정 방법**

3.1 MCP 구성 방법

AI는 발전하고 있지만, 데이터와의 고립 상태로 인해 제약을 받고 있다. 특히, 새로운 데이터 소스를 연결하려면 항상 맞춤형 구현이 필요하기 때문에, 연결된 시스템을 확장하는 데 큰 어려움이 있다.

이러한 문제를 해결하기 위해 등장한 것이 바로 MCP이며, 앞서 MCP가 무엇인지, 왜 필요한지에 대해서는 충분히 살펴보았다.

이제는 MCP를 실제로 어떻게 구성하는지, 그 구체적인 방법을 좀 더 깊이 알아보자. MCP를 구성하는 주요 요소는 크게 세 가지로 나눌 수 있다.

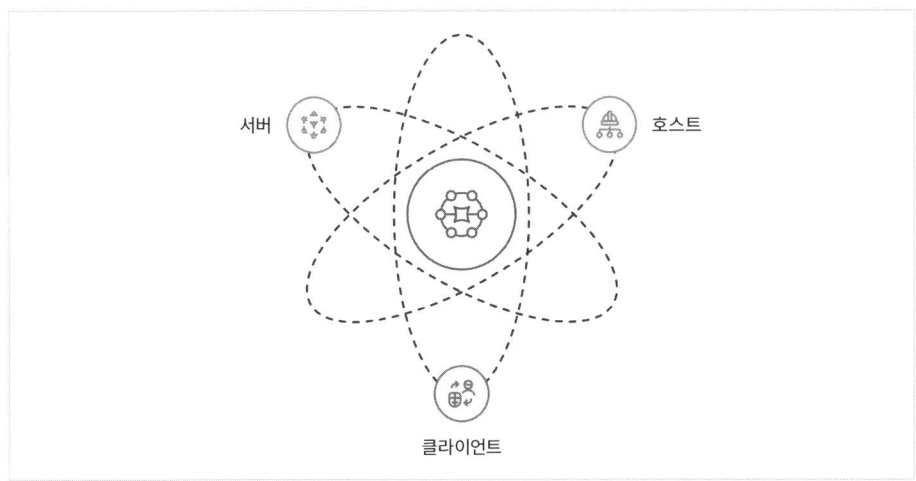

그림 3.1 MCP의 주요 구성 요소 도식화(출처: Napkin.ai)

MCP는 호스트, 클라이언트, 서버라는 세 가지 주요 구성 요소로 이루어져 있지만, 일반인이 MCP 생태계에 참여하는 가장 실용적인 방법이 바로 서버를 직접 개발하는 것이므로, 여기서는 MCP 서버 구성에 초점을 맞추고자 한다.

사실 간단한 수준의 호스트나 클라이언트를 구현하는 일은 그리 어렵지 않다. 앤트로픽에서 제공하는 코드들을 조합하면 비교적 빠르게 개발할 수 있다. 하지만 우리가 차후 사용하게 될 Claude Desktop 프로그램과 같은 수준의 환경을 구축해야만, 비개발자들도 실질적으로 '손쉽게' 활용할 수 있는 사용성 높은 인터페이스를 만들 수 있다. 안타깝게도 이러한 높은 사용성을 갖춘 프로그램은 개인이나 소규모 개발팀이 구현하기에는 현실적인 한계가 있다.

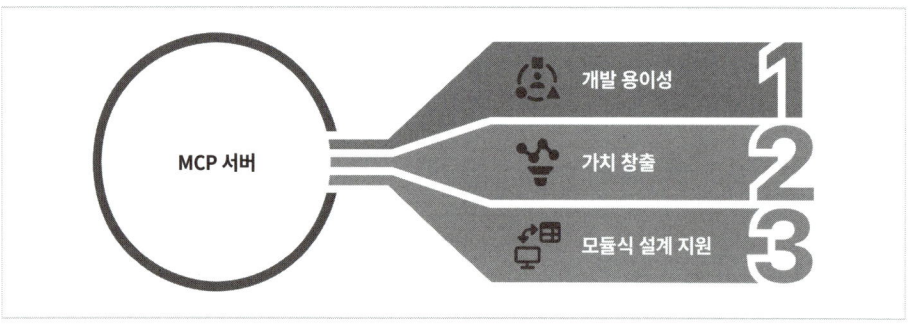

그림 3.2　이 책이 MCP 서버 개발에 집중하여 전개하는 이유(출처: Napkin.ai)

반면, **MCP 서버**는 특정 기능이나 데이터 소스에 집중할 수 있으므로, 개인이나 소규모 팀도 상대적으로 쉽게 개발할 수 있다.

물론 커스텀 호스트가 의미 없다는 뜻은 아니다. 예를 들어 앤트로픽의 상업용 제품(Anthropic API & Console, Claude for Work(Team & Enterprise plans) 등)에 대한 데이터 사용 정책(Data usage for Anthropic Commercial Offerings)을 살펴보면, 2025년 4월 기준으로 앤트로픽은 기본적으로 입력(프롬프트 등)이나 출력(Claude의 응답 등)을 학습에 사용하지 않는다는 입장을 공식적으로 밝히고 있다. 명확히 'By default, we will not use your Inputs or Outputs to train our models.'라고 언급[1]하고 있어, 사용자 입장에서도 안심하고 사용할 수 있는 환경이 마련되어 있다.

그럼에도 불구하고 외부 유출이 우려되는 민감한 데이터를 다루는 경우에는, 앤트로픽의 Claude 대신 자체 LLM을 활용한 독립적인 시스템 개발을 나는 권장한다. 이러한 관점에서 커스텀 호스트는 여전히 중요한 가치를 갖는다.

나 역시 커스텀 호스트를 개발해 개인적으로 활용하고 있지만, 비개발자나 소규모 개발 조직이 자체 LLM을 학습하는 것은 충분한 수의 GPU를 확보하는 것부터 결코 쉬운 일이 아니다. 그리고 결정적으로, 이 책을 읽고 있는 코드에 익숙하지 않은 독자들이 쉽게 사용할 수 있을 정도로 높은 사용성을 갖춘 사용자 친화적 인터페이스의 프로그램을 개발하는 일은 매우 어렵다. 그 과정은 이 책의 범위를 넘어선다. 실제로 개발 과정에서 만나는 수많은 오류와 이를 해결하기 위한 디버깅, 관련된 기술적 지식까지 모두 설명하기에는 분량과 난이도 측면에서 한계가 있기 때문에, 이 책에서는 MCP 서버에 집중해 설명하고자 한다.

더욱이, MCP 서버는 실질적인 가치 창출이 가능한 영역이다. 새로운 데이터 소스, 유용한 도구, 특화된 프롬프트를 제공하는 서버를 개발함으로써, AI의 능력을 확장하고 특정 문제를 해결하는 데 직접 기여할 수 있다. 이는 여러분이 자신의 전문 영역이나 관심사에 맞춘 서버를 개발해 AI 생태계에 능동적으로 참여할 수 있는 기회를 제공한다.

또한 MCP는 **모듈식 설계**를 바탕으로 하고 있어, 서버 중심의 접근 방식을 장려한다. 각 MCP 서버는 독립적으로 작동하면서도, 간단하게 다른 서버의 응답을 결합하는 방식으로 유기적으로 연결되어 함께 작동할 수 있다. 덕분에 전체 시스템을 모두 이해하지 않더라도, 특정 기능에만 집중해 개발할 수 있는 유연성이 생긴다. 이러한 설계는 진입 장벽을 낮추고, 더 많은 사람이 AI 시스템 개발에 참여할 수 있도록 돕는다.

---

[1] https://privacy.anthropic.com/en/articles/7996885-how-do-you-use-personal-data-in-model-training

이러한 이유로, 이 책은 MCP의 서버 구성과 활용을 중심으로 설명하며, MCP 호스트로는 Claude Desktop을 사용할 것이다.

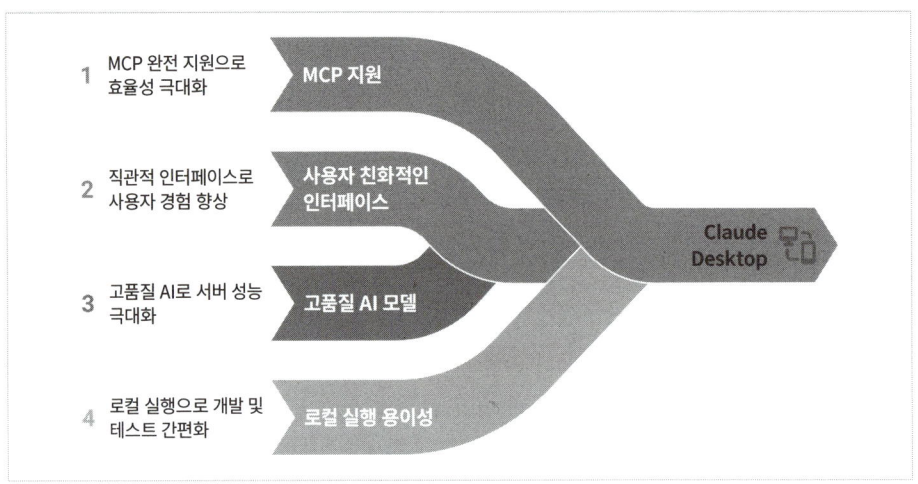

그림 3.3 **MCP Host로 Claude Desktop을 선택하는 이유**(출처: Napkin.ai)

이는 Claude Desktop은 이미 MCP를 완전히 지원하는 사용 가능한 플랫폼이라는 장점이 있기 때문이다. 별도로 개발할 필요 없이, 개발한 서버를 바로 연결하여 테스트하고 사용할 수 있다. 이는 개발 주기를 크게 단축시키고, 빠른 피드백을 가능하게 한다.

게다가 Claude Desktop은 사용자 친화적인 인터페이스를 제공한다. 서버 설정을 위한 구성 파일, 도구 호출을 위한 승인 UI 등이 이미 구현되어 있어, 우리는 서버 기능 자체에만 집중할 수 있다.

또한 Claude는 여러 AI 모델 중 상위에 속하는 높은 품질의 AI 모델로, 개발한 서버의 기능을 최대한 활용할 수 있다. 복잡한 요청을 이해하고, 도구를 적절히 사용하며, 맥락에 맞는 응답을 제공하는 Claude의 능력은 MCP 서버의 가치를 극대화한다.

이러한 이유로 이번 장에서는 Claude Desktop을 호스트로 활용하면서, 이미 개발된 MCP 서버를 어떻게 활용하는지에 집중하고자 한다. 이를 통해 일반인도 AI의 능력을 확장하는 생태계에 쉽게 참여할 수 있을 것이다.

이제 Claude Desktop에서 기존 MCP 서버를 활용하기 위한 방법을 살펴보자. 이 책에서는 보다 범용적으로 사용하는 윈도우 환경을 기준으로 설명하도록 하겠다.

가장 먼저 Node.js라는 것을 다운로드해야 한다. Node.js란, 웹브라우저에서만 실행되던 자바스크립트JavaScript라는 프로그래밍 언어를 서버에서도 사용할 수 있도록 확장한 도구라고 보면 된다. 사실 일반인 입장에서 접할 일이 거의 없는 낯선 언어일 수 있다. 벌써부터 머리가 아파올 수도 있지만 괜찮다. 그럴 수 있는 일이다.

두려워하지 말고, 그냥 사전에 설치해야 하는 무언가 정도로 받아들이고 넘어가자. 그래도 괜찮다. 단지 많은 MCP 서버가 이 환경에서 동작하는 **의존성**을 가지고 있다는 정도로만 이해해도 충분하다. 어려울 것 없다. 다운로드해서 설치만 하면 모든 것이 끝난다.

다운로드는 구글에서 'Node.js'를 검색하거나, https://nodejs.org/ko에 접속하여 [Node.js 다운로드(LTS)] 버튼을 눌러 설치 파일(`node-v22.16.0-x64.msi`)을 다운로드하고 실행하자.

실행하면 설치 안내 팝업이 보이고, 사용자 약관에 동의한 뒤 [Next] 버튼을 누르면 설치 경로 입력 화면이 나온다. 다시 [Next] 버튼을 계속 누르면 [Install] 버튼이 나타나고, 이 버튼을 누르면 자동으로 설치가 시작된다.

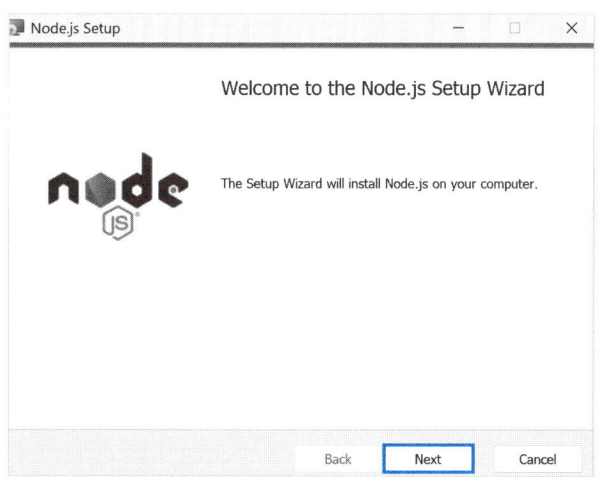

그림 3.4 설치 파일을 누르면 보이는 설치 안내 팝업 모습

그림 3.5와 같은 화면이 나오면 설치가 완료된 것이다.

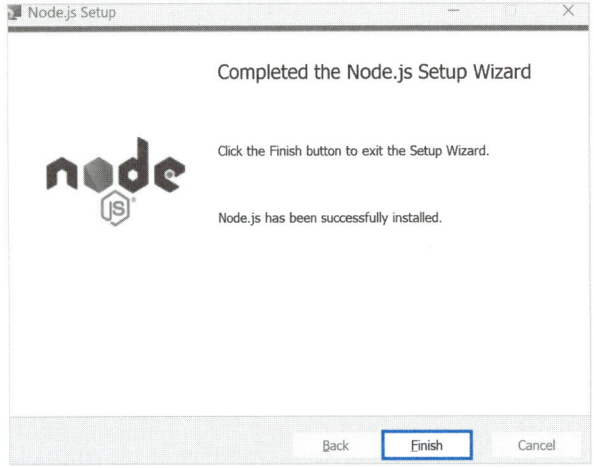

그림 3.5 　설치 완료 후 보이는 Node.js 의 설치 마법사

[Finish]를 누르면 창이 자동으로 닫힌다.

이제 설치가 잘 되었는지 확인해보자.

컴퓨터의 작업 표시줄에서 검색 아이콘(🔍)을 누르면 그림 3.6과 같이 메뉴가 나타날 것이다.

그림 3.6의 상단에 있는 [명령 프롬프트]를 실행한다.

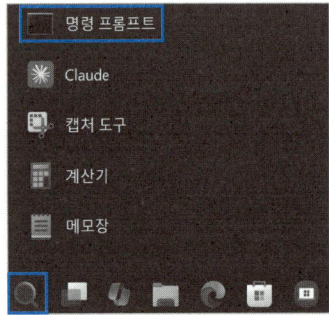

그림 3.6 　작업 표시줄의 돋보기를 누르면 나오는 모습 예시

혹은 윈도우 검색창에 'CMD'나 '명령 프롬프트'를 검색하자. 그러면 그림 3.7과 같은 검색 결과가 나올 것이다.

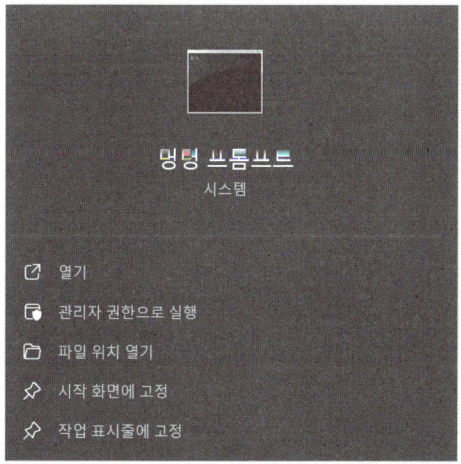

그림 3.7 명령 프롬프트 혹은 CMD를 검색하면 나오는 화면 예시

컴퓨터에 익숙하지 않은 일반인을 대상으로 차근히 설명하기 위해 작업 표시줄을 통해 접근하는 방법을 설명했지만, 매우 간단한 단축키로도 설정 가능하다. 키보드의 [Windows] 키와 [R]을 누르면 그림 3.8과 같은 실행 창이 나타난다. 여기에 CMD를 입력하고 [Enter] 키를 누르면 동일한 명령 프롬프트가 실행된다.

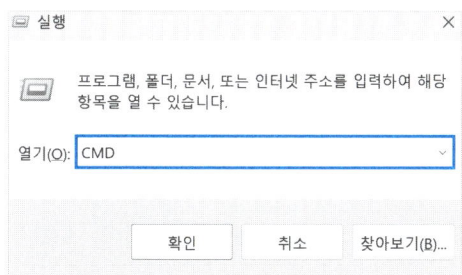

그림 3.8 단축키를 통해서 실행한 모습 예시

이 명령 프롬프트를 실행하도록 하자. 이 명령 프롬프트에 코드 3.1과 같은 명령어를 순차적으로 입력해보자.

코드 3.1 Node.js가 잘 설치되었는지 확인하는 간단한 명령어[2]

이 명령어를 수행해서 그림 3.9와 유사한 형태의 결과물이 출력이 되는 것을 확인한다면 잘 설치가 된 것이다.

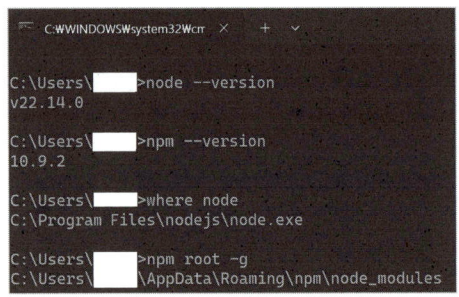

그림 3.9 명령어를 실행한 모습

축하한다! 이제 기존 MCP 서버를 사용할 준비의 절반을 마쳤다. 이제 나머지 절반을 향해 달려가보도록 하자. Node.js 설치와 설정이 모두 끝났다면 데스크톱용 Claude 파일을 다운로드해야 한다. 집필 기준(2025년 4월) MCP 서버가 로컬(클라우드의 반대, 예: 개인 PC)에서 실행되므로 로컬 환경에서 동작이 가능해야 하는데, Claude는 데스크톱 호스트만 지원하고 있다. 원격 호스트는 개발 중이다.

이를 위해 구글에서 Claude Desktop을 검색하거나 https://claude.ai/download에 접속하여 다운로드하자. 접속 후 자신의 OS에 맞는 버전을 선택하여 다운로드한다. 만약 이미 Claude Desktop을 사용하고 있다면 최신 버전인지 확인하고, 아닐 경우 업데이트해서 최신 버전을 유지하도록 하자. OS에 맞는 설치 파일을 다운로드한 뒤에 실행하면 그림 3.10과 같은 안내창을 볼 수 있다.

---

2   https://nodejs.org/docs/latest/api/

순서대로 [시작하기] 버튼을 클릭하고, 로그인을 한 뒤에 잠시 기다리면 설치가 완료되어 사용팁 문구를 볼 수 있다. 해당 사용팁 문구를 [건너뛰기] 버튼을 누른 뒤 그림 3.11과 같은 화면이 보인다면 Claude Desktop 사용할 준비가 완료된 것이다.

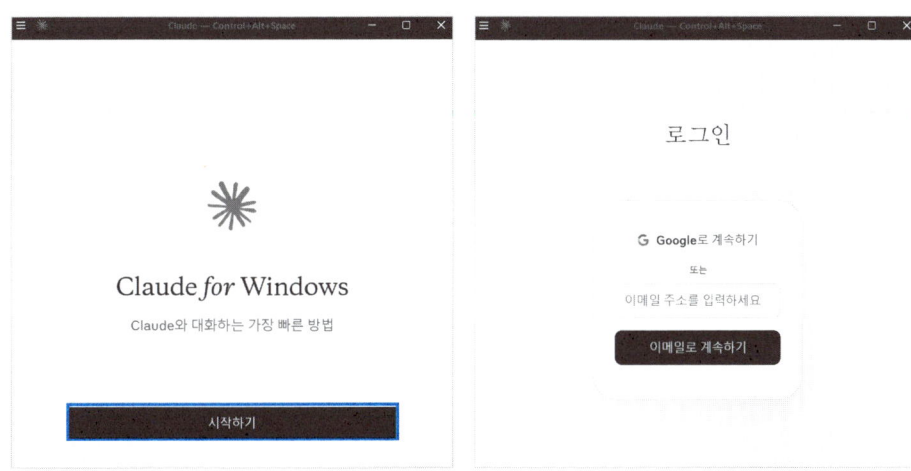

그림 3.10 OS에 맞는 파일을 다운로드 한 뒤에 실행하면 보이는 화면(출처: Claude Desktop)

그림 3.11 사용할 준비가 완료되면 보이는 모습. 프롬프트를 입력할 수 있다(출처: Claude Desktop).

앞서 이야기한 것과 같이 Claude Desktop을 이용함으로써 우리는 MCP를 활용하는 데 있어서 별도의 호스트를 개발하지 않고, 개발된 서버를 바로 연결하여 사용할 수 있다.

3.1 MCP 구성 방법

MCP를 활용하기 위해 가장 먼저 해야 할 일은 Claude Desktop 애플리케이션의 설정 파일을 만드는 것이다.

이 파일은 앞으로 Claude가 다양한 MCP 서버(예: 파일 시스템 접근, 웹 스크래핑, DB 관리 등)를 사용할 수 있도록 구성 정보를 제공할 때 사용된다. 지금은 무슨 이야기인지 모를 수 있다. 일단 한번 만들어보면서 살펴보도록 하자.

먼저, 클로드의 좌상단 햄버거 버튼(≡)을 누르면 보이는 [파일], [편집], [보기], [도움말]과 같은 버튼들이 활성화되는 것을 볼 수 있다. 거기서 **[파일]**을 누르고 **[설정]**을 누르면 그림 3.13과 같은 팝업창이 뜬다.

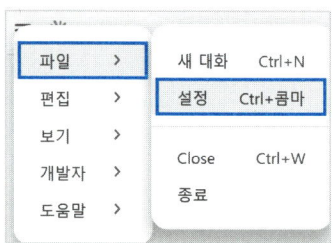

그림 3.12 Claude Desktop의 구성 정보 설정을 하는 방법 예시(출처: Claude Desktop)

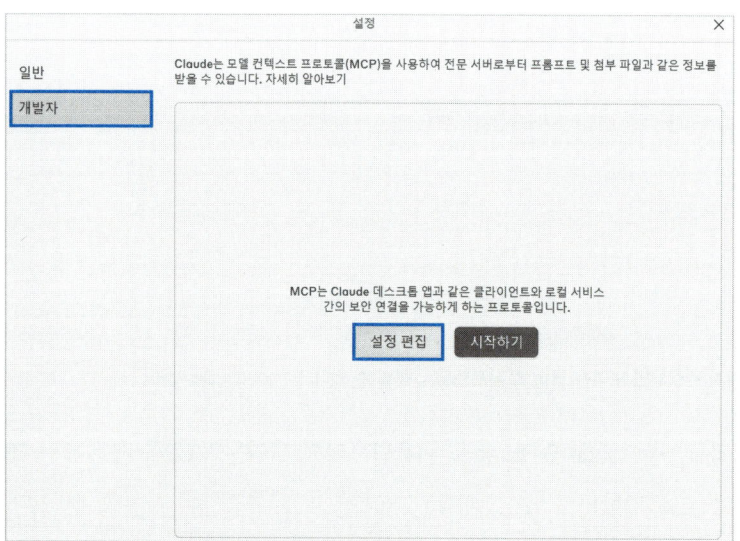

그림 3.13 설정을 누르면 나오는 팝업(출처: Claude Desktop)

팝업창을 보면 좌측에 [일반]과 [개발자] 둘로 나뉘어져 있는데, 우리의 목적은 [개발자] 버튼에 있다. [개발자] 버튼을 누르면 그림 3.13과 같은 화면을 볼 수 있다. 여기서 [설정 편집] 버튼을 누르면 디렉터리가 하나 뜨고, 그림 3.14와 같이 Claude 디렉터리의 claude_desktop_config.json 파일이 있는 것을 볼 수 있다.

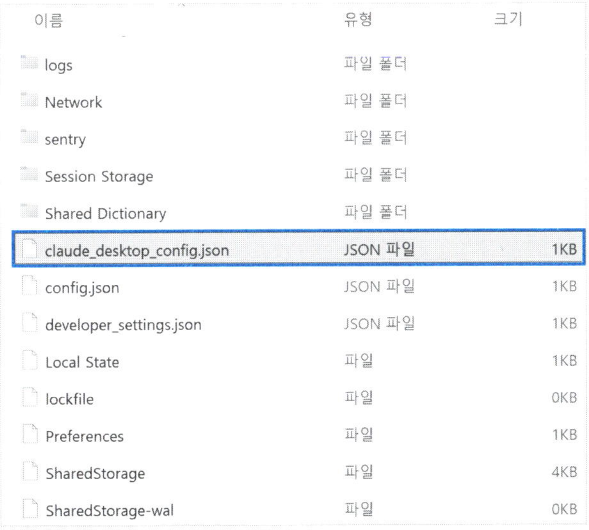

그림 3.14 Claude가 다양한 MCP 서버 구성 정보를 참조하는 파일 예시

이제 이 파일을 수정하면 우리는 MCP를 이용할 수 있다. 파일 수정은 선호하는 에디터를 이용해서 수정하면 된다. 나는 코드용 에디터를 선호하지만, 일반인이 대상이기 때문에 많이들 사용하는 메모장을 이용해서 열어보면 그림 3.15와 같은 모습을 볼 수 있다.

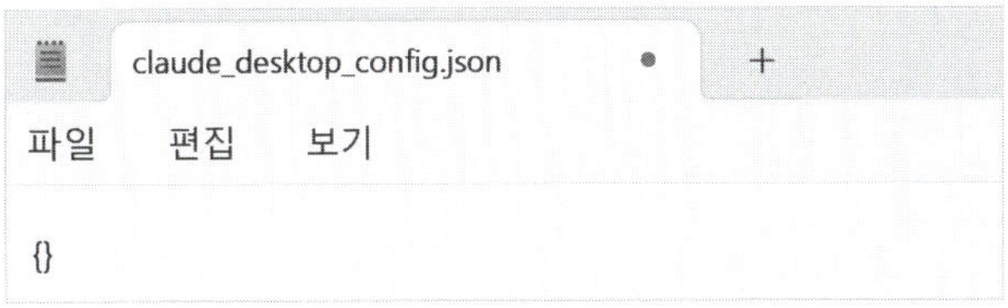

그림 3.15 처음 파일을 열면 입력된 초기 모습 예시

초기에는 아무런 설정도 안 되어 있기 때문에 '{ }'라는 입력 외에는 아무것도 없다. 자, 여기까지 했다면 이제 MCP를 사용하기 위한 첫발을 내딛었다고 할 수 있다. 이제 여기 파일에 설정을 추가하면서 다른 개발자들이 만들어둔 MCP 서버를 이용할 수 있다.

실제로 어떻게 설정하는지 살펴보기에 앞서 한 가지만 더 알아보자. 우리가 MCP를 사용하는 데 있어서 MCP의 상호작용을 살펴보아야 하는 순간이 있을 수 있다. 이때 MCP에 내가 입력하거나 요청한 정보들과 처리한 정보를 시간순으로 기록하는, 텍스트 기반 로그 파일을 보는 방법을 알아보자.

이를 위해 할 수 있는 가장 간단한 방법은 개발자 모드를 활성화하는 것이다. 개발자 모드라고 해서 겁먹을 필요는 없다. 일반적으로 개발자 모드는 이용자에게 너무 많은 고급 설정과 도구를 알려주면 잘못된 설정을 하거나 오히려 혼란을 겪을 수 있으므로, 개발자들에게 고급 설정 및 도구에 대한 접근 권한을 제공하는 기능을 의미한다. 그러므로 개발자들이 사용해야 하는 모드를 활성화한다기보다는 고급 설정을 하고 제공하는 도구들을 활용할 준비를 한다고 생각하면 된다.

활성화하는 방법은 윈도우 기준 좌상단의 햄버거 모양의 버튼(≡)을 클릭하고 **[도움말]** 버튼에 마우스를 올리면 [문제 해결] 메뉴가 나타난다. 다시 **[문제 해결]** 버튼에 마우스를 올리고, 여기서 **[개발자 모드 활성화]** 버튼을 클릭하면 된다.

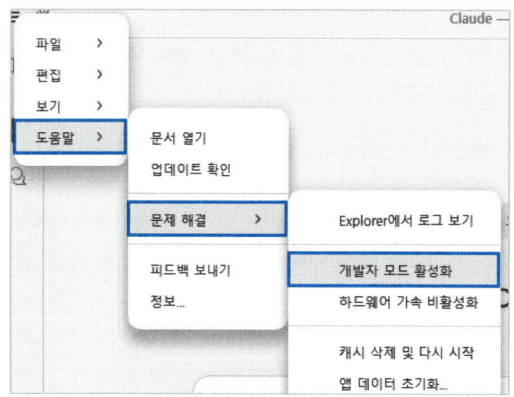

그림 3.16 **개발자 모드 활성화 버튼**(출처: Claude Desktop)

이때 그림 3.17과 같은 팝업창이 뜨는데 [활성화]를 클릭하면 된다. 이렇게 하면 개발자 모드를 사용할 수 있다.

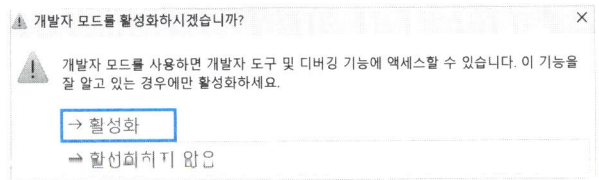

그림 3.17 개발자 모드 활성화 경고 팝업 메시지(출처: Claude Desktop)

이제 좌상단의 햄버거 버튼(≡)을 눌러보면 [개발자]라는 버튼이 새로 생기고 [MCP 로그 파일 열기]라는 버튼이 생긴 것을 볼 수 있다. 앞으로 MCP를 사용하면서 생기는 로그들은 간단히 로그 파일 열기를 통해서 볼 수 있을 것이다.

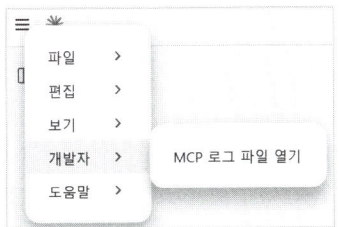

그림 3.18 개발자 모드를 활성화한 모습(출처: Claude Desktop)

자, 이제 우리는 윈도우에서 Claude Desktop을 통해 MCP를 사용할 준비가 되었다. MCP를 이용해서 내가 직접 연결하는 것도 좋지만, 다른 사람이 만들어둔 서버를 이용해서 연결하여 사용하는 것도 가능하다. 내가 좋아하는 말 중 하나는 아이작 뉴턴의 "거인의 어깨에 올라서서 더 넓은 세상을 바라보라"라는 말이다. MCP 서버도 마찬가지다.

우리가 원하는 결과를 얻기 위해서 직접 하나하나 모두 정의하고 개발할 수도 있지만, 다른 사람이 만들어둔 도구를 잘 활용하는 것도 우리의 역량이다. 게다가 개발자가 아닌 우리는 개발이라는 영역에 있어서 어느 정도의 제약이 있을 수밖에 없다. 우리는 개발자가 잘 만들어둔 MCP 서버를 이용하면 더 빠르고 쉽게 원하는 결과물을 얻을 수 있다.

개발자가 만들어둔 MCP 서버가 바로 거인의 어깨가 되는 것이다. 이제 실제로 활용해보도록 하자.

> **용어 설명**

★ 디버깅

디버깅은 프로그램의 오류나 문제를 찾아내고 해결하는 과정이다. 쉽게 말해, 소프트웨어가 제대로 작동하지 않을 때 무엇이 잘못됐는지 찾아내고 고치는 작업이다.

우리가 고장난 가전제품을 고칠 때처럼, 프로그램에서도 문제가 생기면 어디서 문제가 발생했는지 찾고 수리해야 한다. 예를 들어 스마트폰 앱이 갑자기 멈추거나 원하는 기능이 작동하지 않을 때, 개발자들은 디버깅을 통해 원인을 파악하고 해결한다.

실제로 디버깅은 개발 과정에서 많은 시간을 차지하는 중요한 작업이다. 개발자들은 특별한 도구를 사용해 프로그램의 실행 과정을 단계별로 추적하여 문제의 원인을 찾아낸다.

★ 모듈식 설계

모듈식 설계는 프로그램을 독립적인 부품(모듈)들로 나누어 개발하는 방식이다. 마치 레고 블록처럼, 각 부품은 독립적으로 작동하면서도 서로 조합되어 전체 시스템을 구성한다. 각 부품은 독립적으로 제작되고 테스트할 수 있으며, 필요할 때 교체하거나 업그레이드할 수 있다.

모듈식 설계의 장점은 복잡한 프로그램을 관리하기 쉽게 만들고, 문제가 생겼을 때 해당 모듈만 수정하면 되므로 유지 보수가 용이하다는 점이다. 또한 여러 개발자가 각자 다른 모듈을 동시에 개발할 수 있어 효율적이다.

★ 인터페이스

인터페이스는 서로 다른 시스템이나 사용자가 상호작용하는 접점이다. 두 개체 사이의 소통을 가능하게 하는 연결 지점이라고 볼 수 있다.

일상에서 비유하자면, 리모컨은 우리와 TV 사이의 인터페이스다. 우리는 리모컨 버튼을 눌러 TV에 명령을 전달하고, TV는 그에 따라 반응한다. 잘 설계된 인터페이스는 복잡한 시스템도 쉽게 사용하거나 연결할 수 있게 해준다.

★ UI

UI(user interface)는 사용자 인터페이스의 약자로, 사람과 컴퓨터 프로그램 사이의 접점이다. 쉽게 말해, 우리가 디지털 기기나 소프트웨어와 상호작용하는 모든 시각적, 청각적 요소를 말한다.

스마트폰의 터치스크린, 웹사이트의 버튼과 메뉴, 키보드와 마우스 등 모두가 UI의 일부다. 우리가 컴퓨터나 앱을 사용할 때 보고, 클릭하고, 입력하는 모든 것이 UI를 통해 이루어진다.

★ 로컬 실행 환경(로컬 환경)

로컬 실행 환경은 인터넷이나 외부 서버 없이 자신의 컴퓨터에서 프로그램을 실행하고 개발할 수 있는 설정이다. 쉽게 말해, 모든 것이 자신의 기기 내에서 이루어지는 작업 환경이다.

이는 요리를 할 때 모든 재료와 도구를 자신의 주방에 갖추고 있는 것과 비슷하다. 외부의 도움 없이 독립적으로 작업할 수 있다.

⭐ 자바스크립트

자바스크립트는 웹 페이지에 상호작용과 동적 기능을 추가하는 프로그래밍 언어다. 웹브라우저에서 실행되는 가장 보편적인 언어로, 현대 웹사이트의 대부분은 자바스크립트를 사용한다.

버튼을 클릭했을 때 반응하거나, 스크롤에 따라 내용이 변하거나, 입력한 정보를 확인하는 등 대부분의 동적 기능은 자바스크립트로 구현된다.

⭐ 의존성

의존성은 프로그램이 제대로 작동하기 위해 어떤 소프트웨어가 다른 소프트웨어에 의존하는 관계다.

일상에서 비유하자면, 요리를 할 때 다양한 재료와 도구가 필요한 것과 같다. 커피 머신은 전기와 물, 커피 원두에 '의존'하여 작동한다.

프로그래밍에서 의존성은 개발 시간을 단축하는 데 큰 도움이 된다. 모든 기능을 처음부터 직접 만들지 않고, 이미 잘 만들어진 도구(라이브러리)를 활용할 수 있기 때문이다.

⭐ 로그

로그는 프로그램의 실행 과정이나 상태를 기록한 데이터다. 쉽게 말해, 소프트웨어가 무엇을 했는지, 어떤 일이 일어났는지 기록하는 디지털 일지라고 볼 수 있다.

로그는 개발자들에게 매우 중요한 도구다. 프로그램에 오류가 발생했을 때 로그를 확인하면 어디서 문제가 생겼는지 파악할 수 있다. 예를 들어 웹사이트에 접속할 수 없는 경우, 서버 로그를 확인하면 서버가 다운된 시간과 원인을 알 수 있다.

3.2 활용하기 좋은 MCP와 설정 방법

이번 절에서는 이미 개발된 MCP들을 활용하는 방법에 중점을 두고 살펴볼 것이다. 효율적인 개발을 위해 이미 구현된 MCP를 활용하는 것은 매우 중요하다. 기존에 개발된 MCP들은 검증된 성능과 안정성을 제공하며, 매번 새로운 서버를 처음부터 구현할 필요 없이 필요에 맞게 선택하여 사용할 수 있다는 장점이 있다.

실제 프로젝트에서 활용하기 좋은 다양한 MCP들과 그 설정 방법에 대해 자세히 알아보자. MCP에는 여러 가지 유형이 있지만, 가장 먼저 앤트로픽에서 제공하는 MCP 서버들을 한번 살펴볼 것이다. 개별 MCP 목록은 MCP 깃허브GitHub[3]에서 확인할 수 있으니, 필요한 것이 있다면 살펴보기를 권한다. 새로운 MCP가 추가되거나 기존 MCP가 변경되는 경우도 많기 때문에, 공식 코드 저장소를 주기적으로 확인하는 것은 매우 유용하다.

앤트로픽은 다양한 MCP를 제공하지만, 여기서는 파일 시스템을 활용한 MCP, Google Maps 기반 MCP, Slack 연동 MCP, 순차적 사고를 구현한 Sequential thinking MCP 등을 중심으로 다룰 예정이다. 이 MCP들을 실제로 어떻게 구성하고 활용할 수 있는지 살펴보며, 사용 사례와 설정 예시를 통해 MCP가 어떻게 쓰이는지 직접 체험하는 데 도움을 주고자 한다.

---

[3] https://github.com/modelcontextprotocol/servers/tree/main/src

3.2.1 Filesystem

Filesystem MCP 서버는 AI 시스템이 로컬 파일 시스템과 상호작용할 수 있게 해주는 서버다. 쉽게 말해서, AI가 컴퓨터의 파일과 폴더에 접근할 수 있도록 도와주는 역할을 한다. 이를 통해 AI는 단순히 대화 내용을 기반으로 작업하는 데서 나아가, 컴퓨터의 파일 시스템에 접근하여 파일을 읽고 쓰며, 디렉터리를 관리하고 파일을 검색하는 등의 작업도 수행할 수 있다.

예를 들어 사용자의 문서나 코드 파일 등을 AI에 제공하면, 새 파일 생성, 기존 파일 수정, 파일 이동 기능 등을 통해 '내 폴더에서 MCP 관련된 파일만 모아서 새 폴더에 정리해줘'와 같은 복잡한 작업도 수행이 가능해진다.

Filesystem MCP 서버는 앞서 우리가 설치한 Node.js 기반으로 구현되며, AI와 파일 시스템 간의 중개자 역할을 한다. 또한 보안을 위해 지정된 디렉터리 내에서만 작업이 가능하도록 제한되어 있다.

이러한 Filesystem이 등장하기 전에는 AI 시스템이 로컬 파일 시스템과 직접 상호작용하기가 어려웠다. 사용자가 파일 내용을 복사해 AI에게 전달하거나, AI의 응답을 수동으로 파일에 적용해야 했고, 때로는 파일을 일일이 업로드한 후에만 AI와 상호작용을 할 수 있었다.

이런 과정은 매우 번거롭고 시간이 많이 소요되었으며, 특히 문서가 많은 경우 효율성이 크게 떨어졌다. 그러나 Filesystem을 사용하면서는 AI가 직접 파일 시스템에 접근할 수 있어, 이러한 제한을 극복하고 작업 효율성을 크게 향상시킬 수 있다.

그렇다면 이 Filesystem 서버를 어떻게 설정하는지 살펴보자. 공식적으로 제공하는 MCP 서버들은 깃허브에서 관리하며, 보통 `README.md` 파일을 통해 사용법과 설정 방법을 안내한다. 이 파일에는 주로 프로젝트 소개, 목적, 주요 기능, 사용자 가이드 등이 포함되어 있다.

Filesystem MCP 서버는 다음 링크에서 확인할 수 있다.

- https://github.com/modelcontextprotocol/servers/blob/main/src/filesystem/README.md

해당 페이지에 접속하면, 개발 지식이 없는 사람도 쉽게 활용할 수 있도록 설정 파일에 추가할 내용까지 친절히 안내되어 있다.

Filesystem 서버를 활용하는 방법에는 두 가지가 있다. **도커**Docker와 **npx**node package execute라는 방법이다. 도커를 한마디로 정의하자면 프로그램 실행에 필요한 모든 것을 하나로 묶어 어디서든 동일하게 실행할 수 있도록 도와주는 도구다. 반면, npx는 컴퓨터에 별도 설치 없이도 필요한 프로그램을 바로 실행할 수 있게 해주는 도구다. 도커 방식은 강력하지만, 도커 자체를 이해하는 학습 과정이 필요하다. 따라서 개발에 익숙하지 않은 독자들을 위해, 우리는 좀 더 간단한 npx 방식을 사용할 예정이다. 기존 MCP 서버를 이용하는 실습에서는 설치 없이 빠르게 실행 가능한 npx를 사용할 예정이다.

뒤에서 다시 설명하겠지만, 나만의 커스텀 MCP 서버를 개발하는 단계에서는 범용적인 파이썬 환경과 **uv**를 사용할 것이다. uv는 빠르고 간결하며, 파이썬 버전 관리나 가상 환경 설정을 손쉽게 다룰 수 있도록 지원해주고, 의존성을 효율적으로 관리하는 데 도움이 되는 관리 도구다. 자세한 내용은 커스텀 MCP 서버 개발을 서술할 때 설명하겠다.

개발자가 아니라면 이 정도만 알아도 MCP 서버를 이해하는 데 충분하며, 더 많은 정보는 오히려 혼란을 줄 수 있기 때문에 이 책에서는 이 정도로만 서술하고자 한다.

먼저, 다음 코드 3.2를 앞서 언급했던 `claude_desktop_config.json` 파일에 추가하자.

코드 3.2 중 `"/Users/username/Desktop"` 부분에서 `"username"`은 사용자의 계정 이름이므로, 사용하고 있는 사용자 계정의 이름에 맞게 입력하면 된다. 예를 들어 사용자 이름이 'john'이라면 경로는 `"/Users/john/Desktop"`이 된다. 참고로 노트북이나 데스크톱이 자동으로 지갑 속 신분증을 확인하거나 SNS의 이름을 확인하는 식으로 명의를 확인해서 나의 본명을 넣는 것은 아니고, 초기 윈도우를 세팅할 때 내가 넣은 이름이 이에 해당된다. 앞으로 경로에 `username`이나 `YourName`, `Your_Name` 등이 들어간다면 자신의 사용자 계정명을 입력한다고 해석하면 된다.

```
{
  "mcpServers": {
    "filesystem": {
      "command": "npx",
      "args": [
        "-y",
        "@modelcontextprotocol/server-filesystem",
        "/Users/username/Desktop"
      ]
    }
  }
}
```

코드 3.2 Filesystem MCP 서버를 사용할 수 있도록 설정하는 코드 예시[4]

만약 초기 세팅할 때 이름을 무엇으로 했는지 기억나지 않는다면 확인하는 방법도 있다. 여러 가지 방법으로 확인이 가능한데 간략히 두 가지만 설명하도록 하겠다. 가장 쉬운 방법은 디렉터리를 통해 확인하는 방법으로, 디렉터리의 주소창에 <<C:\Users>>를 입력하면 이름을 확인할 수 있다. 또 다른 방법은 앞서 설명한 명령 프롬프트에 <<echo %username%>>를 입력하면 이름이 출력되어 확인할 수 있다.

이제 설정 코드를 아까 얘기했던 `claude_desktop_config.json`에 넣도록 하자. 파일의 위치가 기억나지 않는다면 디렉터리에 <<%APPDATA%\Claude\>>를 입력하고 Enter 키를 누르면 파일을 확인할 수 있을 것이다.

자, 이제 `claude_desktop_config.json` 파일을 열고 상단의 내용을 입력한 뒤에 저장하고, Claude Desktop을 종료 후 재실행해보자. 단순히 창을 닫았다가 켜는 것이 아니라, 프로그램 자체를 종료 후 다시 재시작해야 한다는 의미임을 명심하자.

이렇게 하면 이제부터 Claude는 입력한 경로에 접근할 수 있다. 나는 바탕화면에 `mcp_helloworld`라는 폴더를 만들어서 해당 폴더에 디렉터리를 넣었다. 참고로 디렉터리는 여러 개를 넣을 수 있다. 이렇게 하면 Claude는 여러 디렉터리에 접근할 수 있게 된다. 즉,

---

[4] https://github.com/modelcontextprotocol/servers/blob/main/src/filesystem/README.md

다음과 같이 입력하면 된다.

```json
{
  "mcpServers": {
    "filesystem": {
      "command": "npx",
      "args": [
        "-y",
        "@modelcontextprotocol/server-filesystem",
        "/Users/username/Desktop",
        "/Users/username/Desktop/mcp_helloworld"
      ]
    }
  }
}
```

코드 3.3 여러 디렉터리에 접근하도록 하는 예시

이러한 방식의 장점은 내가 원하는 경로의 정보에만 AI가 접근할 수 있기 때문에 원치 않는 디렉터리에 저장한 정보에는 접근할 수가 없다. 나는 `mcp_helloworld`라고 하는 경로를 새롭게 만들어 이 경로에만 접근할 수 있도록 했다.

진행하다 보면, 설정 과정에서 윈도우 사용자에게 크게 몇 가지 문제가 발생할 수 있다.

먼저, 만약 내가 접근하고자 하는 경로가 한글일 경우에는 인식에 오류가 발생할 수 있다. 그럴 땐 탐색기에서 경로에 포함된 한글 폴더명을 모두 영문으로 수정한 뒤에 다시 `claude_desktop_config.json`에 반영하고 Claude를 종료 후 재시작하면 Filesystem MCP 서버를 활용할 수 있다.

다음으로 오타를 내는 경우다. 오타를 내면 에러 팝업창이 나타나고 Json 형식에 맞지 않는다거나 기타 다른 오류가 발생하게 된다. 그런 경우에는 당황하지 말고, 차근히 다시 한번 처음부터 타이핑을 하며 복기하면 성공할 수 있다. 주로 초보자들이 에러를 내는 부분은 경로를 설정할 때 마지막에는 `,`(쉼표)를 넣지 말아야 하는데 넣는 경우다. 예를 들어 코드 3.4와 같은 경우 동작하지 않는다.

```
{                                          {
  "mcpServers": {                            "mcpServers": {
    "filesystem": {                            "filesystem": {
      "command": "npx",                          "command": "npx",
      "args": [                                  "args": [
        "-y",                                      "-y",
        "@modelcontextprotocol/server-             "@modelcontextprotocol/server-
filesystem",                               filesystem",
        "/Users/username/Desktop"                  "/Users/username/Desktop",
      ]                                          ]
    }                                          }
  }                                          }
}                                          }
```

코드 3.4 동작하지 않는 경우 예시. 왼쪽 코드의 경우 경로를 나타내는 곳에서 Desktop 우측에는 '"'만 있지만, 오른쪽 코드의 경우 '",' 로 ','(쉼표)가 추가되어 인식하지 못할 수 있다.

자, MCP 서버가 활성화되기를 조금 기다리다가 그림 3.19와 같은 화면을 본다면 준비는 끝났다. 이제 MCP를 통해서 내 컴퓨터에 Claude가 접근할 수 있게 된 것이다.

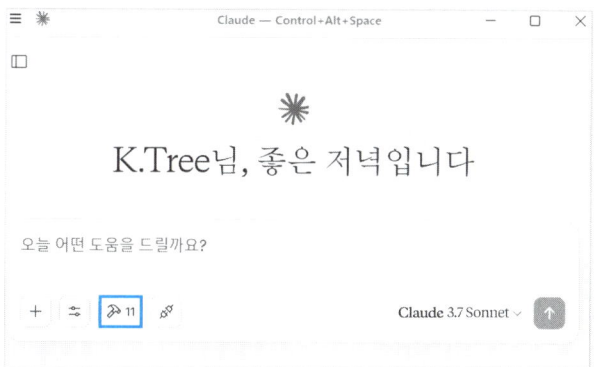

그림 3.19 Filesystem MCP 서버가 세팅된 모습. 기존에 없던 망치 모양이 생기고 11이라는 숫자가 있다
(출처: Claude Desktop).

MCP 서버가 세팅된 후 재실행하면 기존에 없던 망치 모양과 플러그 모양의 버튼이 생긴다. 망치 모양이 의미하는 바는 앞서 설명한 MCP의 도구다. 앞서 MCP 서버는 리소스, 도구, 프롬프트라는 세 가지 핵심 기능이 있다고 이야기하면서, 도구는 특정 작업을 '수행'할 수 있게 도와주는 기능이라고 설명한 바 있다.

방금 우리는 MCP 서버를 세팅했고, 이에 대한 도구의 개수가 11개임을 보여주었다. 서버를 한 개 세팅했는데 왜 도구가 11개인지 궁금할 수도 있다. 서버는 여러 개의 도구를 가질 수 있다. 이 망치 아이콘은 MCP 서버가 성공적으로 연결되어 도구를 활용할 수 있음을 나타내는 시각적 지표다. 망치를 누르면 팝업이 떠서 내가 활용할 수 있는 도구들의 목록을 보여준다.

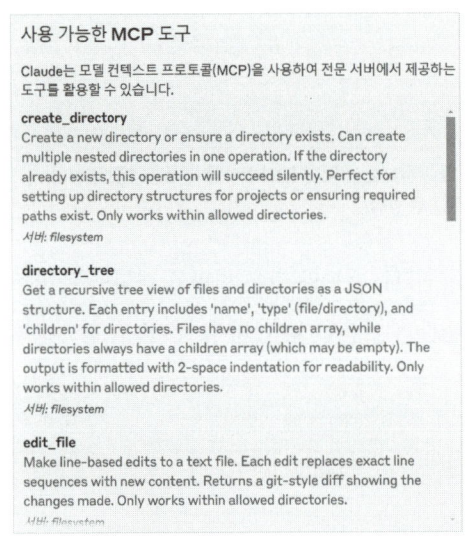

그림 3.20 망치 모양의 버튼을 클릭하면 보여주는 MCP 서버의 도구 예시 (출처: Claude Desktop)

망치 모양의 버튼은 도구들을 보여주는 반면, 플러그 모양의 버튼은 세팅된 서버들을 보여준다. 현재 우리는 Filesystem 서버 한 개가 연결되어 있기 때문에 하나만 보일 것이다. 하지만 서버를 많이 세팅하게 되면 서버들을 한눈에 편하게 볼 수 있다. 물론 `claude_desktop_config.json`의 목록을 보고 파악할 수도 있지만, 우리는 개발자가 아니기 때문에 이렇게 보는 것이 더 편할 것이다.

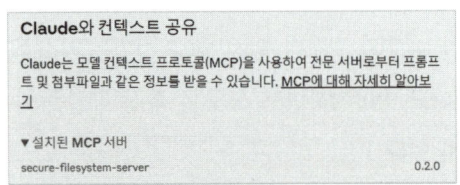

그림 3.21 플러그 버튼을 클릭하면 볼 수 있는 MCP 서버들의 목록 (출처: Claude Desktop)

이렇게 세팅된 MCP 서버를 한번 활용해보자. Filesystem 서버는 집필 기준(2025년 4월)으로 읽기, 쓰기, 편집, 디렉터리 생성, 디렉터리 목록 보기, 파일 이동, 파일 검색, 파일 정보 검색, 접근할 수 있는 디렉터리 목록 등이 존재한다. 이를 활용하여 간단히 파일을 생성해보자. MCP에 대해서 설명하는 텍스트 파일을 생성하도록 지시해보자.

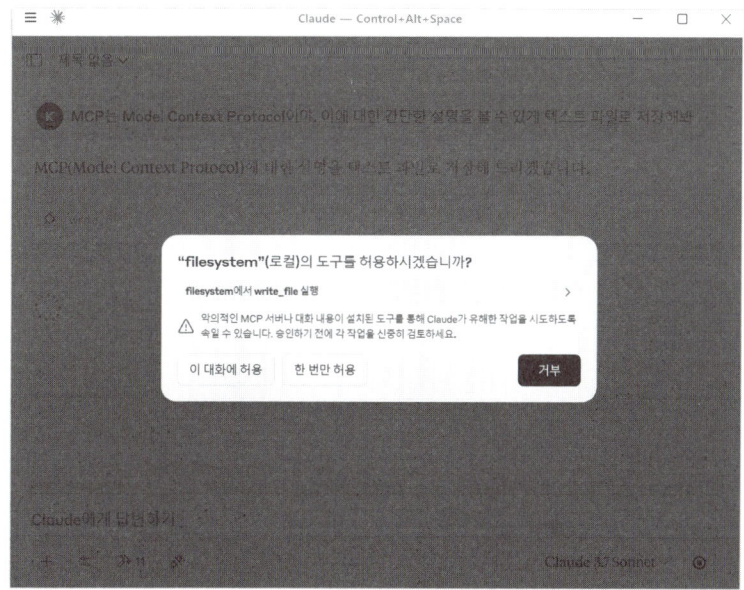

그림 3.22 도구를 사용해서 저장을 시도하는 모습 예시(출처: Claude Desktop)

텍스트 파일로 생성해달라고 요청하자 Filesystem 서버의 write_file 도구를 실행해서 저장하려고 하는 모습을 볼 수 있다. 허용 단계를 이번 한 번만 허용할 것인지, 이 대화에 허용할 것인지, 혹은 거부할 것인지를 선택할 수 있다. 나는 [이 대화에 허용] 버튼을 눌러 앞으로 write_file 도구를 이 대화에 한정해서 사용하는 것을 허용하는 것으로 저장했다. 기다리면 실행하여 저장을 하게 되고, 이 과정에서 실패를 경험하면 해결하기 위해 그림 3.23과 같이 다른 도구를 통해 문제를 해결하려고 재시도한다.

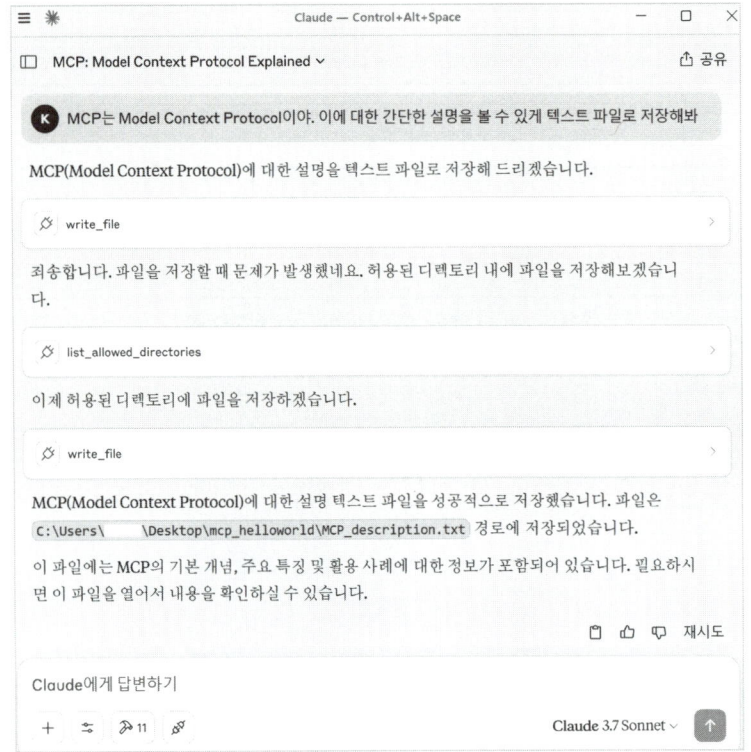

그림 3.23 **Filesystem 서버를 사용하여 저장을 시도하는 모습 예시**(출처: Claude Desktop)

최초 접근 권한이 없는 디렉터리에 저장을 시도하자, 에러가 발생하고 이 에러를 해결하기 위해 list_allowed_ditectories라는 도구를 이용해서 접근 권한이 있는 디렉터리 목록을 가져와 다시 권한 있는 디렉터리에 저장하는 모습을 볼 수 있다. 이는 앞으로 여러 가지 MCP 서버들이 연결될수록 각 서버들의 도구들을 이용해서 다양한 문제를 해결할 수 있다는 가능성을 보여주는 것과 같다. 진정한 AI 에이전트로서 동작할 수 있는 것이다. 앞으로 도서라는 매개체에 맞게 줄글의 형태로 넣을 예정이며, 도구나 아티팩트를 사용하면 '>'와 '>>'로 표시하도록 하겠다. 저장된 파일을 확인해보자.

이름	유형	크기
MCP_description.txt	텍스트 문서	2KB

그림 3.24 **Filesystem 서버를 통해 없던 파일을 생성한 것을 볼 수 있다.**

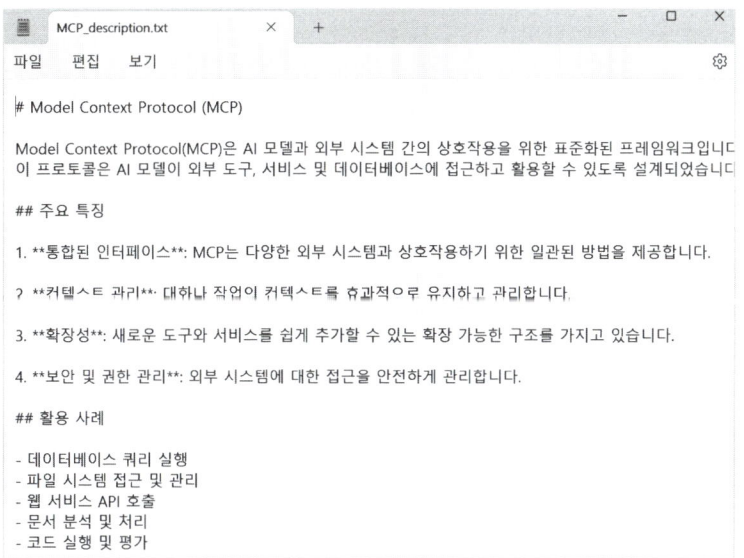

그림 3.25 Claude가 MCP에 대해서 정리한 내용을 텍스트 파일에 저장한 예시

만약 MCP 서버를 연결하지 않았다면 우리는 MCP에 대해서 정리하라는 지시를 하고, 다시 그 글을 복사해서 메모장을 열고 붙여넣은 뒤에 저장해야 하는 여러 단계를 수동으로 진행했을 것이다. 하지만 이런 번거로운 작업을 MCP를 통해 자동으로 진행할 수 있는 것이다. 이번엔 제대로 읽을 수 있는지 한번 보도록 하자.

저장된 파일을 읽어서 내게 보여줄래?

저장된 파일을 확인해드리겠습니다.
> filesystem(로컬)의 read_file 결과 보기>

```
{
  `path`: `C:\\Users\\YourName\\Desktop\\mcp_helloworld\\MCP_description.txt`
}
# Model Context Protocol (MCP)

Model Context Protocol(MCP)은 AI 모델과 외부 시스템 간의 상호작용을 위한 표준화된
프레임워크입니다. 이 프로토콜은 AI 모델이 외부 도구, 서비스 및 DB에 접근하고 활용할
수 있도록 설계되었습니다.
```

3.2 활용하기 좋은 MCP와 설정 방법 59

```
## 주요 특징
1. **통합된 인터페이스**: MCP는 다양한 외부 시스템과 상호작용하기 위한 일관된
   방법을 제공합니다.
2. **콘텍스트 관리**: 대화나 작업의 콘텍스트를 효과적으로 유지하고 관리합니다.
3. **확장성**: 새로운 도구와 서비스를 쉽게 추가할 수 있는 확장 가능한 구조를 가지고
   있습니다.
4. **보안 및 권한 관리**: 외부 시스템에 대한 접근을 안전하게 관리합니다.
생략 -
```

저장된 파일의 입니다:
Model Context Protocol (MCP)
Model Context Protocol(MCP)은 AI 모델과 외부 시스템 간의 상호작용을 위한 표준화된 프레임워크입니다. 이 프로토콜은 AI 모델이 외부 도구, 서비스 및 DB에 접근하고 활용할 수 있도록 설계되었습니다.

- 생략 -

Filesystem 서버를 이용해서 파일을 읽는 예시(출처: Claude Desktop)

앞서 메모장의 내용과 비교해볼 때 내용을 잘 읽는 것을 확인할 수 있다. 주목할 점은 'filesystem(로컬)의 read_file 결과 보기>' 부분을 살펴보면 read_file이라는 도구를 호출해서 어떤 결과를 가져오는지를 모두 우리에게 보여준다는 점이다. 우리는 이를 통해서 AI가 어떤 값을 받았는지 투명하게 볼 수 있다.

이처럼 Filesyetem 서버를 사용하면 기존에는 사람이 수동으로 Claude에 알려주거나 첨부해야 했던 과정을 자동화하는 것이 가능하다. 이는 AI가 컴퓨터 파일에 접근해서 여러 가지 동작을 할 수 있음과 동시에, Filesystem MCP 서버를 세팅하는 과정에서 디렉터리의 접근 권한을 설정하여 아무 경로에 접근하는 것을 차단하고, MCP를 이용하면 보안을 확보할 수 있다는 것도 보여주는 간단하면서 중요한 예시다.

용어 설명

★ 디렉터리

디렉터리는 컴퓨터에서 파일과 다른 디렉터리를 담는 저장 공간이다. 일상에서는 '폴더'라고 불리는 것이 바로 디렉터리다. 컴퓨터에서 정보를 체계적으로 정리하는 방법으로, 서류를 정리하는 파일 캐비닛이나 책장처럼 작동한다.

디렉터리는 계층 구조로 되어 있어 디렉터리 안에 여러 하위 디렉터리가 있을 수 있고, 그 안에 또 다른 디렉터리가 존재할 수 있다. 이런 방식으로 파일과 정보를 논리적으로 구성할 수 있다.

예를 들어 개인 컴퓨터에서 '문서', '사진', '음악' 등의 디렉터리를 만들어 각 유형의 파일을 분리해서 저장한다. 또한 '사진' 디렉터리 안에 '가족사진', '여행사진', '학교사진' 등 더 세분화된 디렉터리를 만들어 체계적으로 관리할 수 있다.

⭐ 도커

도커는 소프트웨어를 '컨테이너'라는 표준화된 단위로 패키징하는 플랫폼이다. 쉽게 말해, 프로그램과 그 프로그램이 필요로 하는 모든 것을 하나의 상자에 담아 어디서든 동일하게 실행할 수 있게 해주는 도구다.

도커의 가장 큰 장점은 '내 컴퓨터에서는 작동했는데…'라는 문제를 해결한다는 점이다. 개발자가 자신의 컴퓨터에서 만든 프로그램이 다른 사람의 컴퓨터나 서버에서도 똑같이 작동하도록 보장한다.

⭐ npx

npx는 노드 패키지(Node.js 프로그램)를 쉽게 실행할 수 있는 도구다. 쉽게 말하자면, npx는 필요한 도구를 설치하지 않고도 일회성으로 사용할 수 있게 해주는 '빌려 쓰기' 서비스와 같다. 마치 매일 사용하지 않는 전문 공구가 필요할 때 구매하지 않고 공구 대여점에서 빌려 쓰는 것과 비슷하다.

npx의 가장 큰 장점은 컴퓨터에 프로그램을 영구적으로 설치하지 않고도 필요할 때만 실행할 수 있다는 점이다. 이는 디스크 공간을 절약하고, 항상 최신 버전의 도구를 사용할 수 있게 해준다.

3.2.2 Google Maps

다음으로 외부 서비스에 연결하여 데이터를 가져오는 MCP 서버를 사용해보자. 구체적으로 Google Maps 서비스의 정보를 이용하도록 하는 MCP 서버를 구축해볼 것이다. 이를 위해서는 먼저 Google Maps 서비스의 API 키를 발급받아야 한다. API 키는 쉽게 말해서 특정 애플리케이션이나 웹사이트가 Google Maps의 서비스를 사용할 수 있게 해주는 고유한 인증 코드다. Goole Maps 서비스를 외부에서 이용하기 위해서 필요한 키이며 지도 표시, 위치 검색, 경로 안내 등의 기능을 구현할 때 사용한다. 누군가 내 API 키를 알게 되는 경우, 그 키를 사용하여 문제가 되는 상황에 처할 수 있으므로 외부에 노출되지 않도록 주의해야 한다.

Google Maps 서비스의 API 키를 발급받기 위해서는 **GCP**Google Cloud Platform에 가입해야 한다. 집필 기준(2025년 4월) GCP는 신규 고객에게 Google Cloud 제품을 사용해보고 간단한 개발을 해볼 수 있도록 90일간 이용 가능한 300달러의 무료 크레딧을 제공하고 있으며, 정식 유료 계정을 활성화할 때까지는 요금을 청구하지 않는다.

GCP 혹은 Google Cloud Platform을 검색하여 링크[5]를 열고 GCP 웹사이트를 찾아 가입하자. 기존의 Google ID를 이용해서 가입하거나 새롭게 가입하면 된다.

가입을 마쳤다면, GCP의 콘솔로 접속한다. 이후 좌측 상단의 햄버거 버튼(≡)을 클릭하여 [API 및 서비스] → [사용자 인증 정보]를 클릭한다. 그 후 상단의 [사용자 인증 정보 만들기] → [API 키]를 선택한다. 그러면 API를 만들어주는데, API 키를 어딘가에 복사해서 잘 보관해두고 필요할 때 복사하여 사용하면 된다.

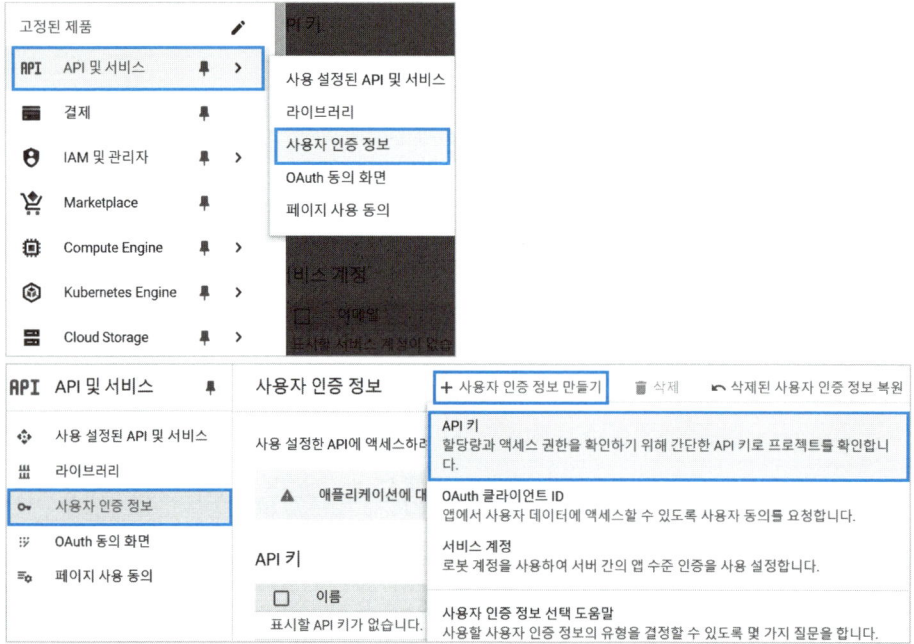

그림 3.26 API 키를 발급하는 모습 예시

API 키를 무사히 생성하였다면, 좌측 상단의 햄버거 버튼(≡)을 클릭하여 [Google Maps Platform] 버튼을 누르거나, https://console.cloud.google.com/google/maps-apis/로 접속하면 그림 3.27과 같은 화면을 볼 수 있다.

---

5   https://cloud.google.com/

화면에서 '지도 생성 핵심 요소 알아보기'에 있는 [API 사용 설정] 탭으로 이동한다. 여기서 [API 사용 설정] 버튼을 클릭하자. 그 뒤에 지도 제품 중 필요한 정보를 활성화해야 한다.

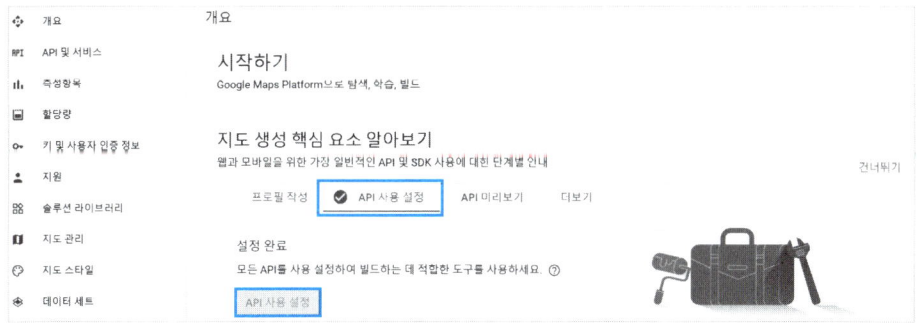

그림 3.27　접속하면 보이는 개요 화면 예시(출처: Google Cloud Platform)

제품 중에서 내가 사용하고자 하는 API를 활성화해야 한다. 만약 API가 활성화되어 있지 않다면 활성화하자. 이를 위해 그림 3.28처럼 좌측 [API 및 서비스]를 클릭한 뒤에, '적합한 지도 제품 찾기'에서에서 제품 중 [Maps]를 선택하고 Maps JavaScript API를 Disabled에서 [Enabled]로 변경하면 API 사용이 가능하다. 초기에는 Disabled로 되어 있으니 한 번 클릭해서 Enabled의 형태로 바꾸면 사용이 가능하게 되는 것이니 참고하자.

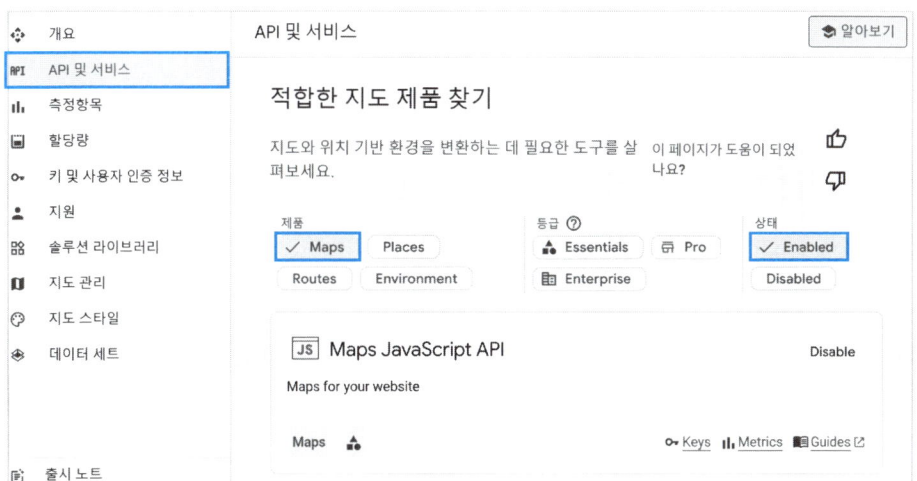

그림 3.28　Google Maps의 API 및 서비스 대시보드 화면 예시(출처: Google Cloud Platform)

API 중에 필요한 API들을 모두 Enabled로 변경하도록 하자. 여기까지 했다면 Google Maps의 서비스를 이용할 준비가 된 것이다.

우리는 MCP 서버에서 사용할 것이기 때문에 Google Maps를 MCP 서버 Config에 넣도록 하자. Filesystem과 동일하게 `claude_desktop_config.json`에 다음과 같이 추가하자.

```json
{
  "mcpServers": {
    "filesystem": {
      "command": "npx",
      "args": [
        "-y",
        "@modelcontextprotocol/server-filesystem",
        "C:\\Users\\<Your_Name>\\Desktop\\mcp_helloworld"
      ]
    },
    "google-maps": {
      "command": "npx",
      "args": [
        "-y",
        "@modelcontextprotocol/server-google-maps"
      ],
      "env": {
        "GOOGLE_MAPS_API_KEY": "<YOUR_API_KEY>"
      }
    }
  }
}
```

코드 3.5 google maps MCP 서버를 활용하는 예시[6]

앞서 Filesystem 서버를 세팅했던 것과 맞추어서 Google-maps 서버를 세팅하면 된다. 동일하게 npx를 사용하여 세팅하겠다. 발급받은 Google API 키는 표시된 '`<YOUR_API_KEY>`' 부분에 넣는다. 그러면 이제부터 Google Maps 서비스를 호출할때 API 키는 입력된

---

[6] 집필 기준(2025년 4월) 공식적으로 제공되었지만, 유지보수 중단 및 핵심 기능에 집중하기 위한 결정에 따라 현재는 아카이브에 read-only 형태로 보관되어 있다. 더 이상 유지보수가 이루어지지 않기 때문에, 해당 서버에 대해서는 보안이 보장되지 않는다고 명시되어 있다(원문: NO SECURITY GUARANTEES ARE PROVIDED FOR THESE ARCHIVED SERVERS). https://github.com/modelcontextprotocol/servers-archived/tree/main/src/google-maps

API 키를 활용한다. 마찬가지로 Claude Desktop을 종료 후 재시작하면 플러그 버튼에 MCP 서버가 추가되어 있거나, 그림 3.29와 같이 망치의 도구 개수가 증가해 있다면 성공적으로 설치가 된 것이다.

그림 3.29 **Filesystem 외에 Google-maps 서버의 도구들이 추가된 모습**(출처: Claude Desktop)

Google-maps MCP 서버는 Google Maps 서비스를 이용해 주소를 좌표로 변환하거나, 좌표를 주소로 변환할 수 있고, 장소 검색, 장소에 대한 상세 정보(이름, 주소, 연락처 정보, 평점, 리뷰, 영업시간), 거리 및 시간 계산(driving, walking, bicycling, transit), 위치에 대한 고도 데이터, 경로 안내 등을 가져올 수 있다.

구체적인 실습을 통해 사용법을 익혀보자. Claude에 MCP로 서울 시청의 좌표를 알려달라고 간단히 물어보자.

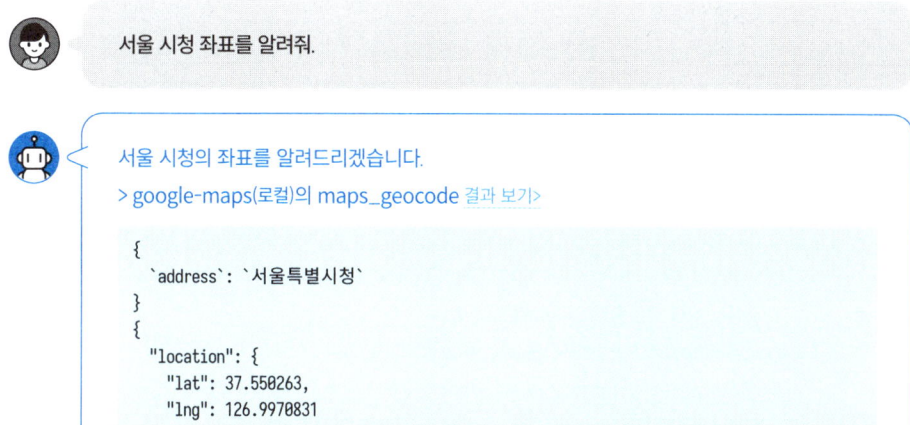

```
    },
    "formatted_address": "Seoul, South Korea",
    "place_id": "ChIJzzlcLQGifDURm_JbQKHsEX4"
}
```

서울 시청의 좌표는 다음과 같습니다:
- 위도(latitude): 37.550263
- 경도(longitude): 126.9970831

google-maps 서버를 이용해서 좌표를 가져오는 모습 예시(출처: Claude Desktop)

물론, 이보다 복잡한 것도 가능하다.

우리가 제주도에 도착해서 맛집에서 밥을 먹고 싶을 때, 이를 MCP를 이용하여 한 번에 물어볼 수도 있다. 예를 들어 '오후 3시에 제주도 공항 10km 이내 음식점 중 평점이 4점 이상인 음식점을 대상으로 가장 높은 평점을 가진 음식점에 대한 세부 정보를 알려주고, 제주도 공항에서 버스를 타고 가는 방법과 소요시간을 알려줘'와 같이 요청하면 된다. 즉 시간 제약, 거리 제약을 주고 평점을 조회해서 높은 것을 선택하고, 세부 정보를 가져온 뒤 가는 방법과 시간을 알려달라고 하는 식의 복잡한 질의에도 여러 번 반복 호출을 통해 응답할 수 있다.

오후 3시에 제주도 공항 10km 이내 음식점 중 평점이 4점 이상인 음식점을 대상으로 가장 높은 평점을 가진 음식점에 대한 세부 정보를 알려주고, 제주도 공항에서 버스를 타고 가는 방법과 소요시간을 알려줘.

제주국제공항 10km 이내에서 평점이 가장 높은 음식점을 찾아보겠습니다.
> google-maps(로컬)의 maps_geocode 결과 보기>
> google-maps(로컬)의 maps_search_places 결과 보기>
검색 결과에서 제주국제공항 10km 이내에서 평점 4점 이상인 음식점 중 가장 높은 평점(4.8)을 가진 음식점은 두 곳입니다: "○○○○○○ ○○○○○(○○○○)"과 "○○○○○○○". 이 두 음식점의 세부 정보를 확인해 보겠습니다.
> google-maps(로컬)의 maps_place_details 결과 보기>
> google-maps(로컬)의 maps_place_details 결과 보기>
이제 제주국제공항에서 각 음식점까지 버스를 이용한 경로를 확인해보겠습니다.

> google-maps(로컬)의 maps_directions 결과 보기>

> google-maps(로컬)의 maps_directions 결과 보기>

제주국제공항 주변 최고 평점 음식점 정보

제주국제공항 10km 이내에서 평점 4점 이상인 음식점 중 가장 높은 평점(4.8)을 가진 두 음식점에 대한 정보와 버스 이용 방법을 안내해드립니다.

◯◯◯◯(◯◯◯◯◯◯ ◯◯◯◯◯) 정보

- 생략 -

제주국제공항에서 버스로 이동하는 방법

- 총 소요시간: 약 39분
- 총 이동 거리: 약 6.9km
- 이동 경로:
    1. 제주국제공항 버스 정류장으로 도보 이동(약 2분)
    2. 제주버스터미널 방면 버스 탑승(약 11분 소요)
    3. 제주버스터미널에서 하차 후 다음 버스 정류장으로 도보 이동(약 1분)
    4. 두 번째 버스 탑승(약 8분 소요)
    5. 하차 후 ◯◯◯◯까지 도보 이동(약 7분, 424m)

◯◯◯◯◯◯◯ 정보

- 생략 -

제주국제공항에서 버스로 이동하는 방법

- 총 소요시간: 약 39분
- 총 이동 거리: 약 8.4km
- 이동 경로:
    1. 제주국제공항 3번 정류장(용담, 시청 방면)으로 도보 이동(약 1분)
    2. 제주대학교 방면 버스 탑승(약 21분 소요)
    3. 하차 후 ◯◯◯◯◯◯◯까지 도보 이동(약 6분, 337m)

참고 사항

- 오후 3시에는 두 음식점 모두 영업 중입니다.
- 버스 운행 간격은 15~30분이므로 대기 시간을 고려해야 합니다.
- 제주도 버스 이용 시 교통카드(T-money)를 사용하면 환승 할인을 받을 수 있습니다.
- 버스 노선과 시간표는 변경될 수 있으니, 현지에서 확인하는 것이 좋습니다.
- 두 음식점 모두 인기가 많아 특히 주말에는 대기 시간이 있을 수 있으니 참고하시기 바랍니다.

Google-maps 서버를 통해 복잡한 작업을 시켰을 때 응답하는 모습 예시(출처: Claude Desktop)

지면상 실제 동작을 한 로그 정보는 어떤 도구를 호출해서 시행했는지만 남기고 자세한 내용은 생략했다.

Claude의 답변에서 '결과 보기>'의 경우 **사용자 경험**UX 측면에서 일반 사용자들은 기술적인 과정보다는 결과에 관심이 있으므로, 필요한 사람만 **[결과 보기>]** 버튼을 통해 기술적 세부사항에 접근할 수 있도록 구현된 것이다. **[결과 보기>]** 버튼을 클릭해보면 이 정보를 얻기 위해 수행한 도구 이용(API 호출과 데이터 처리 과정)의 로그가 표시된다.

어떤 도구를 호출했는지는 여러분이 알면 좋기 때문에 호출한 도구 정보만 남기고, 앞으로 필요한 경우가 아니라면 실제 동작한 자세한 내용은 생략하겠다. AI의 답변을 보면 음식점의 정보를 가져오기 때문에 영업 시간을 고려해서 참고사항에 언급해준다거나 운행 간격도 언급해주는 것을 볼 수 있다.

이와 같이 어떤 조건을 주고, 그 조건을 만족하기 위해 반복 호출을 해야 하는 상황에서도 잘 응답하는 것을 볼 수 있다. 우리는 이러한 MCP 서버를 통해 원하는 바를 좀 더 쉽게 얻을 수 있다. 기존에 MCP가 없을 때와 비교하면, 현재는 원하는 바만 잘 정리해서 프롬프트를 입력해도 정보를 쉽게 얻을 수 있는 것이다. 이러한 예시는 AI에게 자연어로 위치 관련 질문을 하고 즉시 유용한 정보를 얻는 등 AI를 어시스턴트로 사용하는 것이 더욱 자연스러워지는 미래가 도래한다는 것을 의미한다.

> **용어 설명**

⭐ API

API(application programming interface)는 서로 다른 소프트웨어가 통신할 수 있게 해주는 약속이나 규약이다. 쉽게 말해, 프로그램들이 서로 대화하고 정보를 주고받는 방법이다.

일상에서 비유하자면, API는 식당의 메뉴판과 웨이터 같은 역할을 한다. 손님(프로그램)은 메뉴판(API)을 통해 주방(서버)에 요청하고, 웨이터(API)는 그 요청을 주방에 전달한 뒤 음식(데이터)을 다시 가져온다. API 덕분에 우리는 다양한 서비스를 쉽게 연결하고 활용할 수 있다.

⭐ API 키

API 키는 API를 사용할 때 필요한 특별한 비밀 코드로, 사용자를 식별하고 접근 권한을 확인하는 역할을 한다. 일종의 디지털 열쇠나 비밀번호와 같다.

일상생활로 비유하자면, API 키는 회원 카드나 출입 카드와 비슷하다. 특정 헬스클럽에 들어가려면 회원 카드를 보여주어야 하듯이, API를 사용하려면 유효한 API 키를 제시해야 한다.

3.2.3 Slack

현대 기업 환경에서 Slack은 이미 필수 커뮤니케이션 도구로 자리 잡았지만, 정보의 홍수 속에서 중요한 메시지를 놓치거나 관련 대화를 찾는 데 많은 시간을 소비하는 문제가 계속되고 있다. 이런 상황에서 Slack MCP는 API를 통해 Slack 메시지를 자연어로 처리하고, AI로 관리할 수 있는 좋은 사례 중 하나다.

워크스페이스에서 정보를 효율적으로 찾고 관리하는 것은 점점 더 어려워지고 있는데, Slack MCP는 메시지 송수신, 채널 관리, 사용자 정보 접근 등의 기능을 통해 이런 문제에 대한 해결책이 될 수 있다.

집필 시점(2025년 4월) 기준 Slack MCP는 구체적으로 채널 목록 조회, 메시지 전송, 스레드 답변, 이모지 반응 추가, 채널 히스토리 조회, 스레드 답변 조회, 사용자 목록 조회, 사용자 프로필 조회 등이 가능하다. 이러한 기능은 개별적으로도 유용하지만, 이들을 조합하여 활용할 때 더 큰 가치를 창출할 수 있다. 예를 들어 채널 히스토리 조회 기능으로 특정 키워드가 포함된 메시지를 찾고, 해당 메시지에 이모지 반응을 추가하거나 스레드 답변을 달 수 있다. 또한 사용자 프로필 조회 기능을 통해 특정 역할이나 부서의 사용자를 식별하고, 이들에게 맞춤형 메시지를 전송할 수도 있다.

Slack MCP는 조직 내 커뮤니케이션을 더 효율적이고 체계적으로 관리할 수 있는 기반을 제공한다. 이제 이러한 Slack MCP를 실제로 어떻게 도입하고 구현할 수 있는지, 그 실질적인 방법과 단계에 대해 살펴보겠다.

이 책을 읽고 있는 여러분 모두 Slack을 사용한다고 가정하고 전개를 하고자 한다. Slack을 사용하지 않는 사람이라면 굳이 Slack MCP를 사용하지 않을 것이므로 궁금해하지도 않을 것이다. 그러므로 Slack을 다운로드하는 과정은 생략하도록 하겠다. 궁금하다면 구글에서 Slack을 검색해서 다운로드하길 권한다.

먼저, Slack API를 발급받도록 하겠다.

이 책의 대상 독자는 개발과 거리가 멀다고 생각하고 집필했기 때문에 Slack API를 발급받는 것부터 시작하겠다. 일단 Slack 로그인과 채널 생성은 되어 있는 상태에서, Slack API를 발급받기 위해서는 Slack 홈페이지에서 API 발급하는 웹으로 이동해야 한다. 간단하게 구글에서 'Slack API'를 검색해서 접속하거나 https://api.slack.com/에 접속하면 된다.

Slack API 페이지에 접속하면 그림 3.30과 같은 화면을 볼 수 있다. 여기서 우측 상단의 [Your Apps] 버튼을 클릭한다.

그림 3.30 Slack API에 접속하면 보이는 첫 화면. 여기서 Get started 버튼을 누르면 Slack api docs로 이동한다 (출처: Slack).

그러면 그림 3.31과 같은 화면으로 이동한다. 여기서 [Create an App] 버튼을 누른다.

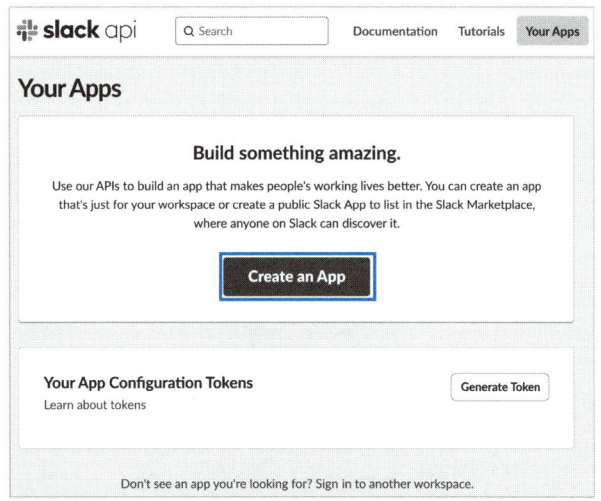

그림 3.31 Slack의 Your Apps를 클릭하면 나오는 화면. 아직 app 발급을 받지 않아 아무것도 없다(출처: Slack).

그림 3.32와 같은 팝업이 나오면, 여기서 [From scratch] 버튼을 클릭한다.

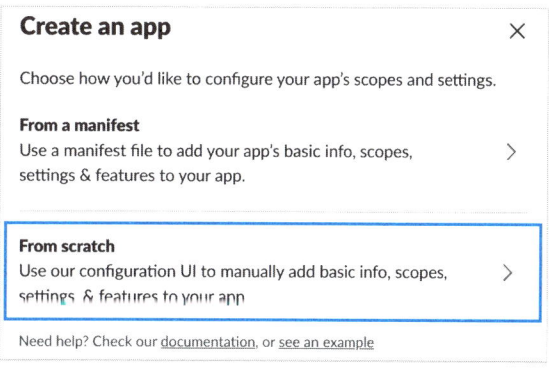

그림 3.32 Create an App을 누르면 나오는 팝업 화면(출처: Slack)

그러면 그림 3.33과 같은 화면이 나온다. 팝업에서 이름과 워크스페이스를 선택해야 한다. 이름은 Slack MCP 봇으로 활동시킬 이름으로, 아무거나 입력해도 괜찮다. 그러나 워크스페이스는 이후 Slack MCP 봇이 메세지를 보내야 하는 워크스페이스로 설정해야 한다. 나는 이 책의 교육 목적으로 k.tree_mcp_test라고 하는 워크스페이스를 새로 만들었다. 앞으로 이 워크스페이스에서 ktree_mcp_test라고 하는 봇을 만들어서 활동할 것이다. 각자 원하는 이름을 입력하고 Slack MCP로 활용하고 싶은 워크스페이스 선택 후 [Create App] 버튼을 클릭한다.

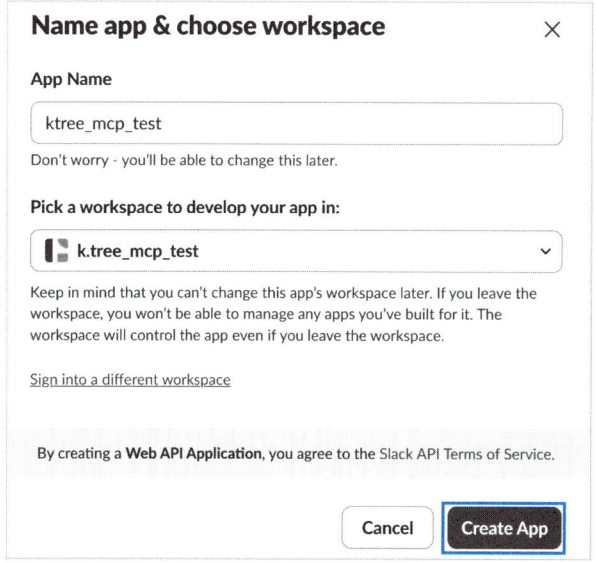

그림 3.33 From scratch 버튼을 클릭하면 나오는 팝업 화면(출처: Slack)

잠시 기다리면 그림 3.34와 같은 화면이 나온다. 처음에 보이는 화면에서 좌측 왼쪽 메뉴들을 자세히 보면 **Settings**와 **Features**가 있다. 우리가 먼저 설정할 것은 **Features**다. [OAuth & Permissions]을 눌러보자.

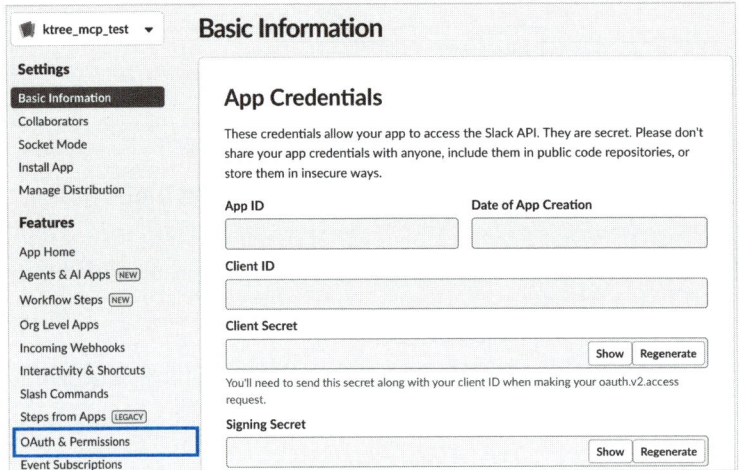

그림 3.34 봇을 생성한 모습. 첫 생성 후 기본 정보들을 보여준다(출처: Slack).

그러면 그림 3.35와 같은 화면이 보인다.

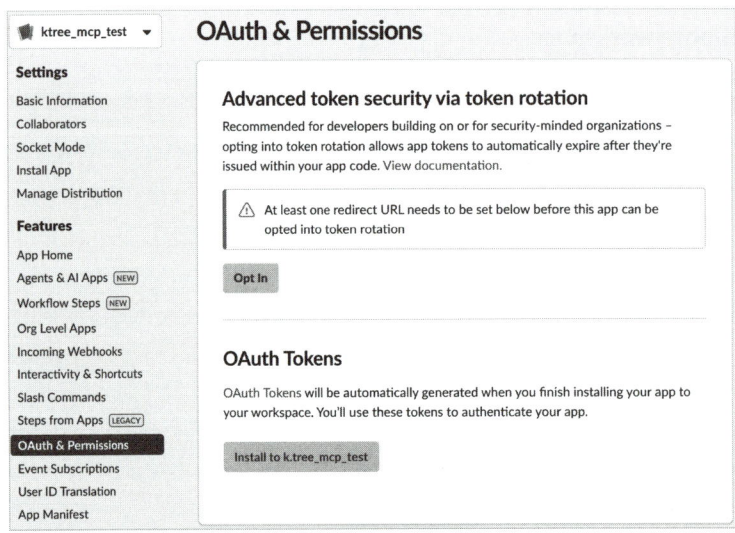

그림 3.35 OAuth & Permissions을 누르면 보이는 화면(출처: Slack)

이 화면에서 아래로 조금 내리면 그림 3.36과 같은 **Scopes** 화면이 보인다. 여기에서 **Bot Token Scopes**를 추가해야 한다. Slack API에서 **Bot Token Scopes**는 슬랙 봇이 수행할 수 있는 작업을 정의하는 권한 설정을 할 수 있다. 여기서 **Bot Token Scopes** 메뉴 하단에 [Add an Oauth Scope] 버튼을 클릭한다.

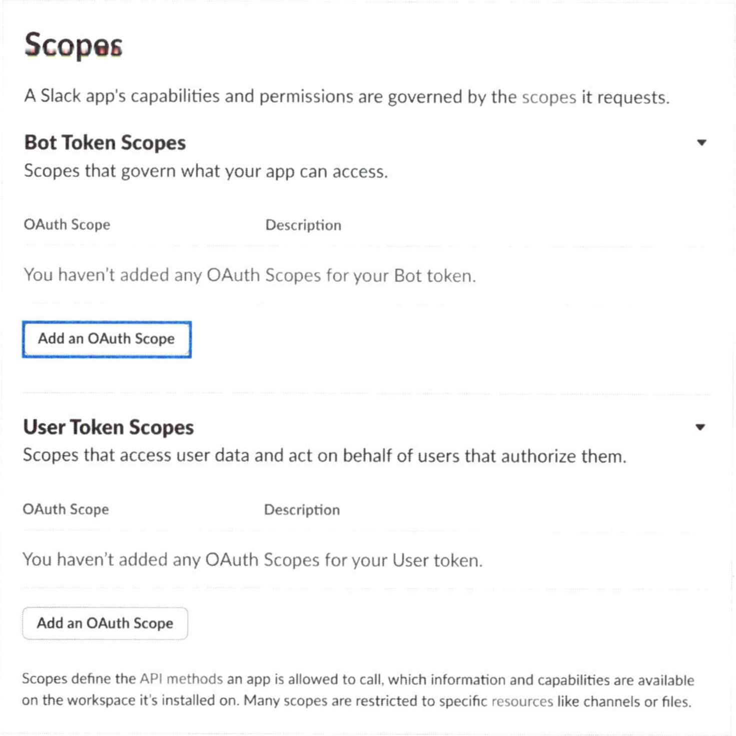

그림 3.36 Scopes 화면의 모습. 상단의 Bot Token Scopes가 봇의 권한을 설정하는 곳이다(출처: Slack).

그러면 그림 3.37과 같이 선택할 수 있는 권한들이 보이고, 원하는 권한을 클릭하여 권한을 부여할 수 있다. [Add an OAuth Scope] 버튼을 누르면 부여할 수 있는 많은 권한이 있다는 것을 볼 수 있다. 각각의 권한에 대한 설명도 쓰여 있어서 어떤 권한인지 파악하는 데 어렵지 않을 것이다. 여기서 우리는 다음의 권한을 선택할 것이다.

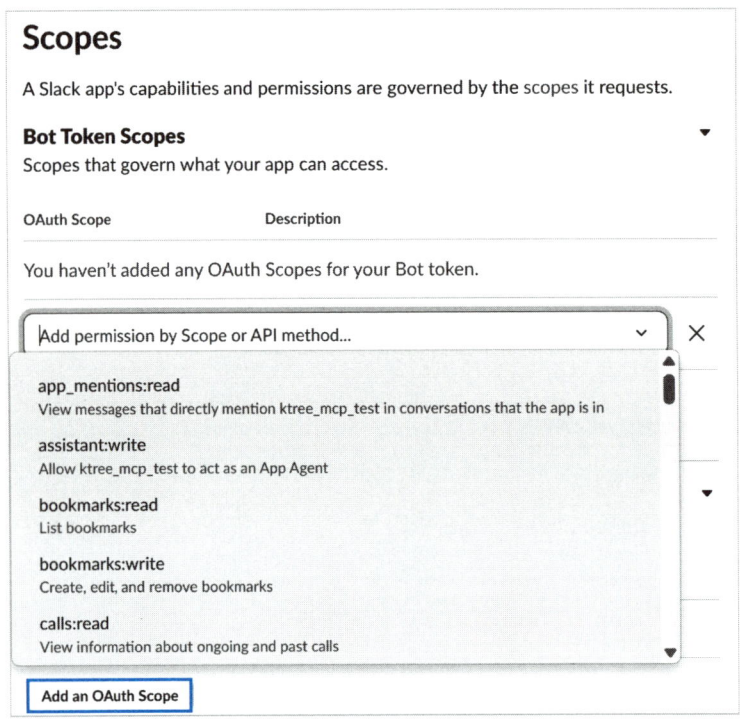

그림 3.37 Add an OAuth Scope를 누르면 보이는 권한의 종류 예시(출처: Slack)

1. **channels:history**: 공개 채널의 메시지 및 기타 콘텐츠 보기
2. **channels:read**: 기본 채널 정보 보기
3. **chat:write**: 앱으로서 메시지 보내기
4. **reactions:write**: 메시지에 이모지 반응 추가
5. **users:read**: 사용자와 그들의 기본 정보 보기

이러한 권한은 집필 시점(2025년 4월) Slack MCP가 도구들을 사용하기 위한 권한을 의미한다. 각기 어떤 권한인지는 앞의 목록을 참조하면 될 것이다. 그 후 다시 스크롤을 맨 처음으로 돌린다.

맨 처음으로 돌아오면 보이는 목록에서 **OAuth Tokens**를 선택하고, **[Install to Work space]**를 클릭한다. 나는 k.tree_mcp_test라는 워크스페이스에서 작업을 하기 때문에,

그림 3.38에서는 k.tree_mcp_test를 보여준다. 여러분은 각자 자신의 워크스페이스가 나올 것이다.

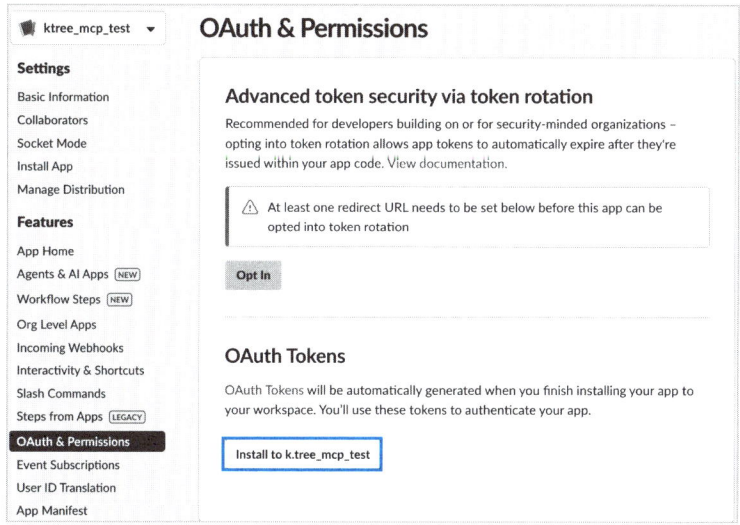

그림 3.38 **OAuth Tokens 첫 화면의 모습**(출처: Slack)

이 [Install to Workspace] 버튼을 누르면 그림 3.39와 같은 화면이 나오는데, [허용] 버튼을 선택하면 된다.

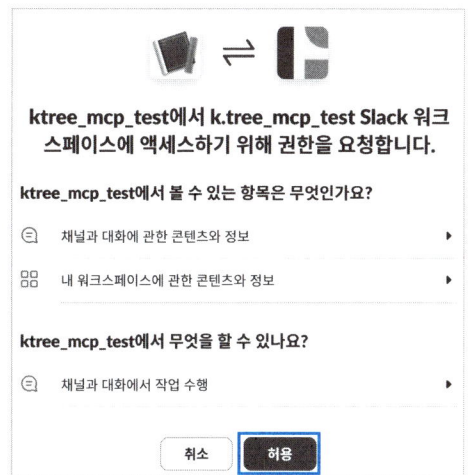

그림 3.39 **Install to Workspace를 클릭하면 나오는 허용을 요청하는 화면**(출처: Slack)

잠시 기다리면 그림 3.40과 같이 **OAuth Token**을 보여준다. 그 뒤 xoxb-로 시작하는 **Bot User OAuth Token**을 기억할 수 있는 곳에 저장한다. [Copy] 버튼을 누르면 간단히 복사할 수 있다. 앞으로 Slack MCP가 메시지를 보내거나 검색하는 등의 활동을 할 때 이 Token이 쓰이게 될 것이다. 여기까지 했다면 Slack Bot을 이용할 준비가 끝난 것과 다름이 없다.

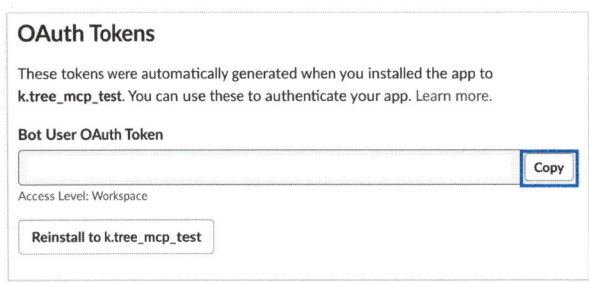

그림 3.40 작업이 끝나고 Token을 보여주는 화면(출처: Slack)

마지막으로 Slack Team ID를 얻도록 하자. 그림 3.41과 같이 Slack 앱의 **WorkSpace**를 눌러 URL을 확인하자.

그림 3.41 Slack의 Team ID를 보기 위한 워크스페이스명을 클릭한 모습(출처: Slack)

슬랙 앱의 좌 상단의 워크스페이스명을 클릭하면 하단에 URL이 나온다. 나의 경우 ktreemcptest.slack.com이다. 그 후 웹브라우저에서 링크를 그대로 입력한다. 일단 페이지가 로드되면 URL은 https://app.slack.com/client/**TXXXXXXX**/CXXXXXXX와 같은 형식으로 표시된다. Team ID는 T로 시작하는 문자열이다.

여기까지 했다면 모든 준비가 끝났다. 우리는 Slack Bot을 이용한 MCP 서버에서 사용할 것이기 때문에 Config에 넣도록 하자. 앞서 살펴본 Filesystem이나 Google-maps와 동일하게 `claude_desktop_config.json`에 다음과 같이 추가하자. 자, 이제 Slack MCP로 떠나보자.

```
{
  "mcpServers": {
    "slack": {
      "command": "npx",
      "args": [
        "-y",
        "@modelcontextprotocol/server-slack"
      ],
      "env": {
        "SLACK_BOT_TOKEN": "xoxb-your-bot-token",
        "SLACK_TEAM_ID": "T01234567"
      }
    }
  }
}
```

코드 3.6 claude_desktop_config.json에 npx로 설정하도록 입력하는 코드[7]

앞서 이야기한 방법을 통해 얻은 Token을 'ced`SLACK_BOT_TOKEN`에 입력하고', `SLACK_TEAM_ID`에 Team ID를 입력하자. 길이상 생략했지만, 다른 MCP 서버들과 같이 사용하고 싶다면 mcpServers 하단에 추가하면 된다. 어떻게 하는지는 Google-maps MCP 서버를 활용하는 예시에서 설명했으므로 참고하자. 서버가 늘어날수록 일렬로 길게 쓸 수 없어서 지면상 생략하니 참조하면 된다.

마찬가지로 Claude Desktop을 종료 후 재실행하여 플러그 연결 모양 버튼을 눌러보고, 망치 모양 버튼도 눌러 잘 연결된 것을 확인하면 된다. 자, 이제 본격적으로 Slack MCP를 이용해보자. 먼저, 채널 목록을 조회해보자.

---

[7] 해당 서버는 read-only 형태로 보관되어 있으니 참고 바란다.
https://github.com/modelcontextprotocol/servers-archived/tree/main/src/slack

슬랙 채널들은 어떤 것들이 있지?

 슬랙 채널 목록을 확인해드리겠습니다. 슬랙 워크스페이스의 공개 채널들을 조회하겠습니다.
> slack(로컬)의 slack_list_channels 결과 보기>
현재 슬랙 워크스페이스에 다음과 같은 공개 채널들이 있습니다:
1. #mcptest — 프로젝트용 채널로, 미팅, 문서 공유, 의사 결정을 팀과 함께 진행하는 채널입니다.
2. #새-워크스페이스-전체 — 공지사항, 회사 뉴스, 향후 이벤트 또는 팀원 칭찬 등을 공유하는 일반 채널입니다.
3. #소셜 — 업무 외 소통을 위한 채널로, 팀원들과 친해지고 재미있는 대화를 나눌 수 있는 공간입니다.
각 채널은 특정 목적에 맞게 설정되어 있으며, 현재 각 채널에는 1명의 멤버가 있습니다. 필요하신 채널에 참여하셔서 소통하시면 됩니다.

워크스페이스의 채널들을 조회한 결과(출처: Claude Desktop)

mcptest라는 채널에 메시지를 보내보자. 그러기 위해서는 집필 기준(2025년 4월) 채널에 스스로를 초대하는 도구가 없기 때문에 채널에 초대를 한 번 하도록 하자. 초대를 하는 방법은 '/invite @봇명'이다.

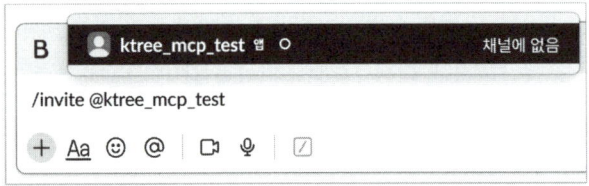

그림 3.42 채널에 초대를 하는 모습. 나는 앞서 만든 ktree_mcp_test라는 봇을 초대했다(출처: Slack).

초대가 완료되면 채널에 그림 3.43과 같이 초대가 된 것을 볼 수 있다.

이제 이 채널에 "hello world"라는 메시지를 보내보도록 하자.

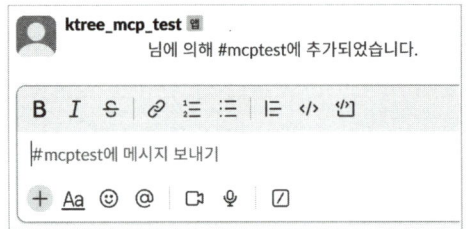

그림 3.43 초대가 완료된 모습(출처: Slack)

Slack의 mcptest 채널에 helloworld 보내봐.

슬랙 채널 'mcptest'로 메시지를 보내는 것을 도와드리겠습니다.
> slack(로컬)의 slack_list_channels 결과 보기>
이제 'helloworld' 메시지를 mcptest 채널로 보내겠습니다:
> slack(로컬)의 slack_post_message 결과 보기>
'helloworld' 메시지를 mcptest 슬랙 채널로 성공적으로 보냈습니다. 혹시 다른 도와드릴 일이 있으신가요?

메시지를 보내도록 지시하여 받은 응답(출처: Claude)

실제로 잘 전송되었는지 확인해보자.

확인한 결과, 그림 3.44와 같이 잘 보내진 것을 볼 수 있다. 다음으로 스레드의 답변을 달고 조회하기 위해 MCP를 이용해서 다양한 내용의 글을 쓰도록 지시해보자.

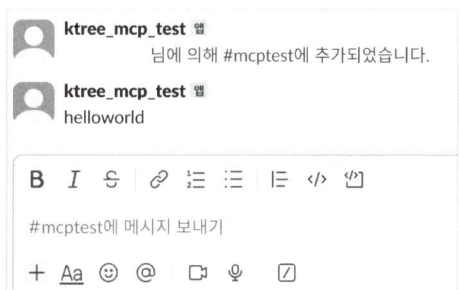

그림 3.44 slack MCP를 이용해서 Claude가 helloworld를 채널에 보낸 모습(출처: Slack)

10개 정도의 각기 다른 주제의 글을 아무거나 써서 채널에 보내볼래?

mcptest 슬랙 채널로 10개의 다양한 메시지를 보내겠습니다.
> slack(로컬)의 slack_post_message 결과 보기>
mcptest 슬랙 채널로 각각 고유한 주제를 다루고 시각적인 흥미를 위해 이모티콘을 포함한 10개의 다른 메시지를 보냈습니다. 메시지는 과학, 요리, 프로그래밍, 지속 가능성, 정신 건강, 우주, 예술, 정원 가꾸기 및 언어와 같은 다양한 주제를 다룹니다. 혹시 다른 원하시는 것이 있으신가요?

10개의 각기 다른 글을 써서 보내라고 지시한 결과(출처: Claude Desktop)

이제 Slack의 글이 잘 보내졌는지 Slack에 가서 확인해보자. 그림 3.45를 통해 각기 다른 주제의 글들이 잘 포스팅된 것을 볼 수 있다.

> **ktree_mcp_test**
> 🌍 Did you know? The Earth rotates at about 1,000 miles per hour at the equator, but we can't feel this motion due to gravity and atmospheric conditions.
> 🍳 Cooking Tip: When making scrambled eggs, add a small splash of milk or cream and whisk thoroughly for fluffier, creamier eggs.
> 💻 Programming Insight: Always comment your code! Future you (and your teammates) will thank you for explaining complex logic and reasoning.
> 🌿 Sustainability Fact: One reusable water bottle can save approximately 156 plastic bottles from entering the environment each year!
> 🧠 Mental Health Tip: Practice mindfulness for just 5 minutes a day. It can significantly reduce stress and improve overall emotional well-being.
> 🚀 Space Trivia: The Hubble Space Telescope has made over 1.5 million observations and helped scientists understand the universe's age at approximately 13.8 billion years old.
> 🎨 Art Inspiration: Vincent van Gogh created over 2,100 artworks in just over a decade, but sold only one painting during his lifetime.
> 🌱 Gardening Hack: Adding coffee grounds to your soil can help attract earthworms and provide essential nutrients for plants.
> 📚 Language Fact: The most complex word in the English language is 'set', which has over 430 different meanings!

그림 3.45 Claude가 포스팅한 글들(출처: Slack)

이제 이 글들을 요약하는 글을 쓰고, 그 글에 스레드로 답글을 쓰도록 해보자.

> 채널의 최근 글들을 보고 어떤 주제의 글인지 요약해서 글을 쓰고, 그 글의 스레드에 답글을 써봐.

> 채널의 최근 글들에 대한 요약 스레드 메시지를 작성하겠습니다.
> \> slack(로컬)의 slack_post_message 결과 보기\>
> 이제 스레드에 메시지를 답글로 달겠습니다:
> \> slack(로컬)의 slack_reply_to_thread 결과 보기\>
> 완료했습니다! 채널의 최근 메시지들을 요약하고, 추가로 스레드에 흥미로운 코멘트도 작성했어요.

글을 요약하고 스레드에 답글을 쓰라고 지시한 결과의 응답(출처: Claude)

실제로 Slack에 어떤 식으로 글이 쓰였는지 확인해보자. 최근 메시지들을 참조해서 요약과 스레드 답글을 쓴 모습은 그림 3.46을 통해 볼 수 있다. 이처럼 MCP를 이용하면 Slack에서 메시지를 보낼 수도, 조회할 수도 있고, 스레드를 통해 논의를 확장할 수도 있다. 이는 사용하기에 따라서 커뮤니케이션의 무궁무진한 가능성을 보여준다.

그림 3.46 **Slack에 쓰인 요약과 스레드의 답글**(출처: Slack)

개인적으로 내가 가장 잘 활용하는 기능은 채널 히스토리 조회다. 정보의 홍수 속에서 중요한 메시지를 놓치거나 관련 대화를 찾는 데 많은 시간을 소비하는 문제를 예전부터 겪고 있었고, 특히 활발한 채널에서는 하루만 자리를 비워도 수백 개의 메시지가 쌓여, 중요한 논의나 결정사항을 파악하기 어려울 때가 많다. 이런 상황에서 Slack MCP는 방대한 메시지 속에서 필요한 정보를 효율적으로 찾고, 관리할 수 있는 강력한 도구가 되어 나의 시간을 많이 절약해주었다.

예를 들어 일주일간 휴가를 다녀온 후 '지난주 개발 전략 회의에서 어떤 결정이 내려졌지?'라는 의문이 들 때, 채널 히스토리 조회 기능을 사용하여 최근 메시지를 빠르게 살펴볼 수 있다. '개발 전략' 키워드가 언급된 모든 메시지를 시간순으로 정리해 보여줌으로써, 놓친 중요한 논의를 효율적으로 파악할 수 있다.

만약 신규 기능 런칭과 관련해 스레드에서 활발히 논의가 이루어졌다면 해당 스레드의 모든 답변을 한 번에 확인할 수 있다. '신규 ○○ 기능의 모든 의견을 정리해줘'라고 요청하면, 분산된 의견들을 놓치지 않고 전체 맥락을 파악하는 것도 가능하다.

만약 경력으로 다른 회사에 입사했다고 생각해보자. 실전에 투입하여 성과를 곧바로 내야 하는 상황에서 경력직은 그동안의 업무 히스토리를 빠르게 파악하는 일이 매우 중요하다. 그럴 때 Slack MCP를 사용하면 훨씬 수월해진다.

예를 들어 마케팅팀에 합류한 마케팅 경력자일 경우 '마케팅 전략 채널에서 지난 3개월간 논의된 주요 캠페인 아이디어들을 모아서 보여줘'라는 간단한 지시를 통해서 채널 히스토리를 조회하고, '캠페인', '아이디어', '전략' 등의 키워드가 포함된 메시지와 관련 스레드를 찾아낼 수 있다.

이를 통해 신규 입사 경력 직원은 논의의 흐름을 빠르게 파악하고 팀의 맥락에 쉽게 적응할 수 있다. 이처럼 Slack MCP는 방대한 메시지 속에서 필요한 정보를 효율적으로 찾고, 관련 내용을 체계적으로 정리하여 팀 커뮤니케이션의 연속성과 효율성을 높이는 데 큰 도움을 줄 수 있다.

Slack MCP의 도입은 기업 커뮤니케이션에 새로운 패러다임을 제시하는 의미를 갖는다. 이는 단순한 기술적 진보를 넘어, 조직 문화와 업무 방식의 근본적 변화를 의미한다. 정보 과부하 문제를 해결할 수 있으며, 메시지의 맥락이 보존되는 환경에서 팀원들은 더 깊은 이해와 연결성을 바탕으로 협업할 수 있다.

특히 주목할 점은 이러한 변화가 기술 의존도를 높이는 것이 아니라, 오히려 인간 중심의 소통을 강화한다는 점이다. AI가 반복적이고 맥락 파악이 필요한 커뮤니케이션 업무를 처리함으로써, 직원들은 창의적이고 전략적인 사고에 더 많은 시간을 투자할 수 있다.

작금의 AI 트랜스포메이션 시대에 Slack MCP는 기업들이 어떻게 기술을 활용해 더 인간적이고 효율적인 업무 환경을 구축할 수 있는지에 대한 중요한 통찰을 제공한다.

3.2.4 Sequential thinking

순차적 사고sequential thinking는 AI가 복잡한 문제를 체계적으로 해결할 수 있도록 설계된 특별한 도구다. 이 순차적 사고 MCP 서버는 큰 문제를 작은 부분으로 나누고, 생각을 점진적으로 발전시키며, 다양한 해결책을 탐색할 수 있게 하기 위해서 복잡한 문제를 작고 관리하기 쉬운 단계로 분해하는 방식을 사용한다.

이는 마치 복잡한 퍼즐을 한 조각씩 풀어나가는 것과 같다. 우리 인간도 어려운 문제를 해결할 때 이런 방식으로 접근하는 경우가 많다. 예를 들어 새로운 식당을 열기 위한 사업 계획을 세운다고 생각해보자. 그러면 일반적으로 다음의 단계를 따라 계획을 세울 것이다.

1. 먼저 시장 조사를 통해 지역의 식당 현황을 파악한다.
2. 차별화된 메뉴와 콘셉트를 개발한다.
3. 재정 계획을 수립하고 필요한 투자금을 계산한다.
4. 장소를 선정하고 임대 조건을 확인한다.
5. 인력 채용 및 교육 계획을 세운다.

이처럼 큰 목표를 작은 단계로 나누면 더 효과적으로 문제를 해결할 수 있다.

순차적 사고 MCP 서버의 특징은 총 5개로 나눌 수 있다. 먼저, **복잡한 문제를 작고 다루기 쉬운 단계로 나누는 기능**이 있다. 이렇게 하면 한 번에 하나의 문제에 집중할 수 있어 오류 가능성이 줄어든다. 두 번째로 새로운 정보가 생기면 **이전 단계의 생각을 수정**할 수 있다. 처음부터 모든 것을 완벽하게 알 필요 없이 과정을 진행하면서 개선할 수 있다.

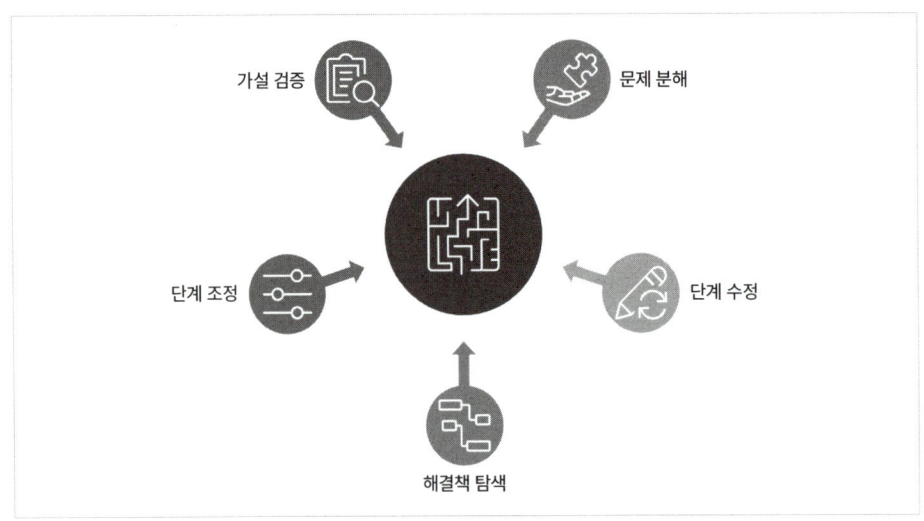

그림 3.47 순차적 사고 MCP 서버의 특징 5가지(출처: Napkin.ai)

세 번째로는 **다양한 해결책을 탐색**할 수 있다. 이는 주요한 정보와 접근을 유지하면서도 다른 대안을 검토할 수 있어 창의적인 문제 해결이 가능하다. 네 번째로는 문제의 복잡성에 따라 **필요한 단계 수를 조절**할 수 있다. 간단한 문제는 적은 단계로, 복잡한 문제는 더 많은 단계로 해결한다. 마지막으로 문제에 대한 **가설을 세우고 순차적으로 검증**할 수 있다. 과학적 접근법과 유사하게 체계적인 검증이 가능하다.

이러한 순차적 사고는 수정의 여지를 두고 계획 및 설계하거나, 전체 범위가 처음에는 명확하지 않을 수 있는 문제, 관련 없는 정보를 필터링해야 하는 상황 등에서 활용하면 좋다. 실제로 순차적 사고를 사용해보면서 어떤 면에서 좋은지 살펴보자. 먼저, `claude_desktop_config.json`에 순차적 사고를 반영해보자.

```
{
  "mcpServers": {
    "sequential-thinking": {
      "command": "npx",
      "args": [
        "-y",
        "@modelcontextprotocol/server-sequential-thinking"
      ]
    }
```

          }
        }
      }

코드 3.7 claude_desktop_config.json에 npx로 설정하도록 입력하는 코드[8]

재실행하면 MCP 서버 목록에 추가되어 있는 것을 볼 수 있을 것이다. 자, 이제 이 순차적 사고가 정말 도움이 되는지 확인해보자. 간단한 퀴즈를 만들어서 Claude에게 풀이를 시켜보자. 다만, 체계적으로 생각하지 말고 답만 이야기하라고 요청하겠다.

이 문제를 틀리지 않게 잘 풀어봐. 한 번에 답만 이야기해줘.
창고 비밀번호를 찾아야 합니다. 힌트는 다음과 같습니다.
* 4자리 숫자입니다.
* 모든 숫자의 합은 19입니다.
* 첫 번째 숫자는 마지막 숫자의 2배입니다.
* 두 번째 숫자는 세 번째 숫자보다 1 작습니다.

비밀번호는 6723입니다.

문제를 풀라고 지시한 결과(출처: Claude, 버전 Claude 3.5 Haiku)

Claude에게 문제를 풀라고 하자, 6723이라는 답을 내놓았다. 하지만 마지막 조건인 '두 번째 숫자는 세 번째 숫자보다 1 작습니다'라는 조건을 확인해보면, 두 번째 숫자 7이 세 번째 숫자 2보다 1 작다는 조건(7 = 2 − 1)에 맞지 않는다는 것을 알 수 있다.

이러한 오류가 발생하는 이유는 LLM의 본질적 특성 때문이다. LLM은 다음 단어나 문장을 예측하는 방식으로 학습되었기 때문에 정밀한 수치 계산에서 약점을 보인다. 즉, 모델은 언어적 패턴을 인식하고 생성하는 데 특화되어 있어 논리적 제약 조건을 모두 충족시키며 계산하는 과정에서 오류가 발생할 수 있다.

그렇다면 순차적 사고를 활용하면 어떨까? 한번 해보자.

---

[8] https://github.com/modelcontextprotocol/servers/tree/main/src/sequentialthinking

이 문제를 Sequential thinking MCP를 이용해서 틀리지 않게 잘 풀어봐.
창고 비밀번호를 찾아야 합니다. 힌트는 다음과 같습니다.
* 4자리 숫자입니다.
* 모든 숫자의 합은 19입니다.
* 첫 번째 숫자는 마지막 숫자의 2배입니다.
* 두 번째 숫자는 세 번째 숫자보다 1 작습니다.

좋습니다. Sequential Thinking 도구를 사용하여 이 문제를 체계적으로 풀어보겠습니다.
> sequential-thinking(로컬)의 sequentialthinking 결과 보기>
> sequential-thinking(로컬)의 sequentialthinking 결과 보기>
> sequential-thinking(로컬)의 sequentialthinking 결과 보기>
> sequential-thinking(로컬)의 sequentialthinking 결과 보기>
따라서 창고 비밀번호는 4672입니다.
이 비밀번호는 다음 조건들을 모두 만족합니다:
1. 4자리 숫자입니다.
2. 모든 숫자의 합은 19입니다 (4 + 6 + 7 + 2 = 19).
3. 첫 번째 숫자(4)는 마지막 숫자(2)의 2배입니다.
4. 두 번째 숫자(6)는 세 번째 숫자(7)보다 1 작습니다.

문제를 풀라고 지시한 결과(출처: Claude, 버전 Claude 3.5 Haiku)

Claude 3.5 Haiku 버전에게 문제를 풀라고 하자, 처음에는 제대로 풀지 못하는 모습을 보여준다. 그러나 순차적 사고 MCP 서버를 이용해서 풀라고 하자, 순차적으로 사고하며 푸는 모습을 볼 수 있다. 한번 자세히 살펴보도록 하자.

```
{
  `thought`: `먼저 문제의 조건들을 정리해보겠습니다:
1. 4자리 숫자 비밀번호
2. 모든 숫자의 합은 19
3. 첫 번째 숫자는 마지막 숫자의 2배
4. 두 번째 숫자는 세 번째 숫자보다 1 작음

이 조건들을 수식으로 표현하면 다음과 같습니다:
a + b + c + d = 19
a = 2d
b = c - 1`,
```

```
    `thoughtNumber`: 1,
    `totalThoughts`: 5,
    `nextThoughtNeeded`: true
}
{
    "thoughtNumber": 1,
    "totalThoughts": 5,
    "nextThoughtNeeded": true,
    "branches": [],
    "thoughtHistoryLength": 52
}
```

코드 3.8 가장 처음 sequential-thinking(로컬)의 sequentialthinking을 실행한 로그(출처: Cladue)

먼저 첫 'sequential-thinking(로컬)의 sequentialthinking'을 보면 문제의 조건을 정리해서 수식화하여 체계적으로 이해하려고 시도하는 것을 볼 수 있다. 이는 앞서 이야기한 특징 중 작고 다루기 쉬운 단계로 나누는 특징을 보여준다.

```
{
    `thought`: `가능한 숫자들을 찾기 위해 제약 조건을 더 자세히 분석해보겠습니다:
1. 마지막 숫자(d)의 가능한 범위를 찾아야 합니다.
2. 마지막 숫자가 작을수록 첫 번째 숫자(a)도 작아집니다.
3. 각 숫자는 0부터 9 사이여야 합니다.

시작점으로 가장 작은 가능성을 탐색해보겠습니다:
d = 1일 경우:
a = 2d = 2 * 1 = 2
b = c - 1
a + b + c + d = 19 로 검증해보겠습니다.`,
    `thoughtNumber`: 2,
    `totalThoughts`: 5,
    `nextThoughtNeeded`: true
}
{
    "thoughtNumber": 2,
    "totalThoughts": 5,
    "nextThoughtNeeded": true,
    "branches": [],
    "thoughtHistoryLength": 53
}
```

코드 3.9 두 번째 sequential-thinking(로컬)의 sequentialthinking을 실행한 로그(출처: Cladue)

두 번째 'sequential-thinking(로컬)의 sequentialthinking'에서는 검증을 하면서 맞는 값인지 순차적으로 확인한다.

```
{
  `thought`: `체계적으로 방정식을 풀어보겠습니다:
2 + b + c + 1 = 19
b + c = 16
b = c - 1

대입하면:
(c - 1) + c = 16
2c - 1 = 16
2c = 17
c = 8.5

하지만 c는 정수여야 하므로 이 접근법은 실패했습니다.

다른 접근 방법이 필요합니다. 마지막 숫자(d)의 범위를 더 넓혀서 탐색해보겠습니다.`,
  `thoughtNumber`: 3,
  `totalThoughts`: 5,
  `nextThoughtNeeded`: true
}
{
  "thoughtNumber": 3,
  "totalThoughts": 5,
  "nextThoughtNeeded": true,
  "branches": [],
  "thoughtHistoryLength": 54
}
```

코드 3.10 세 번째 sequential-thinking(로컬)의 sequentialthinking을 실행한 로그 (출처: Cladue)

세 번째에서는 계산된 값이 잘못된 것을 인지하고 더 넓은 범위의 값을 대입하려고 시도하는 보인다. 이는 이전 단계의 생각을 수정하는 것이라고 할 수 있다.

```
{
  `thought`: `모든 경우를 체계적으로 탐색하기 위해 반복문을 사용하는 것처럼 접근하
겠습니다:

마지막 숫자(d)를 2부터 시작해서 9까지 탐색:
d = 2일 때:
a = 2d = 4
a + b + c + d = 19
4 + b + c + 2 = 19
b + c = 13

b = c - 1 조건을 적용:
(c - 1) + c = 13
2c - 1 = 13
2c = 14
c = 7
b = 6

최종 비밀번호: 4, 6, 7, 2
검증:
- 4 + 6 + 7 + 2 = 19 ✓
- 4 = 2 * 2 ✓
- 6 = 7 - 1 ✓

비밀번호를 찾았습니다!`,
  `thoughtNumber`: 4,
  `totalThoughts`: 5,
  `nextThoughtNeeded`: false
}
{
  "thoughtNumber": 4,
  "totalThoughts": 5,
  "nextThoughtNeeded": false,
  "branches": [],
  "thoughtHistoryLength": 55
}
```

코드 3.11 네 번째 sequential-thinking(로컬)의 sequentialthinking을 실행한 로그 (출처: Cladue)

마지막 네 번째에서는 반복문처럼 값을 대입해가며 답을 찾는 모습을 볼 수 있다. 이는 다양한 해결책을 탐색하는 과정이다.

우리는 이러한 과정을 통해 AI가 스스로 순차적으로 사고하는 것이 더 좋은 답을 내놓는다는 것을 알 수 있다. 문제를 작은 단계로 쪼개서 접근하는 것은 LLM 분야에서는 활발히 논의되는 방법 중 하나로, 이미 그 효용성을 입증받은 접근 방식이다. 그러니 사람이 일일히 문제를 잘게 쪼개어 풀게 하는 것보다는 AI가 스스로 문제를 분할하고, 검증하고, 이전 단계의 생각까지 수정하도록 만든 순차적 사고 MCP 서버가 AI의 능력을 최대한으로 끌어올리는 것이라고 할 수 있다.

게다가 더 좋은 점은 우리가 그 사고의 과정을 추적하면서 어디서 잘못되었는지를 파악하기 쉽고, AI가 어떻게 결론에 도달했는지 명확하게 이해할 수 있다는 점이다. 순차적 사고 과정이 명시적으로 기록되기 때문에 정확히 어느 단계에서 오류가 발생했는지 오류 발생 지점을 특정할 수 있다. 게다가 오류 전파 경로 추적을 통해 초기의 작은 오류가 어떻게 확대되는지 파악할 수 있다.

이러한 순차적 사고의 명시적 표현은 문제 해결 능력을 키우는 것과 동시에 인간과 AI 협업을 가능하게 한다. 예를 들어 인간과 AI가 같은 문제 해결 과정을 함께 살펴보며 어느 정도의 투명성을 확보할 수 있고, 이러한 투명성은 AI 시스템에 대한 신뢰를 구축하고 실질적인 학습 도구로서의 가치를 높이는 데 결정적인 역할을 한다.

이처럼 순차적 사고 MCP 서버는 AI가 복잡한 문제를 체계적으로 해결하도록 돕는 강력한 도구다. 문제 분해, 생각 수정, 다양한 접근법 탐색을 통해 더 신뢰할 수 있고 정확한 해결책을 제시할 수 있다. 미래에는 이러한 구조화된 사고 방식이 AI의 실용적 활용에 핵심적인 역할로 부상할 것이다.

이러한 순차적 사고와 같은 방식은 단독으로 사용될 때보다는 다른 MCP 서버들과 결합되거나 다른 AI 에이전트들과 결합될 때 더 큰 힘을 발휘할 수 있다. 앞서 다루었던 다른 MCP 서버들과 함께 사용될 때 더 정확하고 효율적으로 스스로 검증하고 사고를 수정해나갈 수 있도록, 문제를 '생각하는' 방식으로 진화할 수 있는 능력을 부여한 것과 같기 때문이다.

이는 AI 시스템의 사고방식에 대한 근본적인 패러다임 전환을 의미하며, 이로써 미래의 AI에게 인간의 사고 과정과 더욱 유사하면서도 인간의 한계를 뛰어넘는 문제 해결 능력을 제공할 것이다. 이러한 발전은 AI 기술이 더욱 다양하고 복잡한 실제 문제에 적용될 수 있는 가능성을 열어주며, 인간과 AI의 협력적 관계를 새로운 차원으로 끌어올릴 것이다.

3.2.5 그 외 MCP 목록

앞서 개발자가 아닌 일반인이 사용하기에 좋은 MCP 서버들을 소개했다. 이번 절은 그 외에 분량상 모두 넣을 수는 없지만, 앤트로픽에서 제공하고 있으며 사용하면 좋을 MCP 서버들을 소개한다.

먼저 소개할 서버는 **AWS KB 검색 MCP 서버**로, AI 어시스턴트가 쉬운 말로 질문했을 때 아마존 베드록 지식 저장소Amazon Bedrock Knowledge Base에서 정보를 찾을 수 있게 해준다. 아마존 베드록 지식 저장소는 회사나 단체가 중요한 내부 정보를 안전하게 보관하는 아마존의 클라우드 서비스다. 이 기능을 사용하면 회사에 저장된 내부 정보를 쉽게 찾을 수 있다는 장점이 있다. 예를 들어 복잡한 회사 정책을 알아야 할 때 '우리 회사의 출장 환급 정책은 어떻게 되나요?'라고 물으면 AI가 아마존 베드록 지식 저장소에 저장된 회사 정보에서 관련 내용을 찾아 정확한 답변을 제공한다. 이는 특히 새로운 직원이 회사 정책을 빠르게 이해하고 적응하는 데 도움이 된다.

다음은 **Brave 검색 MCP 서버**다. 브레이브Brave는 개인정보 보호에 중점을 둔 웹브라우저와 검색 엔진이다. 이 서버는 AI가 브레이브 검색을 통해 인터넷에서 일반 정보, 뉴스, 기사, 지역 비즈니스 정보 등을 찾을 수 있게 해준다. 이 기능을 활용하면 AI가 최신 인터넷 정보에 접근하여 항상 최신 정보를 제공한다. 만약 특정 지역의 맛집을 찾을 때 '서울 마포구에서 가장 인기 있는 이탈리안 레스토랑은 어디야?'라고 물으면 AI가 최신 리뷰와 평점을 바탕으로 추천해준다. 이는 사용자가 여러 검색 결과를 직접 비교하고 분석하는 시간을 절약해주며, 사용자 정보를 수집하지 않고 검색 결과를 얻을 수 있다는 장점이 있다.

EverArt MCP 서버는 AI 어시스턴트가 다양한 인공지능 이미지 생성 모델을 사용하여 벡터 이미지(SVG, 확대해도 깨지지 않는 이미지)와 일반 이미지(PNG, JPEG, WebP)를 만들 수 있게 해준다. 이 기능을 사용하면 간단한 문장 설명만으로 AI가 이미지를 만들어주므로 디자인 전문가가 아니어도 예쁜 그림이나 로고를 쉽게 만들 수 있다는 이점이 있다. 만약 블로그에 환경 보호 관련 글을 작성할 때 '깨끗한 지구와 재활용을 상징하는 심플한 이미지를 만들어줄래?'라고 요청하면 AI가 적절한 이미지를 생성해준다. 이는 디자인 도구를 다룰 줄 모르는 사람에게 콘텐츠 제작의 진입 장벽을 낮춰준다.

Git MCP 서버는 개발자들이 코드의 변경사항을 추적하고 관리하는 도구다. 이 서버는 AI가 Git 저장소를 읽고, 검색하고, 변경할 수 있게 해준다. 이 기능을 활용하면 복잡한 Git 명령어 대신 쉬운 말로 코드 관리 작업을 할 수 있어 개발 과정을 더욱 효율적으로 진행할 수 있다. 예를 들어 코드 변경 내역을 확인하거나 새 업데이트를 반영하고 싶을 때 '이 기능과 관련된 최근 변경사항을 모두 보여줘' 또는 '이 수정사항을 '로그인 버그 수정'이라는 메시지와 함께 저장해줘'라고 요청할 수 있다. 이는 Git 명령어를 외울 필요 없이 자연어로 버전 관리 작업을 수행할 수 있게 하여 개발 작업의 효율성을 높여준다.

GitHub MCP 서버도 소개하고자 한다. 깃허브는 전 세계 개발자들이 코드를 공유하고 협업하는 온라인 플랫폼이다. 이 서버는 AI가 깃허브 플랫폼과 연결되어 코드 저장소, 파일, 이슈(문제 제기), 변경 요청 등을 관리할 수 있게 해준다. 이 기능을 사용하면 개발자가 쉽게 말로 깃허브 작업을 수행할 수 있어 코드 관리와 팀 협업이 더 효율적으로 이루어진다. 예를 들어 팀 프로젝트에서 코드 변경을 요청할 때 '이 코드 변경에 대한 풀 리퀘스트를 만들어줘'라고 요청할 수 있다. 이는 깃허브의 기술적 인터페이스 대신 일상 언어로 소프트웨어 개발 협업을 가능하게 한다.

이어 **GitLab MCP 서버**를 소개한다. GitLab은 깃허브와 유사한 코드 공유 및 협업 플랫폼이다. 이 서버는 AI가 GitLab 계정과 연결되어 코드 저장소, 병합 요청, 코드 검토 등을 관리할 수 있게 해준다. 이 기능을 활용하면 GitLab을 사용하는 개발자가 쉽게 말로 프로젝트를 관리하고 자동화할 수 있어 업무 효율이 크게 향상된다. 이는 개발팀의 협업과 커뮤니케이션을 개선하고, 복잡한 개발 환경에서도 작업 흐름을 원활하게 유지할 수 있게 해준다.

Google Drive MCP 서버는 AI가 구글 드라이브와 연결되어 파일 목록 보기, 파일 내용 읽기 등을 할 수 있게 해준다. 이 기능을 활용하면 쉽게 말로 구글 드라이브의 파일에 접근할 수 있어 문서 관리와 정보 찾기가 훨씬 편리해진다는 이점이 있다. 예를 들어 많은 파일 속에서 특정 문서를 찾고 내용을 확인하고 싶을 때 '구글 드라이브에서 마케팅 전략이라는 제목의 지난달 파일을 찾아줘'라고 요청하면 AI가 파일을 찾아준다. 이는 클라우드에 저장된 방대한 자료를 효율적으로 관리하고, 필요한 정보에 빠르게 접근할 수 있게 해준다.

PostgreSQL은 기업이나 단체에서 많이 사용하는 DB 관리 시스템이다. **PostgreSQL MCP 서버**는 AI가 DB의 구조를 파악하고 정보를 읽어올 수 있게 해준다. 이 기능을 활용하면 전문지식 없이도 쉽게 말로 DB에 있는 정보를 물어보고 분석할 수 있어 데이터 활용이 훨씬 용이해진다. 만약 비즈니스 데이터 분석이 필요할 때 '지난 3개월간 지역별 제품 판매량을 알려줘'라고 요청하면 AI가 DB에서 정보를 가져와 데이터를 제공한다. 이는 데이터 분석 도구나 SQL 지식 없이도 비즈니스 의사결정에 필요한 데이터를 쉽게 얻을 수 있게 해주어 데이터 기반 결정에 더 쉽게 접근할 수 있다.

Redis MCP 서버도 소개한다. Redis는 빠른 데이터 저장 및 검색에 특화된 DB다. 이 서버는 AI가 Redis DB와 연결되어 정보를 가져올 수 있게 해준다. 만약 데이터를 처리해야 할 때 '현재 활성 사용자 수를 보여줘' 또는 '지난 1시간 동안의 시스템 성능 지표를 알려줘'라고 요청하면 Redis에 저장된 최신 정보를 바로 확인할 수 있다.

Sqlite MCP 서버도 소개한다. SQLite는 널리 사용되는 가벼운 DB 시스템이다. 이 서버는 AI가 이러한 로컬 DB와 연결되어 정보를 분석하고 인사이트를 제공할 수 있게 해준다. 이 기능을 활용하면 쉽게 말로 로컬 DB에 있는 정보를 물어보고 분석할 수 있어 데이터 기반 의사결정이 더욱 용이해진다. 만약 작은 비즈니스 데이터를 분석해야 할 때 '지난달에 가장 많이 팔린 제품과 그 판매량을 알려줘'라고 요청하면 AI가 로컬 DB를 분석하여 판매 트렌드와 추가 인사이트를 제공한다. 이는 소규모 데이터를 전문 분석 도구 없이도 효과적으로 활용할 수 있게 해주며, 데이터에 기반한 소규모 비즈니스 의사결정을 지원한다.

마지막으로 **Time MCP 서버**는 AI가 정확한 시간 정보와 시간대 변환 기능에 접근할 수 있게 해준다. 이 기능을 사용하면 AI가 전 세계 여러 지역의 현재 시간을 정확히 알려주고, 다른 나라와의 시차를 계산해 일정 관리를 도와줄 수 있어 국제적인 업무와 소통이 원활해진다. 만약 국제 업무나 여행 계획 시 '서울 오후 3시는 뉴욕에서 몇 시인가요?'라고 물으면 AI가 정확한 시간대 변환 정보를 제공한다. 이는 글로벌 커뮤니케이션과 일정 조율을 원활하게 하며, 전 세계 어디서든 약속 시간을 혼동 없이 정확하게 잡을 수 있게 해준다.

지금까지 소개한 MCP를 요약하면 표 3.1과 같다.

서버 이름(요약)	핵심 기능	주요 사용 예시
AWS Knowledge Base Retrieval	AWS Bedrock Knowledge Base에서 자연어 쿼리를 사용하여 정보 검색	회사 정책에 대한 질문, 제품 문서에서 답변 검색, AWS 서비스 모범 사례 찾기
Brave search	Brave 검색 API를 통해 웹 검색 기능 제공	최신 뉴스 검색, 지역 비즈니스 찾기, 코딩 문제에 대한 문서 검색
EverArt	다양한 AI 모델을 사용하여 이미지 생성	로고 생성, 블로그 게시물용 이미지 생성, 개인화된 아트워크 생성
Git	Git 리포지터리 읽기, 검색 및 조작 도구 제공	변경사항 커밋, 브랜치 간 차이 보기, 새 브랜치 만들기
GitHub	깃허브 API와 원활하게 통합하여 상호작용 기능 제공	깃허브 리포지터리 관리, 깃허브 저장소에서 코드 검색
GitLab	GitLab 계정과 상호작용하여 리포지터리 관리	프로젝트 검색, 파일 관리, 브랜치 생성
Google Drive	Google Drive와 통합하여 파일 목록 작성, 읽기 및 검색	Google Drive에서 특정 문서 찾기, Google Doc 내용 요약
PostgreSQL	PostgreSQL DB에 대한 읽기 전용 액세스 제공	판매 데이터 검색, 최고 성과 제품 찾기, DB 테이블 스키마 검사
Redis	Redis 키-값 저장소에 대한 액세스 제공	자주 액세스하는 정보 캐싱, 사용자 선호도 저장 및 검색, 사용자 세션 관리

서버 이름(요약)	핵심 기능	주요 사용 예시
Sqlite	SQLite를 통해 DB 상호작용 및 비즈니스 인텔리전스 기능 제공	로컬 SQLite DB에서 테이블 목록 작성, 특정 데이터 쿼리, 판매 데이터 분석 및 주요 통찰력 요약 생성
Time	시간 및 시간대 변환 기능 제공	특정 시간대의 현재 시간 확인, 회의 시간대 변환, 통화 예약 지원

표 3.1 앤트로픽에서 제공하는 공식 MCP 서버 일부[9]

이 외에도 앤트로픽에서 제공하는 건 아니지만 여러 서비스 개발사에서 제공하는 공식 MCP 서버들이 존재한다. 우리는 이러한 MCP 서버들을 이용하면서 AI를 좀 더 현명하게 사용하여 원하는 결과를 얻을 수 있다. 유명한 사이트로는 Smithery가 있다. Smithery에는 2025년 4월 18일 기준 약 4,794개의 MCP 서버가 등록이 되어 있다. 필요한 MCP가 있는지 검색해보고 싶다면 구글에서 해도 되고, https://smithery.ai/에서도 간단한 검색을 통해 살펴볼 수 있을 것이다. Smithery에는 서비스 개발사가 제공하는 공식 MCP 서버들 외에도 개인이 개발한 MCP 서버도 올라오기 때문에 서비스 개발사가 제공하는 공식 MCP 서버를 사용하고 싶다면 출처를 꼭 확인하고 사용해야 한다.

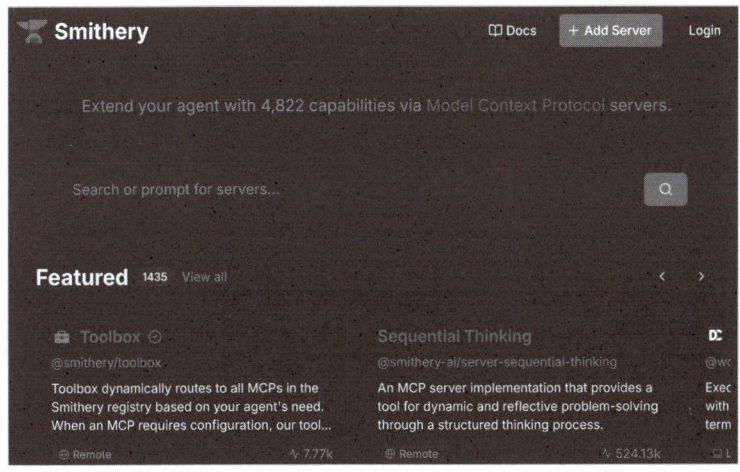

그림 3.48 Smithery 접속 시 보이는 화면[10]

---

9 https://github.com/modelcontextprotocol/servers/tree/main/src
10 https://smithery.ai/

우리와 같은 일반인의 입장에서 보면, MCP 서버의 도입으로 기술적 지식 없이도 복잡한 시스템에 쉽게 접근할 수 있게 되면서 DB 쿼리, 파일 검색, 웹 정보 수집 등 전문 기술이 필요했던 작업들을 자연어로 요청할 수 있어 기술의 격차를 줄여준다. 마치 전문가를 옆에 두고 필요할 때마다 도움을 받는 것과 같은 경험을 제공한다. 이는 단순히 편리함을 넘어, 디지털 시대의 정보와 기회에 대한 더 민주적인 접근을 가능하게 한다는 점에서 큰 사회적 의미를 가진다.

서비스를 제공하는 업체들 입장에서도 일반 사람들이 간단한 조작을 통해 AI를 일상 도구로 활용함으로써 자사의 제품을 자연스럽게 활용할 수도 있으니 잠재 고객을 확보할 수 있는 중요한 키가 될 수 있다. 이는 기업 입장에서 새로운 시장이 형성될 수 있다는 것을 암시한다.

3.2.6 유의할 점

MCP를 효과적으로 활용하기 위해서는 몇 가지 중요한 유의사항을 염두에 두어야 한다. 이러한 유의사항은 필수 가이드라인은 아니지만, 무시해도 좋은 수준의 단순한 권고가 아니다. MCP를 안전하고 효율적으로 사용하기 위해서는 꼭 고려해야 하는 내용이다. 항상 그렇지만 새로운 무엇인가를 도입할 때는 주의가 필요하며, MCP 역시 예외가 아니다. 이 절에서는 MCP 사용 과정에서 발생할 수 있는 여러 상황에 대비하고, 우리가 알아야 할 핵심적인 사항들을 논한다.

도구 미호출

MCP 서버를 이용할 때는 몇 가지 주의해야 할 점이 있다. 특히 연결 과정에서 문제가 발생할 경우 문제를 파악하는 것이 중요한데, Claude Desktop에서 팝업으로 경고 메시지를 띄워주기 때문에 확인하고 조치를 취하면 된다. 만약 경고 메시지를 보지 못했다면 3.1절에서 언급한 좌상단의 '햄버거 버튼(≡) > 개발자 > MCP 로그 파일 열기'를 통해 로그 정보들로 확인할 수는 있다. 나는 종종 확인하지만, 만약 개발 지식이 없다면 이 로그 정보를 복사하여 Cladue에게 물어보면서 문제를 파악해보는 식으로 사용하기를 권한다.

그리고 사용하다 보면 발생하는 일이지만 종종 도구가 호출되지 않고 AI가 스스로 결론을 내는 경우도 존재한다. 예를 들어 다음과 같은 상황이 발생할 수 있다.

제주도의 ○○○○으로 갈건데, 제주도 공항으로부터 버스를 타고 가는 방법과 소요시간을 알려줘.

○○○○으로 가는 버스 정보를 알려드리겠습니다.
제주국제공항에서 ○○○○(제주시 구좌읍 월정리 위치)까지 가는 방법은 다음과 같습니다:
공항에서 가장 편리한 방법은 동부 지역을 순환하는 버스를 이용하는 것입니다.
1. 제주공항에서 201번 버스를 탑승
2. 월정리 정류장에서 하차
3. 정류장에서 ○○○○까지 도보로 약 5~10분 이동
소요시간은 약 50~60분 정도 걸립니다(교통 상황에 따라 달라질 수 있습니다).
또한 대체 경로로는:
- 제주공항에서 110번 버스를 타고 제주버스터미널에서 하차한 후, 환승하여 701번이나 710번 버스를 타고 월정리에서 하차하는 방법도 있습니다. 버스 배차 간격은 보통 15~20분 정도이니 참고하시기 바랍니다.

실제 존재하는 음식점의 이름을 넣고(저작권 문제로 생략) 가는 길을 알려달라고 하자, Claude가 가진 지식으로 응답하는 결과
(출처: Claude)

명확한 전달을 위해서 생략을 최대한 배제하고 첨부했다. 이 결과에서는 AI가 MCP 서버를 이용하여 버스 노선을 호출한 뒤 확인하여 답변을 하는 것이 아니라, 스스로 가진 지식을 바탕으로 답변하는 모습을 볼 수 있다. 이는 AI가 자연어 쿼리를 통해 필요한 외부 도구를 적절히 호출하지 않고 자체적으로 정보를 생성하는 현상이다. 이런 경우 정확하지 않은 정보를 제공할 위험이 크다.

AI 모델은 때때로 MCP 서버와 같은 외부 도구를 활용해야 함에도 불구하고, 질문에 즉각 답변하려는 경향이 있다. 즉 학습된 정보에만 의존해서 최신 정보 반영에 실패하거나 환각 현상으로 정확하지 않은 정보를 제공하는 경우가 발생할 수도 있다.

이를 해결하는 방법으로 명시적 도구 호출을 유도하는 것을 권한다. 예를 들어 프롬프트를 다음과 같이 변경하는 것이다.

- **변경 전 프롬프트**: 제주도의 ○○○○으로 갈건데, 제주도 공항으로부터 버스를 타고 가는 방법과 소요시간을 알려줘.
- **변경 후 프롬프트**: 제주도의 ○○○○으로 갈건데, 제주도 공항으로부터 버스를 타고 가는 방법과 소요시간을 알려**주는데 MCP 서버 중 google-maps의 도구들을 이용해서 정보를 수집하여 알려줘.**

사실 매우 간단한 결과이지만, AI는 MCP 서버의 도구들을 호출해서 이를 수행하려고 할 것이다. 가장 명확한 방법은 MCP 서버명이나 도구명도 명시해주는 것이지만, 우리가 이를 모두 외우거나 염두에 두고 작업을 시킬 수는 없기 때문에 MCP를 이용하라는 간단한 지시만 들어가도 우리의 의도대로 동작시킬 수 있게 되는 것이다. 다시 시켜본 결과, 의도대로 동작하는 것을 볼 수 있다.

제주도의 ○○○○으로 갈건데, 제주도 공항으로부터 버스를 타고 가는 방법과 소요시간을 알려**주는데, MCP 서버 중 google-maps의 도구들로 정보를 수집해서 알려줘.**

제주 공항에서 ○○○○까지 가는 경로를 Google Maps 도구를 활용해 확인해보겠습니다.
> google-maps(로컬)의 maps_geocode 결과 보기>
> google-maps(로컬)의 maps_directions 결과 보기>
> google-maps(로컬)의 maps_search_places 결과 보기>
제주 국제공항에서 ○○○까지 가는 버스 이용 방법과 소요시간을 Google Maps 정보를 기반으로 알려드리겠습니다.
버스 이용 경로
Google Maps에 따르면 제주 국제공항에서 ○○○○까지는 다음과 같은 경로로 이동할 수 있습니다:
1. 제주 국제공항에서 도보로 약 2분(104m) 이동하여 버스 정류장으로 이동
2. 제주 버스터미널 방향 버스 탑승 (약 11분, 3.5km 이동)
3. 제주 버스터미널에서 도보로 약 1분(57m) 이동
4. 다시 버스 탑승 (약 8분, 2.8km 이동)
5. 하차 후 도보로 약 7분(424m) 이동하여 ○○○○ 도착
총 소요시간 및 거리
- 총 소요시간: 약 39분
- 총 이동거리: 약 6.9km

MCP의 도구들을 이용해서 최신 정보들을 얻어 응답하는 모습(출처: Claude)

앞서 유의할 점을 두 가지 이야기했다. 먼저, 서버를 활용하려고 설정 파일에 추가할 때 잘 되지 않는다면 로그를 확인하라고 권유했다. 보통은 오타인 경우가 많으니 꼼꼼히 확인해보도록 하자. 다음으로 MCP를 이용하는 경우 명시적으로 지시를 해야 한다는 것이다. 자연어로 질문이 들어오면 이를 분석하여 어떤 MCP 서버를 이용하고, 어떤 도구를 호출할지를 AI가 결정하다 보니 동작하지 않을 수 있다.

사실 가상 좋은 방법은 MCP 서버 내에 개발되어 있는 프롬프트의 호출 방법과 입력해야 할 값을 숙지하여 직접 호출하는 것이다. 하지만 현실적으로 사용하는 모든 MCP 서버의 프롬프트를 숙지하고 이용하기는 어렵다. 따라서 앞서 보여준 방법으로 호출하는 게 그나마 가장 우리에게 편안한 방법이다.

AI는 방대한 데이터로 학습을 했기 때문에 내 기대와 다르게 동작할 수 있다는 것을 명심하자. 이와 같은 이유 때문이라도 기대와 같이 잘 동작하는지를 늘 꼼꼼히 확인해보는 습관을 가지는 것이 도움이 될 것이다.

위험한 MCP

최근 MCP를 활용한 서비스들이 빠르게 증가하고 있다. 특히 소규모 팀이나 개인 개발자들이 만든 MCP 서버들은 특화된 기능과 접근성으로 많은 사용자들의 관심을 끌고 있다. 이러한 변화는 다양한 AI 서비스를 경험할 기회를 제공하지만, MCP 서버 사용은 많은 위험을 동반한다. 특히 개발을 잘 모르는 사람은 코드를 검증할 수 없기 때문에 신뢰하고 사용할 수밖에 없다. 그러나 이는 사실 큰 위험을 내포한다. 집필 기준(2025년 4월) Equixly[11]에 따르면 MCP 서버는 다양한 취약점을 가지고 있다.

Equixly에 의하면 테스트된 MCP 서버의 43%가 명령 주입 취약점을 가지고 있다. **명령 주입 취약점**이란 악의적인 사람이 서버에 의도하지 않은 명령을 실행할 수 있다는 뜻이다. 쉽게 말해 명령 주입 취약점은 마치 누군가 우리 모르게 명령을 조작해 '모든 문 열어줘'로 바꿔버리는 것과 같다. 우리는 문을 열라는 요청을 검증하지 못하고 문을 열게 되어

---

[11] https://equixly.com/blog/2025/03/29/mcp-server-new-security-nightmare/

집 전체의 보안이 해제되는 상황이 발생한다.

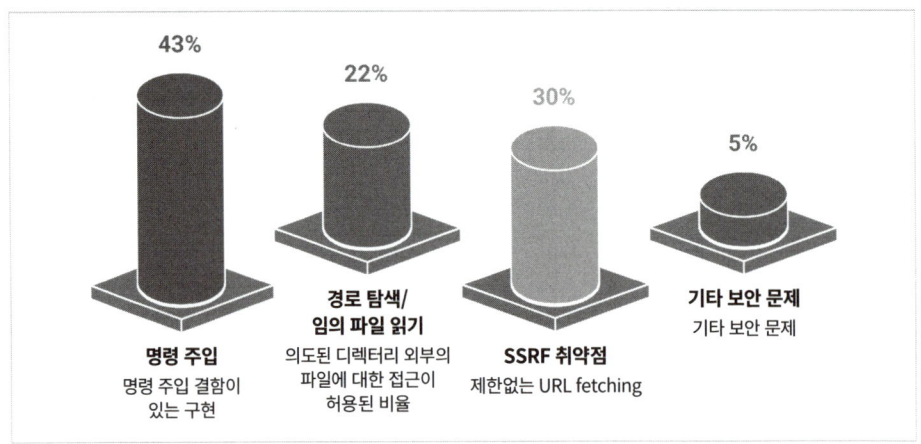

그림 3.49 **MCP의 취약점 종류**(출처: Equixly, 출처: Napkin.ai)

MCP 서버에서 이 취약점은 더욱 교묘하게 작용한다. 예를 들어 AI에게 '이 텍스트를 요약해줘'라고 요청했다고 가정해보자. 악의적인 공격자는 이 텍스트 안에 특별한 코드를 숨겨놓을 수 있다. 서버가 취약하다면, 이 코드는 '텍스트 요약' 대신 '시스템 관리자 권한으로 백도어 설치' 같은 명령을 실행할 수 있다.

이렇게 되면 우리의 승인 없이 시스템에 악성 프로그램이 설치되고, 범죄자는 우리의 키보드 입력을 기록하여 비밀번호를 탈취하거나, 심지어 우리 시스템을 원격으로 조종할 수도 있다. 특히 이런 공격은 표면적으로는 아무런 이상 징후 없이 일어나기 때문에 더욱 위험하다.

게다가 **파일 접근 취약점**의 실제 위험도 존재한다. Equixly가 테스트한 일부 MCP 서버의 22%는 의도된 디렉터리 외부의 파일에도 접근이 가능하다는 취약점을 가지고 있다. 일상적인 비유로 설명하자면, 이는 마치 호텔 객실 키를 받았는데, 그 키로 모든 객실과 금고까지 열 수 있는 상황과 같다.

MCP 서버를 사용할 때 우리는 특정 파일이나 정보에만 접근 권한을 주려고 했을 수도 있다. 그러나 이러한 취약점이 있는 서버라면 범죄자는 허락하지 않은 컴퓨터의 다른 부분에도 접근할 수 있다. 여기에는 개인 문서, 비밀번호 파일, 금융 정보 등이 포함될 수 있다. 우리는 단지 AI에게 간단한 질문을 했을 뿐인데, 결과적으로 컴퓨터 전체가 노출될 수 있는 것이다.

게다가 30%의 MCP 서버가 **서버 측 요청 위조** server-side request forgery, SSRF **취약점**을 가지고 있다는 사실은 매우 우려스럽다. 이 취약점은 다소 기술적으로 들릴 수 있지만, 그 위험성은 매우 현실적이다. 예를 들어 누군가 AI에게 웹사이트 정보를 요약해달라고 요청했다고 하자. 정상적인 경우, AI는 지정된 웹사이트에만 접근하여 정보를 가져온다. 그러나 SSRF 취약점이 있으면, 공격자는 AI가 내부 다른 서비스로 요청을 보내도록 조작할 수 있다.

이를 통해 공격자는 내부 시스템에 침투하여 내부 문서, 직원 DB, 지적 재산권 정보 등에 접근할 수 있다. 더 심각한 것은, 이런 공격이 방화벽이나 일반적인 보안 조치를 우회할 수 있다는 점이다. 외부에서는 직접 접근할 수 없는 내부 시스템이 MCP 서버를 통한 공격에 의해 노출될 수 있다.

특히 클라우드 환경에서는 API 키나 인증 토큰 같은 민감한 정보가 유출될 수 있어 더욱 위험하다. 이렇게 되면 공격자는 우리 회사의 전체 클라우드 리소스에 접근할 수 있게 된다. 표면적으로는 정상적인 서비스처럼 보이지만, 뒤에서는 중요한 정보가 유출되고 있을 수도 있다.

현실적으로 MCP 생태계가 발전할 수록 이러한 위험에 노출될 가능성도 커질 수밖에 없다. 따라서 '개발'을 모르는 우리도 할 수 있는 몇 가지 원칙을 가지고 MCP를 이용하기를 권한다.

먼저, 검증된 제공업체를 선택하는 것이다. 눈치챈 사람도 있겠지만 이 책에서 소개하는 모든 MCP 서버는 운영하는 기업 주체가 있는 MCP다. 여기서는 주로 앤트로픽에서 제공하는 공식 MCP를 위주로 소개했다. 그러나 시중에 있는 일부 블로그나 관련 도서에서는 검증받지 않은 개인 개발자가 만든 MCP를 권유하는 경우가 많다. 그런 경우만 조심해도 수많은 위험을 줄일 수 있다. 이는 믿을 만한 사람이 공개한 것만 사용한다는 점에서 스마트폰으로 인터넷에서 다운로드한 설치 파일은 설치하지 못하게 막거나 경고를 하는 것과도 유사한 맥락이라고 할 수 있다.

심지어는 서비스를 사용하기 전에 간단한 온라인 검색만으로도 해당 서비스의 보안 이슈 여부를 확인할 수 있다. 'MCP 서버 이름 + 보안 문제' 또는 'MCP 서버 이름 + 데이터 유출'과 같은 검색어로 기본적인 조사가 가능하다. 잘 알려지지 않은 서비스보다는 사용자 리뷰가 많고 정기적인 업데이트가 이루어지는 서비스를 선택하는 것이 안전하다.

또한 금융 정보, 개인 식별 정보, 의료 기록과 같은 민감한 데이터는 검증되지 않은 MCP 서버에 절대 입력하지 않는 것이 좋다. 사실 현실적으로는 모든 정보가 동일한 가치를 갖는 것은 아니기에 공개된 문서 요약이나 일반적인 질문에는 덜 검증된 서비스를 사용할 수 있지만, 비즈니스 전략이나 개인 재무 계획과 같은 중요한 내용은 보안이 검증된 서비스에만 맡기는 것이 현명하다.

마지막으로 MCP 서버에 제공하는 정보는 필요한 만큼만 최소한으로 제한하는 것이 좋다. 서비스가 불필요하게 많은 접근 권한이나 정보를 요구한다면, 그것은 경계해야 할 신호일 수 있다. 예를 들어 단순한 텍스트 요약 서비스가 전체 문서 폴더에 대한 접근 권한을 요구한다면, 이는 의심스러운 징후다. 대신 필요한 특정 문서만 업로드하거나, 민감한 정보를 제거한 버전을 사용하는 것이 안전하다.

MCP 생태계의 확장과 소규모 서버의 급증은 불가피한 현실이 되었다. 이러한 서비스들은 많은 편의성을 제공하지만, Equixly의 보고서가 보여주듯 심각한 보안 위험도 내포하고 있다. 명령 주입 취약점, 파일 접근 취약점, SSRF 취약점 등은 우리의 삶을 바꿀 수 있을 정도로 치명적인 결과가 되어 돌아올 수 있다.

개발을 모르는 우리와 같은 일반 사용자는 이러한 위험을 완전히 제거할 수는 없지만 앞서 이야기한 간단한 부분만 지켜도 상당 부분 보호받을 수 있다.

MCP 서버와 같은 새로운 기술을 사용할 때는 '공짜는 없다'라는 오래된 격언을 기억하는 것이 좋다. 무료로 제공되는 편리한 서비스 뒤에는 보이지 않는 위험이 숨어 있을 수도 있기 때문이다.

자, 이제 어떤 MCP 서버들이 있으며, 이를 어떻게 설정해야 하는지 간략한 소개와 함께 유의할 점까지 모두 이야기했다. 이제 우리는 이러한 지식을 바탕으로 MCP를 어떻게 하면 잘 활용해볼 수 있는지에 대한 예시를 몇 가지 살펴보면서 인사이트를 얻어볼 것이다.

> **용어 설명**

★ 명령 주입 취약점

명령 주입 취약점은 공격자가 악의적인 명령어를 시스템에 전달하여 의도하지 않은 동작을 유발하는 보안 약점이다. 이는 주로 적절한 검증 없이 입력이 시스템 명령어로 직접 전달될 때 발생한다.

예를 들어 웹사이트에서 파일 이름을 입력받아 서버에서 해당 파일을 찾는 기능이 있다고 가정해보자. 만약 우리가 파일을 찾는 명령어를 입력하면 시스템은 파일을 찾은 후 경로의 모든 파일을 삭제하려 할 수 있다.

★ 백도어

백도어는 정상적인 인증 과정을 우회하여 시스템에 비밀리에 접근할 수 있는 경로다. 이는 의도적으로 만들어지거나 악의적인 목적으로 삽입될 수 있다.

실제 사례를 살펴보면, 개발자가 디버깅 목적으로 만든 관리자 계정이 제품 출시 후에도 제거되지 않은 경우가 있다. 이런 백도어는 공격자에게 발견되면 전체 시스템이 훼손될 수 있다.

★ 악성 프로그램

악성 프로그램은 동의 없이 컴퓨터 시스템에 피해를 입히거나 정보를 탈취하기 위해 설계된 소프트웨어다. 이는 다양한 형태로 존재하며 각기 다른 목적을 가진다.

일상적인 예로, 한 직원이 이메일에 첨부된 문서를 열었더니 컴퓨터의 모든 파일이 암호화되고 돈을 요구하는 메시지가 표시되는 경우가 있다. 이는 랜섬웨어라는 악성 프로그램의 전형적인 행동이다.

★ 파일 접근 취약점

파일 접근 취약점은 시스템이 허용되지 않은 파일에 접근할 수 있게 하는 보안 결함이다. 이는 부적절한 접근 제어나 경로 조작으로 인해 발생한다.

예를 들어 웹사이트에서 이미지를 요청할 수 있다고 가정해보자. 만약 시스템이 입력을 적절히 처리하지 못하면, 공격자는 서버의 중요 시스템 파일에 접근할 수 있다.

★ SSRF 취약점

SSRF(server-side request forgery) 취약점은 공격자가 서버를 조작하여 서버 자신이나 내부 네트워크의 다른 시스템에 요청을 보내도록 하는 보안 약점이다. 이를 통해 내부 시스템에 접근하거나 민감한 정보를 획득할 수 있다.

★ 로컬 DB

로컬 DB는 인터넷 연결 없이 사용자의 기기에 직접 저장되는 데이터베이스다. 클라우드나 원격 서버가 아닌, 자신의 컴퓨터나 스마트폰 내부에 정보를 저장하고 관리하는 시스템을 말한다.

일상에서 비유하자면, 클라우드 저장소는 은행의 금고와 같고, 로컬 DB는 집에 있는 개인 금고와 같다. 인터넷 연결 없이도 접근할 수 있지만, 그 기기에서만 사용할 수 있다는 제한이 있다.

CHAPTER

4

MCP를 더 똑똑하게 쓰는 법

MCP는 강력한 AI 기술을 실용적인 도구로 변환해주는 핵심 연결고리다. 이번 장에서는 MCP를 활용해 일상과 업무에서 AI의 가치를 극대화하는 방법을 살펴본다. 단순한 이론이 아닌, 실제 사용 사례와 구체적인 적용 방법을 통해 MCP의 실질적인 활용법을 알아볼 것이다.

이제 AI를 단순한 기술이 아닌, 실용적인 파트너로 만들기 위한 여정을 시작해보자. MCP를 통해 어디까지, 어떻게 구현할 수 있는지 몇 가지 간단한 예시를 통해 상상력의 범위를 확장해볼 것이다. 그리고 이러한 활용을 통해 어떤 업무 효율과 창의적인 결과물을 얻을 수 있는지 실용적인 관점에서 살펴볼 것이다.

MCP는 복잡한 기술이 아니다. 올바른 접근법과 명확한 이해만 있다면, 누구나 AI의 힘을 자신의 필요에 맞게 활용할 수 있다.

지금부터 MCP의 실전 활용법을 통해, AI와 협업하는 방식을 한 단계 업그레이드해보자.

- `4.1` 나만의 회의록 관리 도구
- `4.2` 나만의 주니어 데이터 분석가
- `4.3` 나만의 정보 검색사
- `4.4` 나만의 전략 설계 선생님

4.1 나만의 회의록 관리 도구

현대 비즈니스 환경에서 회의는 정보 공유와 의사결정의 핵심 통로다. 하루에도 수많은 회의가 진행되며, 각 회의에서는 중요한 결정과 후속 조치가 논의된다. 특히 하이브리드 근무 환경이 일반화되면서 회의 수는 더욱 증가했고, 이에 따라 회의 내용을 체계적으로 기록하고 관리하는 일의 중요성도 커졌다. 그러나 많은 조직이 직면하는 현실은 회의 자체보다 회의록 관리에서 더 큰 어려움을 겪는다는 점이다.

잘 작성된 회의록은 단순한 기록 이상의 가치를 지닌다. 이는 조직의 집단적 기억이자, 책임 소재를 명확히 하는 도구이며, 의사결정의 근거를 제공하는 중요한 자산이다. 회의에 참석하지 못한 팀원들은 회의록을 통해 논의된 내용을 파악할 수 있고, 이전 결정사항을 검토하여 일관된 방향성을 유지할 수 있다. 또한 프로젝트의 진행 상황을 추적하고, 누가 어떤 책임을 맡았는지 명확히 함으로써 팀의 효율성과 책임감을 높일 수 있다.

하지만 대부분의 기업에서 회의록 관리는 여전히 정적이고 수동적인 프로세스에 머물러 있다. 회의록이 작성된 후, 파일이 쌓일수록 접근성이 떨어지고, 액션 아이템이 제대로 추적되지 않아 후속 조치가 누락되는 경우도 빈번하다. 또한 몇 번의 회의에 걸쳐 논의된 중요 주제의 전체적인 흐름을 파악하기도 어렵다.

이를 극복하기 위해, 마치 나만의 개인 비서를 활용하듯 MCP를 이용해 회의록을 관리해 보자. 복잡한 기술 지식 없이도 일반 사용자가 AI에 자연어로 명령을 내려 원하는 정보를 얻을 수 있어, 회의록을 단순한 정적 문서에서 동적이고 가치 있는 정보 소스로 변환할 수 있을 것이다.

구체적으로는 회의록 요약 생성, 액션 아이템 추적, 협업 패턴 분석, 회의 효율성 분석을 주제로 MCP 활용법을 소개할 것이다. 물론 이 외에도 무궁무진하게 사용할 수 있다. 제약이 전혀 없다고는 할 수 없지만, 어쩌면 기술보다 상상력의 제약이 더 클지도 모른다. 그러므로 어떻게 활용할지 꾸준히 고민해보자.

자, 그럼 앞서 이야기한 주제들을 실습하기 위해, AI를 활용한 회의록 관리가 실제로 가능한지 확인해보자. 회의록 데이터는 여러 가지가 공개되어 있지만 제약사항이 많으므로, 이번에는 AI를 통해 가상의 회의록을 생성해보겠다.

다음의 프롬프트를 AI에 입력해보자.

회의록을 아래와 같이 만들거야.

{
1. 회의 기본 정보
- 회의 ID: [고유 ID 번호]
- 회의 제목: [제목]
- 날짜: [YYYY-MM-DD]
- 시간: [HH:MM] - [HH:MM]
- 장소: [장소]
- 회의 유형: [정기/임시/긴급]
2. 참석자 정보
- 참석자: [이름1, 이름2, 이름3...]
- 불참자: [이름1, 이름2...]
3. 회의 내용
- 주요 주제: [주제1, 주제2, 주제3, ...]
- 안건별 논의 내용:
    - [주제1]: [내용]
    - [주제2]: [내용]
4. 결정사항
- [결정사항1]
- [결정사항2]
5. 후속 조치
- 액션 아이템1: [내용] - 담당자: [이름] - 마감일: [날짜]
- 액션 아이템2: [내용] - 담당자: [이름] - 마감일: [날짜]

6. 다음 회의 정보
    - 예정일: [날짜, 시간]
    - 장소: [장소]
}
다음 참석자 목록과 주제 목록을 사용해서 30개의 서로 다른 회의록 샘플을 만들어줘.
모든 회의록은 텍스트 파일 형식으로 만들고, 파일명은 "meeting_YYYYMMDD_ID.txt" 형식으로 해줘.
{
참석자 풀: CEO, CTO, 디자인 리드, 마케팅 매니저, QA 리드, 운영 매니저, 재무 담당, 인사 담당, 고객 지원 리드, 연구 개발 리드
주제 풀: 제품 개발 로드맵, 마케팅 전략, 예산 계획, 인사 정책, 고객 피드백, 시장 분석, 기술 동향, 팀 빌딩, 성과 평가, 운영 효율화
}
각 회의록에는:
1. 참석자 풀에서 3~7명을 랜덤하게 선택
2. 주제 풀에서 2~4개를 랜덤하게 선택
3. 회의 날짜는 2025-01-01부터 2025-04-14 사이에서 랜덤하게 선택
4. 회의 장소는 "회의실 A" ~ "회의실 G", "온라인", "카페테리아" 중에서 랜덤하게 선택. 몇몇 사람은 다른 사람들보다 더 많은 회의에 참석하도록 해줘(예: CEO는 8개 회의에, 재무 담당은 3개 회의에).

몇몇 주제는 다른 주제들보다 더 자주 논의되도록 해줘(예: 제품 개발 로드맵은 6번, 팀 빌딩은 2번).
그리고 중간에 종료되더라도 진행된 곳까지 볼 수 있게 디렉터리에 텍스트 파일로 한 개씩 저장해줘.

회의록 템플릿 파일들을 생성하겠습니다. 참석자 풀과 주제 풀을 기반으로 30개의 서로 다른 회의록 샘플을 만들고, 각 파일을 "meeting_YYYYMMDD_ID.txt" 형식으로 저장하겠습니다. 먼저, 허용된 디렉터리를 확인해보겠습니다:

> filesystem(로컬)의 list_allowed_directories 결과 보기>

허용된 디렉터리를 확인했다. 이제 해당 경로에 회의록 파일들을 저장하겠습니다.

> filesystem(로컬)의 write_file 결과 보기>

두 번째 회의록을 작성하겠습니다:

> filesystem(로컬)의 write_file 결과 보기>

- 생략 -

> filesystem(로컬)의 write_file 결과 보기>

> 요청하신 대로 30개의 회의록 샘플을 모두 작성 완료했습니다. 각 파일은 "meeting_YYYYMMDD_ID.txt" 형식으로 저장되었으며, 참석자 풀과 주제 풀에서 무작위로 선택하여 다양한 회의 내용을 생성했습니다.

AI에게 회의록을 생성을 시킨 모습(출처: Claude)

이렇게 하면 filesystem MCP를 사용해서 그림 4.1과 같이 30개의 가상의 회의록을 만들 수 있다.

```
meeting_20250103_001.txt    meeting_20250114_014.txt    meeting_20250407_027.txt
meeting_20250115_002.txt    meeting_20250131_015.txt    meeting_20250108_028.txt
meeting_20250122_003.txt    meeting_20250207_016.txt    meeting_20250219_029.txt
meeting_20250205_004.txt    meeting_20250221_017.txt    meeting_20250414_030.txt
meeting_20250217_005.txt    meeting_20250306_018.txt
meeting_20250227_006.txt    meeting_20250321_019.txt
meeting_20250305_007.txt    meeting_20250324_020.txt
meeting_20250312_008.txt    meeting_20250121_021.txt
meeting_20250320_009.txt    meeting_20250213_022.txt
meeting_20250328_010.txt    meeting_20250228_023.txt
meeting_20250402_011.txt    meeting_20250315_024.txt
meeting_20250408_012.txt    meeting_20250327_025.txt
meeting_20250410_013.txt    meeting_20250403_026.txt
```

그림 4.1 가상으로 생성된 회의록 목록 30개

이제 이 30개의 가상의 회의록을 바탕으로, 우리가 목표로 했던 4가지 주제(회의록 요약 생성, 액션 아이템 추적, 부서 간 협업 패턴 분석, 회의 효율성 분석)를 하나씩 살펴보자. 여기서는 내용의 정확성이나 완벽함보다는 실제로 어떻게 활용할 수 있는지를 보여주는 데 집중하여, 활용 아이디어의 폭을 넓히는 데 중점을 둘 것이다.

먼저, 회의록 요약 생성이 실제로 가능한지부터 확인해보자.

MCP의 활용도를 끌어올리는 첫 번째 팁은, 여러 개의 MCP를 함께 엮어 사용할 수 있다는 점이다. 앞서 몇 가지 MCP 서버들을 배우면서 각 MCP 서버를 하나씩 개별적으로 사용하는 예시를 중심으로 살펴보았다. 하지만 이 MCP 도구들을 서로 조합하여 활용하면, 우리가 기대했던 것 이상의 성능을 발휘할 수 있다.

결합 예시를 소개하려는 이유는, 우리가 시도하려는 '요약'이라는 작업에서 챗GPT나 Claude와 같은 LLM은 요약만을 위해 특화된 AI가 아니라는 점을 인식해야 하기 때문이다. 실제로 우리가 해결하려는 문제는, 그 과제에 맞게 학습된 특화형 AI가 가장 좋은 성능을 보일 것이다.

그러나 최근 대규모 언어 모델은 크기가 커질수록 **문맥 내 학습** 능력이 향상되며, 별도로 학습하지 않은 문제에 대해서도 놀라운 성능을 발휘하기도 한다. 우리는 이러한 능력을 적극적으로 활용할 수 있도록 다양한 도구들을 연결해줄 필요가 있다. 예를 들어 수식을 계산하라는 사용자의 지시가 입력되면 정확한 계산을 하기 위해 외부 계산기를 MCP로 연결하여 계산하는 식이다.

다시 회의록 요약으로 돌아와서, AI가 요약이라는 과제를 더 잘 해결하기 위해, 다양한 MCP 서버를 결합해 사용하는 것은 마치 밥을 먹기 위해 숟가락과 젓가락, 포크 같은 도구들을 제공하는 것과 같다. 각각의 도구는 기능이 다르지만, 적절히 조합하면 하나의 목표를 더 효율적으로 달성할 수 있다.

따라서 MCP의 활용도를 극대화하려면, 여러 MCP 서버를 유기적으로 결합해 AI가 효율적으로 작동할 수 있도록 유도해야 한다. 이를 위해서는 각 MCP 서버의 역할과 구조를 정확히 이해하고, AI가 어떤 도구를 어떤 순서로 사용할지 명확하게 지시해주는 것이 가장 효과적이다.

filesystem mcp를 써서 모바일 앱 개편 출시와 관련된 회의록 목록을 알려줘. 그리고 그중 하나만 Sequential Thinking MCP 서버로 요약해서 내게 보여줘.

MCP 파일 시스템을 사용하여 모바일 앱 개편 출시와 관련된 회의록 목록을 확인해드리겠습니다.
> filesystem(로컬)의 list_allowed_directories 결과 보기>
이제 허용된 디렉터리에서 모바일 앱 개편 관련 회의록을 검색해보겠습니다.
> filesystem(로컬)의 search_files 결과 보기>
한국어로 결과가 나오지 않아서 다른 키워드로도 검색해보겠습니다.
> filesystem(로컬)의 search_files 결과 보기>

모바일 앱 개편과 관련된 회의록인지 확인하기 위해 파일 내용을 검색해보겠습니다.

> filesystem(로컬)의 search_files 결과 보기>
> filesystem(로컬)의 search_files 결과 보기>
> filesystem(로컬)의 search_files 결과 보기>

특정 키워드로 검색이 잘 되지 않아서, 몇 개의 회의록 파일 내용을 확인해보겠습니다. 가장 최근 날짜의 회의록을 확인해보겠습니다.

> filesystem(로컬)의 read_file 결과 보기>
> filesystem(로컬)의 read_file 결과 보기>
> filesystem(로컬)의 read_file 결과 보기>

모바일 앱 개편 출시와 관련된 회의록을 검색한 결과, 다음과 같은 회의록들을 찾았습니다:

1. meeting_20250414_030.txt - "1분기 성과 검토 및 전략 조정 회의" (2025-04-14)
    - 모바일 앱 성능 개선 및 UI/UX 개편이 마무리 단계에 있으며, 5월 5일 출시 예정 내용 포함
2. meeting_20250410_013.txt - "기술 전략 및 개발 방향성 회의" (2025-04-10)
    - 모바일 앱 개편 5월 5일 출시 최종 확정 내용 포함

이 중에서 meeting_20250410_013.txt 파일이 모바일 앱 개편 출시와 직접적으로 관련된 내용을 다루고 있어 이 회의록을 sequential-thinking 도구를 사용하여 요약해드리겠습니다.

> sequential-thinking(로컬)의 sequentialthinking 결과 보기>
> sequential-thinking(로컬)의 sequentialthinking 결과 보기>
> sequential-thinking(로컬)의 sequentialthinking 결과 보기>
> sequential-thinking(로컬)의 sequentialthinking 결과 보기>
> sequential-thinking(로컬)의 sequentialthinking 결과 보기>
> sequential-thinking(로컬)의 sequentialthinking 결과 보기>

모바일 앱 개편 출시 관련 회의록 요약

회의명: 기술 전략 및 개발 방향성 회의 (2025-04-10)

참석자: CEO, CTO, 연구 개발 리드, QA 리드

핵심 내용:

1. 모바일 앱 개편 현황:
    - 모바일 앱 성능 개선 및 UI/UX 개편의 최종 테스트 진행 중
    - QA 리드의 보고에 따르면 준비가 순조롭게 진행 중임
    - 출시 일정이 5월 5일로 최종 확정됨
2. 기술적 배경:
    - 온디바이스 AI 기술과 프라이버시 중심 컴퓨팅이 업계 추세
    - 경량 ML 모델을 통한 개인화된 추천 기능 개발 성공
    - 이러한 기술이 향후 제품 발전 방향에 영향을 미칠 것으로 예상
3. 출시 이후 계획:
    - 6월 첫째 주에 기술 부채 해소를 위한 전담 스프린트 계획 수립
    - 엔지니어링팀 3분기에 5명 추가 채용 승인

> 4. 모바일 앱 출시 전 최종 품질 점검
>   - 담당: QA 리드
>   - 마감일: 2025-05-02 (출시 3일 전)
>
> 이 회의록은 모바일 앱 개편 출시의 최종 확정과 품질 보증 계획에 중점을 두고 있으며, 앱 출시를 위한 구체적인 일정과 책임자를 명확히 하고 있습니다.

회의록을 읽어서 요약하는 모습(출처: Claude)

우리는 테스트이기 때문에 30개의 회의록만 사용하지만, 실제로는 수백 개, 혹은 수천 개의 회의록이 존재할 수 있다. 일반적인 조직에서는 다양한 주제로 매일 수십 건의 회의가 진행된다. 모바일 앱 개편, 마케팅 전략, 인사 정책 등 수많은 주제의 회의록이 축적되지만, 이를 효과적으로 관리하고, 필요할 때 빠르게 찾아 활용하는 일은 쉽지 않다.

MCP를 활용하면 회의록으로부터 특정 주제나 키워드를 찾아내고, 관련 내용을 요약하는 작업이 훨씬 수월해진다. 프롬프트를 잘 작성하면, AI가 모든 회의록을 검색하고 내용을 이해하여, 관련 주제나 키워드가 포함된 회의록을 정리해 제공받을 수 있다. 또한, 수천 개의 회의록 중에서 관련 내용을 추출해 핵심만 압축한 요약을 얻는 것도 가능하다.

이렇게 되면 특정 회의에 참석하지 않은 직원도 필요할 때 관련 논의 내용을 쉽게 파악할 수 있다. 이는 조직 내 지식의 흐름을 원활하게 하고, 협업의 효율성을 높이는 데 큰 도움이 된다.

이를 잘 활용하기 위해서는, 명확한 검색 키워드를 설정하여 프롬프트에 포함하는 것이 중요하다. 예를 들어 이 책에서 제시한 것과 같이 '모바일 앱'과 같은 광범위한 키워드보다는 '모바일 앱 개편 2025 UI'처럼 구체적인 키워드를 사용하는 것이 더 정확한 결과를 얻는 데 유리하다.

또한, 회의록을 작성할 때 표준 형식을 사용하는 것도 큰 도움이 된다. 회의 주제, 참석자, 주요 논의사항, 결정사항 등을 명확히 구분하여 작성하면, AI가 필요한 정보를 더 정확하게 추출할 수 있다.

다음으로 MCP의 활용도를 끌어올리는 두 번째 팁인 액션 아이템 추적으로 넘어가보자. MCP 활용도를 끌어올리는 두 번째 팁은, 프롬프트를 이해하는 데 '순차적 사고'를 활용하는 것이다.

우리가 언제나 효율적으로 프롬프트를 작성할 수는 없다. 그렇기 때문에 자동으로 프롬프트를 개선해주는 다양한 도구들이 존재하지만, 가장 간단하게 활용할 수 있는 방법은 '순차적 사고 MCP'를 사용하는 것이다.

앞서 MCP를 배우는 과정에서 순차적 사고 MCP에 대해 학습했고, 활용할 수 있도록 이미 세팅까지 마쳤으므로, 지금 당장 손쉽게 사용할 수 있다.

액션 아이템 추적을 할 거야. Sequential Thinking MCP 서버를 이용해서 내가 하는 말을 잘 이해하고, filesystem mcp를 써서 1월 15일 회의에서 나온 액션 아이템인 '인플루언서 협업 세부 계획 수립'이 그 이후 어떻게 진행되었고, 결과가 어땠는지와 관련하여 회의 때 언급이 있었는지 찾아주고, 만약 있다면 내용을 요약해서 말해줘.

액션 아이템을 추적하기 위해 sequential thinking을 사용하여 '인플루언서 협업 세부 계획 수립' 액션 아이템의 진행 상황을 파악하겠습니다.
> sequential-thinking(로컬)의 sequentialthinking 결과 보기>
> filesystem(로컬)의 read_file 결과 보기>
> sequential-thinking(로컬)의 sequentialthinking 결과 보기>
> filesystem(로컬)의 search_files 결과 보기>
> filesystem(로컬)의 read_file 결과 보기>
> filesystem(로컬)의 read_file 결과 보기>
> sequential-thinking(로컬)의 sequentialthinking 결과 보기>
> filesystem(로컬)의 read_file 결과 보기>
> sequential-thinking(로컬)의 sequentialthinking 결과 보기>
> filesystem(로컬)의 search_files 결과 보기>
> filesystem(로컬)의 read_file 결과 보기>
> filesystem(로컬)의 search_files 결과 보기>
> filesystem(로컬)의 read_file 결과 보기>
> filesystem(로컬)의 search_files 결과 보기>
> filesystem(로컬)의 read_file 결과 보기>

> filesystem(로컬)의 search_files 결과 보기>
> filesystem(로컬)의 search_files 결과 보기>
> sequential-thinking(로컬)의 sequentialthinking 결과 보기>
> sequential-thinking(로컬)의 sequentialthinking 결과 보기>
> sequential-thinking(로컬)의 sequentialthinking 결과 보기>
> sequential-thinking(로컬)의 sequentialthinking 결과 보기>

회의록을 검토한 결과, 2025년 1월 15일 회의에서 나온 '인플루언서 협업 세부 계획 수립' 액션 아이템의 진행 상황과 결과에 대해 다음과 같이 요약해드립니다:

인플루언서 협업 세부 계획 진행 상황 및 결과

초기 계획 및 실행 (1월~2월)

- 2025년 1월 15일 회의에서 마케팅 매니저에게 '인플루언서 협업 세부 계획 수립' 액션 아이템이 할당됨(마감일: 1월 25일)
- 2025년 2월 13일 회의에서 인플루언서 협업 확대로 인해 마케팅 예산 10% 추가 소요가 예상된다고 언급됨
- 이때 '마케팅 예산 10% 추가 할당 승인(인플루언서 협업 확대)'이 결정됨

확대 및 중간 성과 (2월 말)

- 2025년 2월 28일 마케팅 전략 회의에서 'Z세대 및 20~35세 전문직 타깃 인플루언서 협업 확대 계획의 초기 성과와 향후 계획'이 논의됨
- 초기 성과가 좋아 'Z세대 타깃 인플루언서 협업 추가 확대'가 승인됨
- 마케팅 매니저에게 'Z세대 인플루언서 추가 협업 계약 추진' 액션 아이템이 추가로 할당됨(마감일: 3월 15일)

최종 성과 (4월)

- 2025년 4월 14일 1분기 성과 검토 회의에서 인플루언서 협업의 최종 성과가 보고됨
- 주요 성과 지표:
  - 브랜드 인지도 22% 향상
  - 소셜 미디어 참여도 45% 증가
  - Z세대 및 20~35세 전문직 사용자층의 신규 가입 38% 증가
- '인플루언서 협업 확대와 콘텐츠 마케팅 강화가 주요 성공 요인으로 분석됨'

결론

'인플루언서 협업 세부 계획 수립' 액션 아이템은 단순한 계획 수립을 넘어 성공적으로 실행되었으며, 특히 Z세대와 젊은 전문직 사용자층을 타깃으로 한 마케팅 효과가 두드러졌습니다. 이는 브랜드 인지도 향상과 신규 사용자 유치에 중요한 역할을 했으며, 회사의 전반적인 마케팅 성과에 상당히 긍정적인 영향을 미친 것으로 확인됩니다.

인플루언서 협업 세부 계획 수립에 대한 액션 아이템의 진행과 결과를 요약 요청한 결과(출처: Claude)

일전 회의에 도출된 액션 아이템인 '인플루언서 협업 세부 계획 수립'에 대해, 업무가 잘 진행되었는지를 추적하도록 지시한 결과, 단순한 계획 수립을 넘어 실제 실행 및 결과 내용까지 잘 요약해주는 것을 확인할 수 있었다.

이처럼 간단한 지시만으로도, 내가 모든 자료를 직접 열람하지 않고도 과제가 잘 진행되고 있는지를 파악할 수 있다.

때때로 정보 투명성을 중시하는 조직은 모든 회의록과 업무 진행 상황을 전사적으로 공유하기도 한다. 이러한 접근은 투명한 조직 문화를 조성하는 데에는 장점이 있지만, 역설적으로 너무 많은 정보가 공유되어 정작 중요한 내용을 파악하기 어려운 '정보 과부하' 현상을 초래할 수 있다.

이런 경우에는 지금처럼 AI를 활용한 방식이 특히 유용하다. AI를 통해 수천 개의 액션 아이템 중에서 필요한 정보만 정확하게 추출해 확인할 수 있기 때문이다.

이로써 우리는 '모든 것을 아는 것'보다 '중요한 것을 아는 것'에 집중할 수 있다.

또한, 액션 아이템 담당자가 별도로 업데이트하지 않더라도, AI가 관련 문서, 이메일, 채팅 기록 등에서 진행 상황을 포착하고 자동으로 업데이트해줄 수 있기 때문에, 정보 누락 없이 업무 진행 여부를 파악할 수 있게 된다.

나는 평소 액션 아이템을 중요도별로 분류하여 회의록에 저장하는 편이다. 이런 환경에서 액션 아이템을 좀 더 효과적으로 추적하고 싶다면, 앞서 살펴본 사례처럼 '중요도가 높은 액션 아이템'을 중심으로 추적하는 방식이 유용하다. 이로써 조직 목표 달성에 미치는 영향도 기준으로 업무 진행 여부를 손쉽게 체크할 수 있다.

이번에는 다음 주제인 협업 패턴 분석으로 넘어가보자.

 협업 패턴 분석을 할 거야. filesystem mcp를 써서 연구 개발 리드와 5회 이상 회의를 한 사람을 랜덤하게 한 명 고르고, 그 사람과 3회 이상 회의한 주제를 알려줘. 이 과정에서 네가 보기에 필요한 MCP 서버가 있다면 스스로 선택하고 추가로 활용해서 더 좋은 결과물을 보여줘.

네, 협업 패턴 분석을 위해 연구 개발 리드와 5회 이상 회의한 사람과 그 회의 주제를 파악해보겠습니다. 먼저 모든 회의록을 확인하고 연구 개발 리드의 참석 정보를 추출하겠습니다.

> filesystem(로컬)의 search_files 결과 보기>

각 파일을 직접 읽어서 분석하는 방식으로 접근해보겠습니다.

> filesystem(로컬)의 read_multiple_files 결과 보기>

추가로 다른 회의록도 확인해보겠습니다.

> filesystem(로컬)의 read_multiple_files 결과 보기>

이제 수집한 정보를 바탕으로 연구 개발 리드가 5회 이상 회의한 사람과 그 주제를 분석하겠습니다.

> 분석된 데이터

추가로 다른 참석자들도 분석하여 5회 이상 회의에 참석한 사람들 목록을 확인하겠습니다.

> 분석된 데이터

> sequential-thinking(로컬)의 sequentialthinking 결과 보기>
> sequential-thinking(로컬)의 sequentialthinking 결과 보기>
> sequential-thinking(로컬)의 sequentialthinking 결과 보기>
> sequential-thinking(로컬)의 sequentialthinking 결과 보기>
> sequential-thinking(로컬)의 sequentialthinking 결과 보기>

협업 패턴 분석 결과

연구 개발 리드와 5회 이상 회의한 사람

CTO가 연구 개발 리드와 함께 총 7회 회의에 참석하였습니다.

CTO와 연구 개발 리드가 3회 이상 논의한 주제

1. 제품 개발 로드맵 (6회)
    - 회의 일자: 2025-01-03, 2025-01-08, 2025-01-21, 2025-01-22, 2025-01-31, 2025-04-10
    - 특징: 연초(1월)에 집중적으로 논의되었으며, 분기 후(4월)에 다시 검토됨
    - 함께 논의된 주제: 기술 동향(3회), 운영 효율화(3회), 시장 분석(2회), 고객 피드백(2회)
2. 기술 동향 (4회)
    - 회의 일자: 2025-01-03, 2025-01-21, 2025-03-27, 2025-04-10
    - 함께 논의된 주제: 제품 개발 로드맵(3회), 예산 계획(2회), 운영 효율화(2회)
    - 특징: 제품 개발 로드맵과 밀접하게 연관되어 논의됨
3. 운영 효율화 (4회)
    - 회의 일자: 2025-01-22, 2025-01-31, 2025-03-27, 2025-04-10
    - 함께 논의된 주제: 제품 개발 로드맵(3회), 고객 피드백(2회), 기술 동향(2회)
    - 특징: 고객 피드백과 함께 논의되는 경향이 있음

분석 요약

> CTO와 연구 개발 리드는 회사의 기술 및 제품 개발 방향을 함께 결정하는 핵심적인 협업 관계를 가지고 있습니다. 두 사람은 주로 제품 개발 로드맵 수립 및 검토에 중점을 두고 있으며, 이 과정에서 최신 기술 동향과 운영 효율화 방안을 함께 고려하고 있습니다.
> 특히 제품 개발 로드맵은 연초에 집중적으로 계획되고 분기별로 검토되는 패턴을 보이며, 이는 회사의 체계적인 제품 개발 프로세스를 반영합니다. 또한 고객 피드백이 운영 효율화와 함께 논의되는 경향은 사용자 중심의 개선 노력을 보여줍니다.
> 이러한 패턴은 연구 개발 리드와 CTO가 제품의 기술적 발전과 효율적인 개발 프로세스 구축에 공동으로 책임을 지고 있음을 시사합니다.

협업 패턴 분석을 수행한 결과(출처: Claude)

협업 패턴 분석을 수행한 결과, 연구 개발 리드가 CTO와 가장 많은 회의를 진행한 것으로 나타났다. 이러한 결과는 단순한 사실 확인을 넘어, 조직 내 실제 의사결정 구조를 파악했다는 의미를 가진다. 공식 조직도는 이상적인 보고 체계를 보여줄 뿐이지만, 회의록을 기반으로 한 협업 패턴 분석은 실제로 긴밀한 협력이 어떻게 이루어지고 있는지를 좀 더 현실적으로 보여준다.

이제 마지막으로 회의 효율성 분석을 해보자.

주변 사람들이 AI를 활용하는 방법을 살펴보면, 본인도 정확한 답 없이 막연히 '인사이트를 뽑아달라', '분석해달라'고 요청하는 경우를 많이 보았다.

사실 AI에게서 더 정교하고 유용한 인사이트를 얻기 위해서는, 어느 정도 정답을 예측하고 있거나, 그 정답에 이르는 분석 과정 자체를 세밀하게 지시하는 것이 훨씬 효과적이다.

그럼에도 불구하고, 막연히 '인사이트를 뽑아달라'는 요청 방식의 효용성도 분명히 존재한다고 나는 생각한다.

우리는 보통 수많은 데이터를 한꺼번에 살펴보고, 그 안에서 인사이트를 뽑아내는 일에 익숙하지 않다. 그래서 데이터를 정제하고, 정보화하며, 이 정보를 활용해 비즈니스 가치를 얻는 과정이 필요하다. 결국, '인사이트를 뽑아달라'는 요청은 다소 단순해 보일 수 있지만, 일종의 열화된 정제 과정으로 볼 수도 있다.

따라서 초기 단계에서 AI에 넓은 시야로 접근하게 하고자 할 때, 충분히 유용한 방법이라 할 수 있다.

자, 그럼 이제 회의 효율성 분석을 시작해보자.

filesystem mcp를 쓰는데 multiple_read_file을 적극적으로 써서 회의 시간, 참석자 수, 결정된 액션 아이템 수 등을 살펴보고, Sequential Thinking MCP 시비를 사용해서 회의 효율성을 평가하고 개선점을 제안해봐.

회의 효율성을 평가하고 개선점을 제안하기 위해 파일시스템에서 회의 관련 데이터를 분석해보 겠습니다. 여러 회의 파일들을 한꺼번에 읽어서 분석해보겠습니다. 파일 경로를 모두 준비하고 read_multiple_files 함수를 사용하겠습니다.
> filesystem(로컬)의 read_multiple_files 결과 보기>
더 많은 데이터를 분석해보겠습니다.
> filesystem(로컬)의 read_multiple_files 결과 보기>
이제 나머지 회의록 파일들도 확인해보겠습니다:
> filesystem(로컬)의 read_multiple_files 결과 보기>
> filesystem(로컬)의 read_multiple_files 결과 보기>
> filesystem(로컬)의 read_multiple_files 결과 보기>
> filesystem(로컬)의 read_multiple_files 결과 보기>
지금까지 수집한 회의록 데이터를 기반으로 회의 효율성을 평가하고 개선점을 제안해드리겠습 니다.
> sequential-thinking(로컬)의 sequentialthinking 결과 보기>
> sequential-thinking(로컬)의 sequentialthinking 결과 보기>
> sequential-thinking(로컬)의 sequentialthinking 결과 보기>
> sequential-thinking(로컬)의 sequentialthinking 결과 보기>
> sequential-thinking(로컬)의 sequentialthinking 결과 보기>
> sequential-thinking(로컬)의 sequentialthinking 결과 보기>
> sequential-thinking(로컬)의 sequentialthinking 결과 보기>
> sequential-thinking(로컬)의 sequentialthinking 결과 보기>
회의 효율성 평가 및 개선 제안
파일시스템에서 수집한 회의록 데이터를 분석한 결과, 회의 효율성에 관한 다양한 통찰을 얻을 수 있었습니다. 아래에 개선 제안을 정리해드립니다.
개선 필요 영역

> 1. 과도한 회의 시간: 평균 2시간 이상의 긴 회의 시간
> 2. 높은 불참률: 대부분의 회의에서 불참자 발생
> 3. 형식적 회의 구조: 모든 회의가 정확히 4개의 액션 아이템을 도출하는 경직된 패턴
> 4. 정기 회의 과다: 93.3%가 정기 회의로 진행되어 불필요한 회의 가능성
> 5. 온라인 참여 제한: 온라인 회의 활용도 낮음(13.3%)
>
> 개선 제안
>
> 1. 회의 시간 최적화
>   - 회의 유형별 시간 가이드라인 도입
>   - 어젠다 시간 배분: 각 안건별 논의 시간 사전 할당 및 타이머 사용
>   - 스탠딩 미팅 도입: 짧은 업데이트나 상태 점검은 15~30분 스탠딩 미팅으로 전환
> 2. 회의 참석률 향상
>   - 하이브리드 회의 활성화: 모든 정기 회의에 온라인 참여 옵션 제공
>   - 필수 참석자 지정: 회의별로 반드시 참석해야 하는 핵심 인원만 필수 참석자로 지정
>   - 회의 일정 사전 조율: 주요 참석자 가용성 확인 후 회의 일정 확정
> 3. 회의 필요성 재평가
>   - 정기 회의 감사(Meeting Audit): 분기별로 모든 정기 회의의 필요성 검토
>   - 비동기 대안 활용: 정보 공유성 회의는 문서나 동영상으로 대체 고려
>   - 회의 없는 날(No Meeting Day) 지정: 주 1일은 회의 없는 날로 지정하여 집중 작업 시간 확보
>
> 우선 시행 권장사항
>
> 1. 회의 시간 상한제 도입: 모든 회의 최대 90분으로 제한(특별한 경우 제외)
> 2. 하이브리드 회의 시스템 구축: 모든 회의실에 화상회의 장비 설치 및 프로세스 표준화
> 3. 주간 스탠딩 미팅 도입: 짧은 상태 업데이트는 30분 스탠딩 미팅으로 전환
> 4. 분기별 회의 감사 실시: 모든 정기 회의의 필요성, 참석자, 지속 시간 재평가
>
> 이러한 개선 방안을 체계적으로 도입하면 회의 시간 단축, 참석률 향상, 효율성 증대를 통해 전반적인 조직 생산성 향상에 기여할 수 있을 것입니다.

회의 효율성 분석을 지시한 결과(출처: Claude)

회의 효율성 분석을 지시한 결과, 1차적으로 과도한 회의 시간, 높은 불참률, 형식적인 회의 구조, 정기 회의의 과다, 온라인 참여의 제한 등과 같은 문제점들을 지적하고 개선을 위한 제안까지 함께 제시하는 것을 확인할 수 있다.

물론 의사결정 과정 추적 등 더 다양한 활용 방법도 존재하지만, 이번 장의 목표였던 나만의 회의록 관리 도구라는 주제(회의록 요약 생성, 액션 아이템 추적, 협업 패턴 분석, 회의 효율성 분석)를 살펴보기에는 부족함 없는 예시라고 할 수 있다.

이러한 사례들을 통해 우리는, MCP가 사용 방법에 따라 과거에는 불가능했던 방식으로 회의록에 방대한 정보를 분석하고 활용할 수 있으며, 이를 통해 조직의 의사결정과 협업 방식에 근본적인 변화를 가져올 수 있는 높은 잠재력을 지닌 도구라는 사실을 확인할 수 있다.

예를 들어 대부분의 조직에서 회의록은 작성된 후 다음 미팅 전까지 담당자만 간헐적으로 참조하는 데이터 쪼가리에 불과했다. 그러나 MCP를 활용하면 이러한 비활용 데이터를 풍부한 인사이트 소스로 탈바꿈할 수 있다.

매일 생성되는 회의록은 이제 단순히 '무슨 일이 있었는지 기록하는 것'에서, '업무가 어떻게 진행되고 있는지 이해하는 것'으로 그 역할이 확장된다.

그리고 마치 개인 비서처럼 AI는 회의의 효율성이 부족하다고 판단되면 개선을 위한 조언을 제공하거나, 원하는 정보를 빠르게 찾아 정리해주며, 주요 미팅 상대방이 누구인지까지도 파악해주는 역할도 수행할 수 있다.

이처럼 MCP는 회의 데이터를 기반으로 나의 생산성을 극대화하는 데 부족함 없는 도구다.

4.2 나만의 주니어 데이터 분석가

데이터 그 자체로는 단순한 숫자와 문자의 집합에 불과하다. 엑셀 시트에 가득한 숫자들, 로그 파일에 쌓인 기록들, 설문조사 응답으로 수집된 텍스트 등은 적절한 분석 없이는 아무런 가치를 만들어내지 못한다. 데이터가 의미를 갖기 위해서는 가공되어 정보가 되어야 하고, 그 정보에서 의사결정에 도움이 되는 통찰을 얻어야만 인사이트가 된다.

지금까지 이러한 '데이터→정보→인사이트'로의 변환 과정은 전문가의 영역이었다. 일반인이 자신의 데이터에서 가치를 추출하려면 SQL, 파이썬Python, R과 같은 프로그래밍 언어를 배우거나, 통계적 방법론을 이해하거나, 복잡한 분석 도구 사용법을 익혀야 했다. 혹은 값비싼 비용을 들여 전문가를 고용해야 했다. 결과적으로 많은 개인과 조직은 풍부한 데이터를 보유하고 있음에도 그 가치를 활용하지 못하는 **데이터 역설**에 빠져 있었다.

이제 AI가 로컬 파일 시스템에 직접 접근할 수 있게 되면서, 데이터 분석의 패러다임이 근본적으로 변화하고 있다. 개발자나 전문가가 아니더라도 복잡한 코드 없이 자연어로 질문하면, AI가 직접 데이터를 파악하고, 분석하고, 시각화하여 인사이트를 제공할 수 있다. 이는 마치 자신만의 주니어 데이터 분석가를 고용한 것과 같은 경험을 제공한다.

이에 대한 예시를 보여주기 위해 실제로 데이터를 분석해보겠다. 우리가 분석해볼 데이터는 일론 머스크의 트위터(현재 X) 데이터[1]다. 저작권이 CC0 1.0 Universal[2]로 상업적

---

1 https://www.kaggle.com/datasets/gpreda/elon-musk-tweets/data
2 You can copy, modify, distribute and perform the work, even for commercial purposes, all without asking permission.

사용도 가능하다고 하므로 우리가 사용하기에 적합하다.

일론 머스크는 평소에도 SNS를 통해 소통을 자주 하는 것으로 유명하다. 간단한 데이터이지만, 복잡한 분석 도구 사용법을 익히지 않고도 일론 머스크의 데이터를 자연어로 분석하는 과정을 통해 여러분 모두가 데이터 분석의 세계로 진입할 수 있도록 해보겠다.

우리는 앞서 언급한 일론 머스크의 트위터 데이터를 분석하기 위해 DB라는 도구를 활용할 것이다. **데이터베이스**란 무엇일까? 쉽게 말해 DB는 정보를 체계적으로 정리해둔 디지털 서랍장이라고 할 수 있다. 우리가 집에서 물건을 아무 곳에나 두면 나중에 찾기 힘들 듯이, 데이터도 체계 없이 보관하면 필요할 때 찾아 쓰기 어렵다. DB는 이 문제를 해결해 준다.

데이터를 일반 문서나 엑셀 파일로 관리하려면 금방 한계에 부딪히기 때문에, 이번 분석에서는 **관계형 DB**라는 특별한 형태의 DB를 사용하는 방법을 보여주도록 하겠다. 관계형 DB는 표(테이블) 형태로 데이터를 저장하며, 이 표들을 관리할 수 있다.

특히 엑셀의 경우 시트 형태로 여러 종류의 데이터를 담을 수 있지만, 용량에 한계가 있으며 데이터가 많을수록 작업이 느려진다. 그러나 DB를 사용하면 이러한 제약으로부터 어느 정도 벗어날 수 있다. 수백 개의 테이블과 테이블에 담긴 정보들을 빠른 시간에 활용이 가능하다.

어려운 용어들과 개념들이 등장하긴 하지만 괜찮다. 천천히 쉽게 설명을 할 테니 잘 읽고 그대로 따라 하면 누구나 나만의 주니어 데이터 분석가를 가질 수 있다.

이번에는 'SQLite'라는 관계형 DB 관리 시스템을 사용하고, 이를 더 쉽게 다루기 위해 'SQLite Studio'라는 도구를 활용할 것이다. SQLite Studio는 SQLite DB를 그래픽 인터페이스로 쉽게 관리할 수 있게 해주는 프로그램이다. 코드를 직접 입력하는 대신 마우스 클릭만으로 데이터를 조회하고 관리할 수 있어, 프로그래밍에 익숙하지 않은 사람도 손쉽게 사용할 수 있다. 마치 엑셀처럼 데이터를 보고 편집할 수 있지만, 엑셀보다 훨씬 더 강력한 기능을 제공한다.

게다가 SQLite는 상업적으로 이용 가능한 라이선스를 가지고 있다. 집필 기준(2025년 4월) SQLite는 public domain의 라이선스[3]를 가지고 있으므로, 사용 시 부담이 없을 것이다. 자세한 라이선스는 적용 시점에 한 번 더 확인해보도록 하자. 우리는 SQLite Studio라는 것을 통해 내장된 SQLite를 사용할 것이다.

SQLite Studio 또한 집필 기준(2025년 4월), 상업적으로 이용 가능한 GPL (v3) 라이선스[4]를 가지고 있다. 일반적으로 GPL v3 라이선스는 상업적으로 이용 가능하지만, SQLite Studio를 수정하여 배포하는 경우, 수정된 소스 코드를 같은 GPL v3 라이선스[5]로 공개해야 하며, SQLite Studio를 사용한 소프트웨어를 배포할 때는 GPL v3 라이선스에 대한 고지를 포함해야 한다.

그러나 SQLite Studio를 단순히 사용하여 데이터를 분석하는 것은 위의 조건에 해당하지 않으므로, 분석 결과나 이를 통해 얻은 인사이트를 상업적으로 활용하는 것은 문제가 될 소지가 적다.[6] 하지만 이를 법률적으로 보장할 수는 없기 때문에 상업적으로 사용 시, 사용 전에 변리사나 법무사 검토를 권한다.

자, 그럼 이제 라이선스에 대한 설명은 마치고 본격적으로 분석을 해보자. 먼저 SQLite Studio를 설치한다. 이를 위해 구글에서 SQLite Stuio를 검색하거나 https://sqlitestudio.pl/에 접속하여 설치 파일을 다운로드하고 실행하자. 그러면 그림 4.2와 같은 화면이 보일 것이다.

---

3   https://sqlite.org/copyright.html
4   https://sqlitestudio.pl/about/
5   https://olis.or.kr/license/Detailselect.do?lId=1072&mapCode=010072
6   https://www.oss.kr/oss_license_qna/show/98a71817-ca14-40f7-8389-6615891320d4

그림 4.2 SQLite Studio 설치 파일을 실행한 첫 화면(출처: SQLiteStudio)

실행하면 [Next] 버튼이 보이는데 이 [Next] 버튼을 누르고 License Agreement에 동의 (I accept hte agreement 클릭) 후 완료될 때까지 [Next] 버튼을 누르면 된다. 그림 4.3과 같은 화면이 보이면 완료된 것이다.

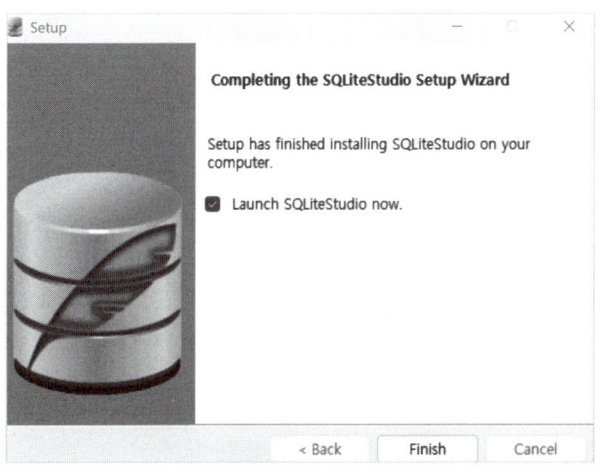

그림 4.3 설치가 완료되면 보이는 화면(출처: SQLiteStudio)

참고로, SQLite Studio를 처음 실행하면 언어를 고를 수 있는데, 한국어도 있으니 보기에 편리할 것이다. 처음 실행하면 아무것도 보이지 않지만, 우리가 할 일은 이 SQLite Studio를

4.2 나만의 주니어 데이터 분석가 125

사용하여 일론 머스크의 트위터 데이터를 활용하는 것이니 다운로드한 csv 파일을 넣도록 하자. 가장 먼저 할 일은 데이터를 넣을 데이터베이스를 생성하는 것이다. 이는 데이터라는 것을 담기 위한 커다란 창고와 같다고 생각하면 된다.

그림 4.4와 같이 좌상단의 [Database] 버튼을 클릭하면 다양한 메뉴들이 보이는데 [Add a database]를 클릭한다.

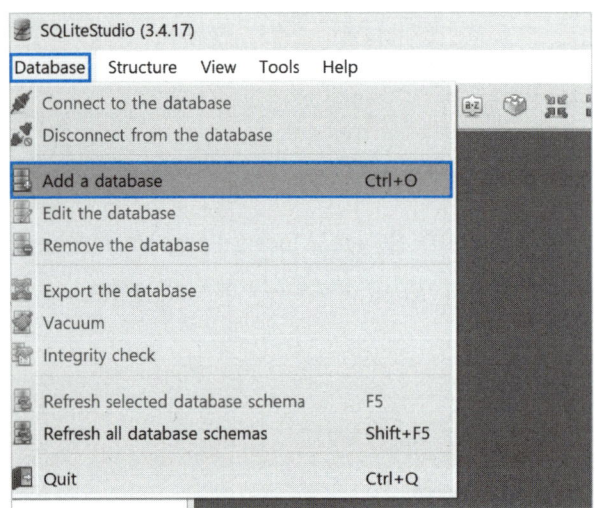

그림 4.4 데이터베이스를 생성하기 위해 데이터베이스 추가를 지시하는 모습(출처: SQLite Studio)

그림 4.5와 같이 화면에서 Database type은 그대로 두고, File의 [Create a new database file]을 클릭하고, 옆의 열린 폴더 모양을 누른 뒤 내가 원하는 경로로 가서 이름을 입력한다. 나는 앞서 만들었던 mcp_helloworld라는 폴더로 설정하고 그 안에 데이터베이스 이름을 'test'로 만들어서 `test.db`를 입력했다. 그리고 [OK] 버튼을 누르면 데이터베이스 생성이 완료된다.

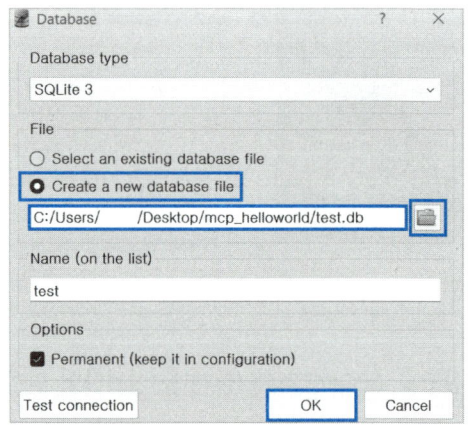

그림 4.5 DB를 생성하는 팝업의 모습(출처: SQLite Studio)

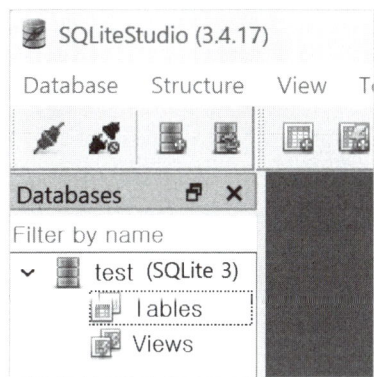

그림 4.6 test라는 이름으로 완료된 모습(출처: SQLite Studio)

자, 이제 데이터를 담을 창고(DB)가 만들어졌고 이 안에 데이터를 담은 박스(Tables)가 같이 있는 것을 볼 수 있다. 이제 박스를 만들어 안에 데이터를 넣도록 하자. 넣는 방법은 좌측 상단의 메뉴에서 [Tools]를 클릭하면 나오는 메뉴들 중 [Import]를 클릭하여 넣는다.

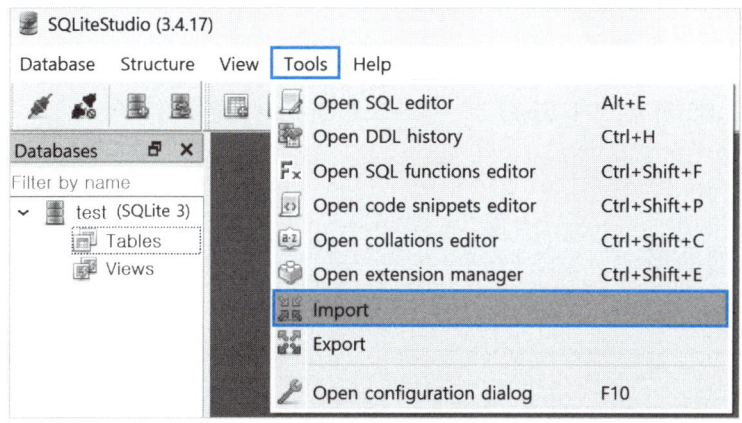

그림 4.7 csv 파일을 넣는 메뉴의 모습(출처: SQLite Studio)

[Import]를 클릭하면 그림 4.8과 같은 화면이 나타난다.

데이터를 어디에 넣을지를 결정하고 [Next] 버튼을 클릭하면 Database와 Table을 입력하는 화면이 보인다. Database는 아까 만든 test DB이고, 나는 elon이라는 테이블을 만들어 이 안에 데이터를 넣기 위해 Table명에 'elon'을 입력했다.

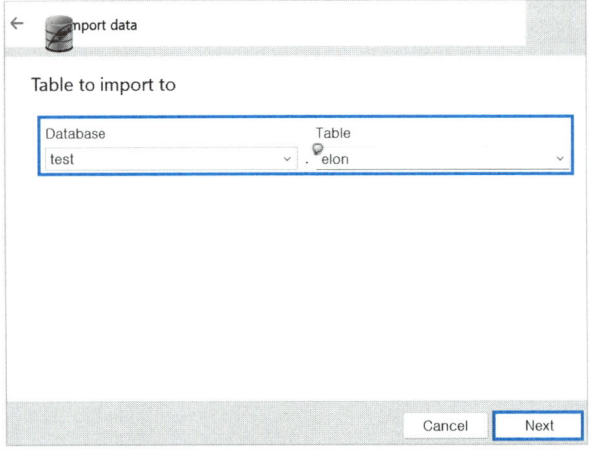

그림 4.8 데이터를 넣기 위한 테이블(박스)의 이름을 입력하는 화면(출처: SQLite Studio)

각자 원하는 테이블명을 넣고 [Next] 버튼을 누르자. 그러면 데이터를 넣기 전에 여러 가지를 선택하는 화면이 나올 것이다. 앞서 이야기한 mcp_helloworld 폴더 내에 일론 머스크의 트위터 데이터를 넣었기 때문에 input file의 열린 폴더 모양을 클릭해서 해당 csv를 선택한다. 일론 머스크 트윗 데이터는 첫 행은 컬럼명이므로 First line represents CSV column names를 체크하자. 크게 건드릴 것이 없으므로 [Finish] 버튼을 누르자.

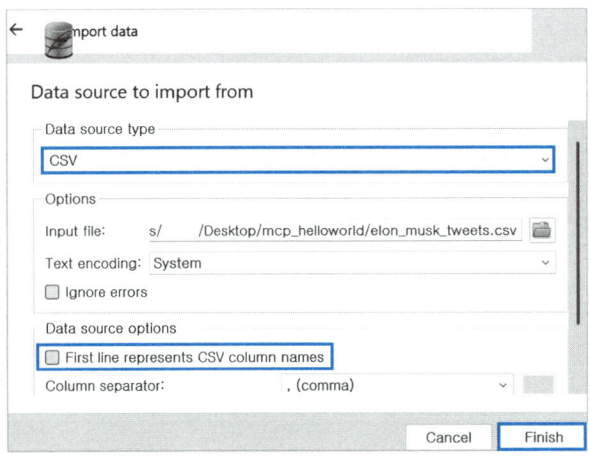

그림 4.9 데이터를 넣기 위한 소스와 옵션을 선택하는 화면(출처: SQLite Studio)

조금 기다리면 완료되고, 그림 4.10과 같은 이미지가 나온다면 데이터가 잘 넣어진 것이다.

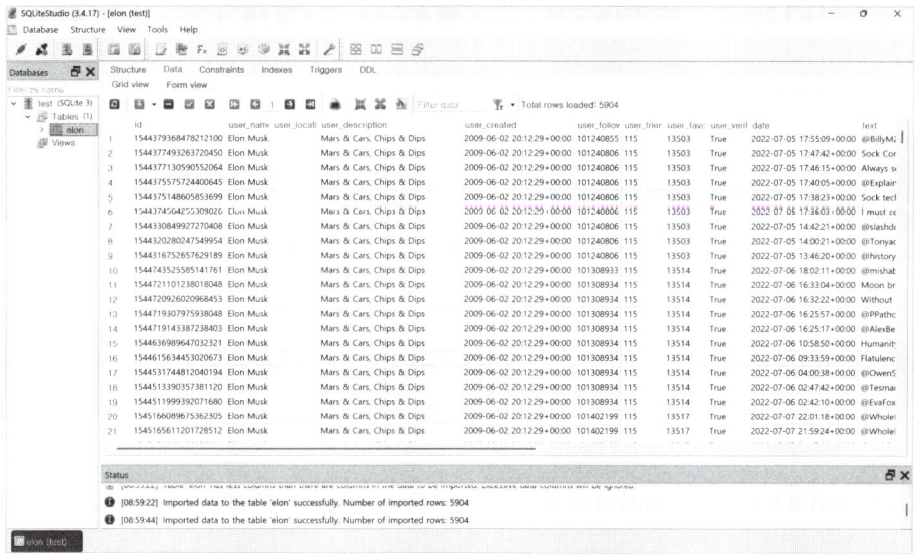

그림 4.10 테이블을 만들고 데이터를 넣은 모습(출처: SQLite Studio)

자, 이제 우리는 SQLite Studio라는 것을 이용해서 DB에 elon이라는 테이블을 만들어 넣었다. 이제 이 데이터를 활용해서 실제로 분석을 해볼 것이다. 이를 위해 sqlite라는 MCP 서버를 이용해보겠다. `claude_desktop_config.json`에 다음 내용을 추가하자.

```
"sqlite": {
    "command": "uvx",
    "args": [
        "mcp-server-sqlite",
        "--db-path",
        "C:\\Users\\YOUR_NAME\\Desktop\\mcp_helloworld\\test.db"
    ]
}
```

코드 4.1 sqlite MCP 서버 추가 코드[7]

---

[7] https://www.reddit.com/r/ClaudeAI/comments/1h0my0y/claude_mcp_cant_connect_to_sqlite_mcp_serve/?rdt=49783

이제 데이터 분석을 위한 준비가 끝났다. Claude Desktop을 종료한 뒤 다시 실행하여 MCP 서버를 준비해두자. 앞서와 마찬가지로 내용의 정확성보다는 활용 사례를 중심으로 어떻게 활용할 수 있는지를 살펴보고, 아이디어의 범위를 넓히는 데 집중할 것이다.

먼저, 간단히 시간대별 트윗 패턴 분석을 할 것이다. 프롬프트 엔지니어링을 들어본 적이 있는가? **프롬프트 엔지니어링**은 원하는 결과를 얻기 위해 말 그대로 프롬프트를 엔지니어링하는 작업이다. 이 프롬프트 엔지니어링의 가장 중요한 점은 내가 원하는 바를 상세히 설명하는 것이다. 이를 위해 시간대별 트윗 패턴을 어떻게 분석할지 간단하게 이야기하는 것보다 구체적으로 지시를 해주는 편이 좋다. 여기서는 다음과 같이 프롬프트를 구성했다.

sqlite의 elon 테이블의 정보는 일론 머스크의 트윗 데이터셋이야.
이 데이터를 읽고 시간대별 트윗 패턴을 분석해줘. 아래 단계를 포함해서 분석해줘.
1. 'Date' 컬럼에서 시간 정보를 추출해
2. 시간대 트윗 빈도를 계산해
3. 시간에 따른 트윗 수를 시각화해
4. 가장 활발하게 트윗하는 시간대를 식별하고, 그 패턴이 의미하는 바를 해석해
결과물로는 시각화한 차트와 함께 패턴에 대한 해석과 인사이트를 포함한 분석 보고서를 제공해줘.

일론 머스크의 트윗 데이터를 분석하여 시간대별 패턴을 파악해보겠습니다. 먼저 DB를 확인하고 요청하신 내용에 따라 분석을 진행하겠습니다.
> sqlite(로컬)의 list_tables 결과 보기>
먼저 테이블의 구조를 확인해보겠습니다.
> sqlite(로컬)의 describe_table 결과 보기>
데이터 샘플을 확인해보겠습니다.
> sqlite(로컬)의 read_query 결과 보기>
시간대별 트윗 패턴을 분석하기 위해 데이터를 조회하고 처리하겠습니다. 분석 단계에 따라 진행하겠습니다.
1. 'Date' 컬럼에서 시간 정보 추출하기
> sqlite(로컬)의 read_query 결과 보기>
날짜 형식을 확인했습니다. SQLite의 datetime 함수를 사용하여 시간 정보를 추출하겠습니다.
> sqlite(로컬)의 read_query 결과 보기>

> 데이터가 잘 추출되었습니다. 이제 이 데이터를 시각화하고 분석해보겠습니다. 시간대별 트윗 수를 리액트 컴포넌트로 시각화하겠습니다.
>
> ≫ 일론 머스크의 시간대별 트윗 빈도 / 대화형 아티팩트
>
> 이제 시각화 외에도 추가적인 통계 정보와 함께 전체적인 분석 보고서를 작성하겠습니다.
>
> ≫ 일론 머스크 트윗 시간대별 패턴 분석 / 문서
>
> 시각화된 차트와 상세한 분석 보고서를 제공했습니다. 이 분석을 통해 일론 머스크가 트위터를 업무 시간 중에 적극적으로 활용하고, 규칙적인 일상 패턴을 유지한다는 것을 알 수 있습니다. 또한, 그가 업무 시간 중에도 상당한 시간을 트위터에 할애한다는 점에서 소셜 미디어를 통한 소통과 정보 공유를 중요시함을 알 수 있습니다.

시간대별 트윗 패턴 분석을 지시한 결과(출처: Claude Desktop)

시간대별 트윗 패턴을 분석하라고 지시하자, sqlite MCP 서버를 이용해 스스로 데이터를 파악, 조회, 요약하여 정보를 얻고, 아티팩트 형태로 시각화를 한 뒤 결과 보고서까지 보여주는 모습을 볼 수 있었다. **아티팩트**artifact는 Claude가 생성한 결과물을 별개의 전용 창에서 보여주는 일종의 기능으로 수정, 확장, 참조할 수 있는 중요한 콘텐츠 작업을 쉽게 수행할 수 있도록 도와준다. 집필 기준(2025년 4월), 문서(마크다운 또는 일반 텍스트), 코드, 웹사이트(단일 페이지 HTML), 확장 가능한 벡터 그래픽(SVG) 이미지, 다이어그램 및 흐름도 등을 아티팩트로 보여줄 수 있다.[8]

내가 생각하기에 아티팩트는 Claude Desktop이 제공하는 강력한 기능 중 하나로, 사용자는 이를 통해 Claude가 만든 결과물을 손쉽게 수정, 확장, 참조할 수 있다. 여기서는 간단히, 복잡한 데이터 분석 결과를 이해하기 쉽게 정리하여 보여주는 디지털 문서라고 생각해도 괜찮다. 즉 대화형 아티팩트인 일론 머스크의 시간대별 트윗 빈도와 문서 아티팩트인 일론 머스크 트윗 시간대별 패턴 분석을 확인했다. 대화형 아티팩트인 일론 머스크의 시간대별 트윗 빈도에서는 그림 4.11과 같은 이미지의 차트를 확인할 수 있었다.

---

[8] https://support.anthropic.com/en/articles/9487310-what-are-artifacts-and-how-do-i-use-them

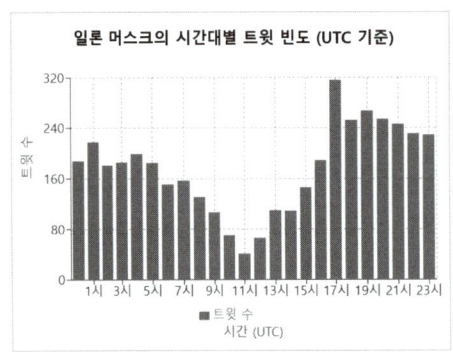

그림 4.11 일론 머스크의 시간대별 트윗 빈도를 분석한 결과[9]

분석한 자료에 의하면 트윗 빈도는 UTC 시간 기준으로 17시가 가장 활발하며, 11시가 가장 낮고, 7시부터 16시까지는 상대적으로 적다는 결과도 얻을 수 있다. 이번엔 문서 아티팩트인 일론 머스크 트윗 시간대별 패턴 분석 자료를 보자(자료 4.1).

- 생략 -

시간대 맥락 이해
UTC 기준 시간대를 미국 태평양 시간대(PST/PDT)로 변환하면:
- 17:00 UTC = 09:00/10:00 PST/PDT(미국 서부 오전)
- 11:00 UTC = 03:00/04:00 PST/PDT(미국 서부 심야/새벽)

이를 고려하면:
1. 업무 시간 중심의 활동:
   - 일론 머스크가 가장 활발하게 트윗하는 시간은 미국 서부 기준 오전 9~10시부터 저녁 시간까지로, 일반적인 업무 시간과 일치함
   - 이는 그가 트위터를 업무 및 커뮤니케이션 도구로 활발히 활용함을 시사함
2. 수면 패턴 추정:
   - 트윗 활동이 가장 적은 시간대(UTC 10:00~12:59)는 미국 서부 기준 심야/새벽 시간대와 일치
   - 이는 일론 머스크의 수면 시간대를 추정할 수 있게 함
3. 업무 패턴과의 연관성:
   - 트윗 활동이 미국 서부 업무 시간과 높은 연관성을 보임
   - 테슬라, SpaceX 등 그의 주요 회사들이 미국 서부에 본사를 두고 있다는 점에서 의미 있는 패턴임

- 생략 -

---

[9] https://claude.site/artifacts/1e3d49ca-0489-4ee7-be7a-24eb3d06155a

> **결론**
> 일론 머스크의 트위터 활동은 뚜렷한 일간 패턴을 보이며, 이는 그의 업무 및 일상 활동 패턴과 밀접하게 연관되어 있습니다. 가장 활발한 시간대는 미국 서부 기준 업무 시간과 일치하며, 가장 비활동적인 시간대는 심야/새벽 시간대와 일치합니다.
> 이러한 패턴은 일론 머스크가 트위터를 업무 시간 중에 적극적으로 활용하며, 규칙적인 일상 패턴을 유지한다는 점을 시사합니다. 또한, 그가 업무 시간 중에도 상당한 시간을 트위터에 할애한다는 점에서 소셜 미디어를 통한 소통과 정보 공유를 중요시함을 알 수 있습니다.

자료 4.1 일론 머스크 트윗 시간대별 패턴 분석 자료 일부[10]

전체 내용이 길어서 아티팩트의 일부만 첨부하였다. 궁금한 사람은 출처의 링크에 접속하면 자료를 볼 수 있으니 참조하길 바란다. 자료 4.1을 자세히 보면 UTC 시간대를 일론 머스크가 주로 활동하는 미국 시간대로 변환하여 의미를 파악하는 것을 알 수 있다. 게다가 트윗 시간대를 통해 일론 머스크의 수면 시간 및 업무 패턴, 트윗 경향을 파악하여 업무 시간 중에도 트위터를 활발히 한다는 것을 알 수 있었다. 이러한 결과를 직접 분석하려면 많은 일을 해야 하지만, 이는 간단히 자연어 형태로 분석하라는 지시를 내려 얻은 결과물이다.

간단한 시간대별 트윗 수만 볼 수 있는 걸까? 이번엔 조금 더 복잡한 인기 있는 트윗의 특성을 분석해보라고 요청해보자.

> sqlite의 elon 테이블의 정보는 일론 머스크의 트윗 데이터셋이야. 이 데이터를 읽고 일론 머스크의 트윗 데이터셋에서 가장 인기 있는 트윗(리트윗 수 기준)의 특성을 분석해줘.
> 다음 내용을 포함해서 분석해줘.
> 1. 'Retweets' 기준으로 상위 100개 트윗을 추출해
> 2. 각 트윗에 대해 다음 특성을 분석해
>   - 텍스트 길이
>   - 해시태그 사용 여부 및 개수
>   - URL 포함 여부
>   - 감정 톤(긍정/부정/중립)
>   - 작성 시간대 및 요일
>   - 사용한 소스(디바이스)

---

[10] https://claude.site/artifacts/e94d78f5-af39-44f6-87c7-891d911b552e

3. 인기 트윗과 일반 트윗 간의 특성 차이를 비교 분석해
4. 인기 트윗의 주요 주제나 키워드를 추출해
5. 리트윗 수와 다른 특성 간의 상관관계를 분석해
결과물로는 상관관계, 특성별 비교 차트, 그리고 '무엇이 트윗을 인기 있게 만드는가?'에 대한 인사이트를 담은 보고서를 제공해줘.

일론 머스크의 트윗 데이터를 분석하여 인기 있는 트윗의 특성을 파악해보겠습니다. 먼저 데이터를 살펴보고 NULL 값을 처리한 후 분석을 진행하겠습니다.
> sqlite(로컬)의 describe_table 결과 보기>
데이터에 어떤 NULL 값이 있는지 확인하고, 데이터 샘플을 살펴보겠습니다.
> sqlite(로컬)의 read_query 결과 보기>
데이터 샘플을 확인해보겠습니다.
> sqlite(로컬)의 read_query 결과 보기>
이제 NULL 값이 있는 행을 제외하고 리트윗 수 기준으로 상위 100개 트윗을 추출하겠습니다.
> sqlite(로컬)의 read_query 결과 보기>
이제 일반 트윗과 비교할 데이터로 일반적인 트윗 샘플을 추출해보겠습니다.
> sqlite(로컬)의 read_query 결과 보기>
이제 추가적인 특성 분석을 위해 URL 포함 여부를 확인하고, 작성 시간대와 요일을 추출해보겠습니다.
> 분석된 데이터
제가 위에서 제공한 상위 100개 트윗과 일반 트윗 데이터를 함께 분석하여 더 정확한 결과를 얻겠습니다.
> 분석된 데이터
테스트 결과를 바탕으로 전체 데이터셋을 분석해보겠습니다. 상위 100개 트윗과 일반 트윗을 모두 고려한 분석을 진행하겠습니다.
≫ 일론 머스크의 인기 트윗 특성 분석 / 대화형 아티팩트
≫ 일론 머스크의 인기 트윗 특성과 상관관계 분석 / 문서
제가 만든 두 개의 아티팩트를 통해 일론 머스크의 트윗 데이터셋을 분석한 결과를 확인하실 수 있습니다.
이 아티팩트들은 데이터 분석 결과를 직관적으로 이해하기 쉽게 정리하여 보여주는 디지털 문서들로, 복잡한 데이터를 시각화하고 체계적으로 정리하여 누구나 쉽게 이해할 수 있도록 도와줍니다.

인기 있는 특성의 트윗을 분석을 지시한 결과(출처: Claude Desktop)

인기 있는 트윗을 분석해달라고 지시하자, 데이터를 분석해주고 아티팩트 형태로 보여주는

것을 볼 수 있었다(몇 번의 코드 작성 오류로 인해 실패가 있었지만 수정해서 결과를 얻었다). 특히 아티팩트의 형태로 우리가 보기 편한 형태로 보여주는 것을 볼 수 있다. 이는 잘 관리되는 호스트 프로그램을 선택해야 하는 이유로, 사내에서 별도로 관리되거나 직접 관리할 수 있는 호스트 프로그램이 아니라면 믿을 수 있는 기업에서 만든 프로그램을 사용해야 하는 이유 중 하나다. 다음은 인기 트윗 특성 분석을 한 아티팩트와 인기 트윗 특성과 상관관계를 분석한 문서형 아티팩트의 일부다.

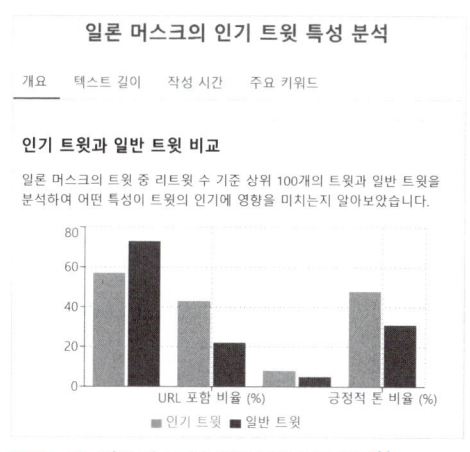

그림 4.12 일론 머스크의 인기 트윗 특성 분석[11]

- 생략 -

결론: 무엇이 트윗을 인기 있게 만드는가?

핵심 인사이트

일론 머스크의 트윗 분석 결과, 다음과 같은 특성을 가진 트윗이 가장 높은 인기를 얻는 것으로 나타났습니다:

1. **간결함이 핵심**: 30~60자 내외의 짧고 명확한 메시지가 가장 많은 리트윗을 받음
2. **최적의 타이밍**: UTC 16~22시(미국 서부 시간 오전-오후) 사이에 게시된 트윗이 가장 큰 영향력을 발휘
3. **긍정적인 톤**: 유머와 위트가 있는, 긍정적인 감정 톤의 트윗이 더 많은 관심을 받음
4. **관련 정보 제공**: URL이 포함된 트윗이 그렇지 않은 트윗보다 약 2배 더 많은 리트윗을 받음
5. **트위터와 표현의 자유**: 트위터 플랫폼과 표현의 자유 관련 주제가 가장 높은 인기를 얻음

자료 4.2 일론 머스크의 인기 트윗 특성과 상관관계 분석[12]

---

[11] https://claude.site/artifacts/6163b742-eb18-430e-8310-fc4f7f6710d8
[12] https://claude.site/artifacts/724df087-3a46-4e72-90b0-39dace739251

흥미롭지 않은가? 매우 간단한 예시였지만 이제 자연어로 데이터를 분석할 수 있는 시대가 왔다고 할 수 있다. 특히 로그를 자세히 살펴보면, 일반 트윗을 '일론 머스크가 업로드한 트윗 외 다른 트윗'으로 해석할 수도 있지만 '일론 머스크의 인기 트윗 외 다른 일론 머스크의 트윗 중 랜덤한 트윗'으로 해석해서 데이터 분석을 실시한 것은 흔히 말하는 '대충 말해도 잘 알아듣는다'라는 AI의 높은 가능성과 활용성을 보여주는 예시라고 할 수 있다.

비록 몇 가지 설정은 필요하지만, 앞서 본 것과 같이 매우 간단한 클릭만 순서를 따라 진행하면 된다. 이 과정에서 MCP는 자연어로 데이터에 대한 질문을 할 수 있게 해주는 다리 역할을 한다.

즉, '일론 머스크가 도지코인에 대해 언급할 때마다 코인 가격이 얼마나 변동했나요?'와 같은 질문을 일상 언어로 할 수 있고, 시스템이 이해하여 답변을 제공한다. 물론, 도지코인의 데이터가 그 DB에 다른 테이블로 존재할 때의 가정이다.

흥미로워하는 사람들을 위해서 몇 가지 예시를 남겨두도록 하겠다. 한번 직접 MCP를 연결하고 분석해보도록 하자.

---

1) 해시태그 사용 패턴 분석
일론 머스크의 트윗 데이터셋에서 해시태그 사용 패턴을 분석해줘.
아래 내용을 포함해서 수행해줘.
1. 'Hashtags' 컬럼에서 모든 해시태그를 추출해
2. 가장 자주 사용되는 해시태그 상위 20개를 식별해
3. 시간에 따른 해시태그 사용 변화를 분석해(월별, 연도별)
4. 특정 주제나 제품(Tesla, SpaceX 등)과 관련된 해시태그를 그룹화하고 분석해
5. 해시태그 사용 여부와 트윗 인기도(리트윗 수) 간의 관계를 분석해
6. 워드 클라우드를 사용하여 해시태그 분포를 시각화해
결과물로는 해시태그 빈도 차트, 워드 클라우드, 시간에 따른 해시태그 트렌드 그래프와 함께 해시태그 사용 전략에 대한 인사이트를 제공해줘.

2) 트윗 소스 디바이스 분석
일론 머스크의 트윗 데이터셋을 사용하여 트윗을 작성하는 데 사용된 소스 디바이스를 분석해줘.
아래 내용을 포함해서 수행해줘.

1. 'Source' 컬럼에서 트윗 작성에 사용된 모든 디바이스/앱을 추출해
2. 각 소스별 트윗 수와 비율을 계산해
3. 시간에 따른 소스 사용 패턴 변화를 분석해
4. 소스에 따른 트윗 특성(길이, 해시태그 사용, 리트윗 수 등) 차이를 비교해
5. 특정 소스에서 작성된 트윗이 다루는 주요 주제를 분석해
6. 파이 차트 또는 바 차트를 사용하여 소스 분포를 시각화해

결과물로는 소스 분포 차트, 소스별 트윗 특성 비교 그래프, 시간에 따른 소스 사용 변화 그래프와 함께 디바이스 선호도에 대한 인사이트를 제공해줘.

3) 리트윗 vs. 오리지널 트윗 비교

일론 머스크의 트윗 데이터셋을 사용하여 리트윗과 오리지널 트윗 간의 차이를 분석해줘.
아래 내용을 포함해서 수행해줘.

1. 'Is retweet' 컬럼을 사용하여 리트윗과 오리지널 트윗을 구분해
2. 두 유형의 트윗 비율을 계산하고 시각화해
3. 시간에 따른 리트윗 대 오리지널 트윗 비율의 변화를 분석해
4. 두 유형 간 다음 특성의 차이를 비교해:
    - 텍스트 길이
    - 해시태그 사용
    - 시간대 및 요일 분포
    - 소스 디바이스
    - 받은 리트윗 수
5. 리트윗된 트윗의 원작자와 주제를 분석해
6. 오리지널 트윗 중 가장 많이 리트윗된 트윗의 특성을 식별해

결과물로는 두 유형의 비율 파이 차트, 특성 비교 바 차트, 시간에 따른 비율 변화 그래프와 함께 일론 머스크의 리트윗 전략에 대한 인사이트를 제공해줘.

자료 4.3 직접 수행해볼 수 있는 데이터 분석 예시

데이터의 가치는 그것을 분석하고 해석할 수 있는 능력에 달려 있다. 지금까지 이 능력은 소수의 전문가에게만 제한되어 있었지만, AI를 활용한 데이터 분석의 등장으로 모든 사람이 자신의 데이터에서 인사이트를 추출할 수 있는 시대가 열리고 있다.

앞서 보여준 예시는 완벽한 전문가와 비교하면 조금 품질이 부족하기는 하지만, 기본적인 분석 작업을 능숙하게 수행하고 사용자와의 상호작용을 통해 계속 발전한다. 사용자는 데이터 분석의 기술적 복잡성에 대해 걱정할 필요 없이, 올바른 질문을 던지고 결과를 맥락에 맞게 해석하는 데 집중할 수 있다.

이제까지 세밀하게 어떻게 분석할지에 대해서 지시했지만, 그런 과정이 어렵다면 분석하고 싶은 주제만 주고 Sequential Thinking MCP 서버를 써서 다음과 같이 작업을 시키면 좋은 프롬프트를 얻을 수 있다.

> Sequential Thinking MCP 서버를 써서 잘 생각해보고 대답해. elon 테이블의 데이터를 사용해서 시간대별 트윗 패턴 분석을 할 거야. 이 과제를 구현하기 위해 구체적으로 어떻게 **프롬프트를 작성할지** 설명해줘.

자료 4.4 데이터 분석을 위한 프롬프트를 얻는 프롬프트 예시

예시에는 일론 머스크의 트위터 데이터 분석만 시켰지만, Filesystem MCP와 결합하여 내 회의록을 읽고 그 회의록에 필요한 데이터가 DB에 있다면 분석하여 결과를 보여주는 것도 가능하다. 예를 들어 다음과 같은 회의록이 있다고 하자.

> 회의 내용
> - 주요 주제: 사용자 세그먼트 분석, 기기 사용 패턴, 탐색적 연구 방법론
> - 안건별 논의 내용:
>   - 사용자 세그먼트 분석: 데이터 분석 리드가 현재 플랫폼 사용자를 '콘텐츠 생산자(유명인)'와 '콘텐츠 확산자(리트윗 사용자)'로 세분화한 예비 분석 결과를 발표했다. 유명인 계정은 전체 사용자의 약 2%이지만 플랫폼 콘텐츠의 60%를 생성하고 있으며, 이들의 기기 사용 패턴 이해가 제품 개발에 중요한 통찰을 제공할 수 있다고 강조했다. 마케팅 매니저는 대규모 데이터 분석보다 대표적인 유명인 사례를 깊이 있게 분석하는 탐색적 접근법을 먼저 취하자고 제안했다.
>   - 기기 사용 패턴: 제품 매니저가 현재까지 수집된 제한적인 데이터를 기반으로 기기 사용 패턴의 초기 분석 결과를 공유했다. 일부 유명인은 콘텐츠 작성 시 데스크톱을 주로 사용하지만 댓글 및 소통은 모바일에서 활발한 반면, 이들을 리트윗하는 사용자들은 압도적으로 모바일 기기를 선호하는 경향이 관찰되었다. 소셜 미디어 전략가는 이러한 기기 선호도 차이가 콘텐츠 형식과 상호작용 방식에 미치는 영향을 심층적으로 이해할 필요가 있다고 강조했다.
>
> 결정사항
> - 대표적 유명인 1명에 대한 심층 탐색적 사례 연구 착수 승인
> - 해당 유명인의 콘텐츠를 리트윗하는 사용자 50명 표본 분석 승인
> - 2주간의 초기 탐색적 연구 기간 및 예산 승인
> - 탐색적 연구 결과에 기반한 후속 대규모 연구 설계 방향 승인

자료 4.5 임의의 회의록 내용 일부 (출처: Claude)

이 회의록을 기반으로 추가 행동을 지시해보자.

회의록을 읽고(meeting_20250417_031.txt) 내용을 이해한 뒤에 DB에 적합한 데이터가 존재하는지 Sequential Thinking MCP 서버를 써서 찾아보고, 있다면 필요한 데이터 분석을 Sequential Thinking MCP 서버를 써서 보기 편하게 그래프도 만들고 분석 결과 보고서도 써줘.

네, 회의록을 읽고 필요한 데이터 분석과 보고서를 준비하겠습니다. 먼저 회의록 파일을 읽어보겠습니다.
> filesystem(로컬)의 read_file 결과 보기>
이제 DB에 관련 데이터가 있는지 확인해보겠습니다. 먼저 사용 가능한 테이블을 확인하겠습니다.
> sqlite(로컬)의 list_tables 결과 보기>
elon이라는 테이블이 있네요. 이 테이블의 구조를 확인해보겠습니다.
> sqlite(로컬)의 describe_table 결과 보기>
elon 테이블의 구조를 확인했습니다. 이 테이블은 유명인 중 한 명으로 보이는 사용자의 트윗 데이터와 리트윗 정보를 포함하고 있습니다. 이제 테이블의 내용을 샘플링해서 확인해보겠습니다.
> sqlite(로컬)의 read_query 결과 보기>
테이블의 내용을 확인했습니다. 이 데이터는 Elon Musk의 트윗 및 리트윗 정보를 포함하고 있으며, 각 트윗의 'source' 필드를 통해 어떤 기기를 사용했는지 확인할 수 있습니다. 회의록에서 언급된 '유명인과 리트윗 사용자의 기기 사용 패턴' 분석에 적합한 데이터로 보입니다.
이제 Sequential thinking을 사용하여 데이터를 분석해보겠습니다.
> sequential-thinking(로컬)의 sequentialthinking 결과 보기>
> sqlite(로컬)의 read_query 결과 보기>
데이터에 문제가 있어 보입니다. source 필드에 일부 데이터가 섞여 있는 것 같습니다. 다시 쿼리를 실행해보겠습니다.
> sqlite(로컬)의 read_query 결과 보기>
흥미로운 결과입니다. 모든 트윗이 'False'로 표시되어 있어 데이터에 리트윗이 없는 것으로 보입니다. 이 데이터셋은 이론상 리트윗을 포함해야 하지만, 현재 데이터에는 리트윗이 포함되어 있지 않거나 모두 'False'로 표시되어 있습니다.
다음으로 댓글(리플라이)과 일반 트윗의 기기 사용 패턴을 확인해보겠습니다.
> sequential-thinking(로컬)의 sequentialthinking 결과 보기>
> sqlite(로컬)의 read_query 결과 보기>
> sequential-thinking(로컬)의 sequentialthinking 결과 보기>
> sqlite(로컬)의 read_query 결과 보기>
> sequential-thinking(로컬)의 sequentialthinking 결과 보기>

> sqlite(로컬)의 read_query 결과 보기>
> sequential-thinking(로컬)의 sequentialthinking 결과 보기>
> sqlite(로컬)의 read_query 결과 보기>
> sequential-thinking(로컬)의 sequentialthinking 결과 보기>
> sqlite(로컬)의 read_query 결과 보기>
> sequential-thinking(로컬)의 sequentialthinking 결과 보기>
> sqlite(로컬)의 read_query 결과 보기>
> sequential-thinking(로컬)의 sequentialthinking 결과 보기>
> sequential-thinking(로컬)의 sequentialthinking 결과 보기>

이제 데이터 분석 결과를 시각화하고 보고서를 작성하겠습니다. 먼저 시각화를 위한 코드를 작성하겠습니다.

이제 분석 결과를 시각화하고 보고서를 작성하겠습니다.

≫ 유명인 기기 사용 패턴 시각화 / 대화형 아티팩트
≫ 유명인 기기 사용 패턴 분석 보고서 / 문서

분석이 완료되었습니다. 회의록에서 요청한 유명인의 기기 사용 패턴 분석을 수행하였으며, 다음과 같은 주요 발견을 하였습니다.

주요 발견점:

1. Elon Musk는 트윗 작성에 압도적으로 iPhone(98.7%)을 선호하며, Web App(1.3%)은 상대적으로 적게 사용합니다.
2. 두 기기 모두에서 원본 트윗보다 댓글이 훨씬 많으며(약 5배), 비율은 iPhone 82.4% vs. Web App 83.3%로 비슷합니다.
3. iPhone으로 작성된 트윗이 Web App으로 작성된 트윗보다 약 2배 더 많은 리트윗과 좋아요를 받았습니다.
4. 오후 5시는 트윗 활동이 가장 활발한 시간대이고, 오전 11시는 가장 적은 시간대입니다.

이 분석은 회의에서 승인된 '대표적 유명인 1명에 대한 심층 탐색적 사례 연구'의 초기 단계로, 유명인의 기기 사용 패턴과 그에 따른 콘텐츠 특성 및 상호작용 방식의 차이를 이해하는 데 중요한 인사이트를 제공합니다.

시각화 자료와 상세 보고서를 통해 팀의 후속 연구와 제품 개발에 도움이 되길 바랍니다.

회의록에 기반해서 분석이 필요한 정보와 DB에 있는 데이터로부터 분석이 가능한 영역이 있으면 분석을 지시한 결과
(출처: Claude Desktop)

회의록에서 필요한 데이터 분석에 대한 내용과 DB에 있는 데이터를 분석해서 얻을 수 있는 정보가 겹치는 영역이 있다면 그 부분을 분석하라고 지시한 결과, 유명인의 리트윗을 분석해야 한다는 회의록 정보와 elon 테이블에 유명인의 트위터 정보가 있다는 것을 스스로 파악하고 데이터 분석을 실시하는 모습을 볼 수 있다. 특히 주목할 점은 Filesystem

MCP를 써서 회의록을 읽은 뒤 Sequential Thinking MCP 서버를 써서 스스로 사고하고, sqlite MCP를 써서 데이터를 집계하여, 그 결과로 다시 사고하고 집계하는 과정을 거쳐서 스스로 분석하여 결과까지 산출했다는 사실이다.

이는 회의록의 내용을 이해하고 그 맥락에 맞춰 데이터를 분석함으로써, 단순한 기술적 분석을 넘어 비즈니스 맥락에 부합하는 인사이트를 도출하는 것이 가능하다는 것을 의미한다. 그러므로 적절한 지시와 함께 한다면 여러 명이 협업해서 수행해야 하는 수준의 일도 AI로 수행할 수 있다는 것을 의미하며, 활용성이 높다는 것을 알 수 있다.

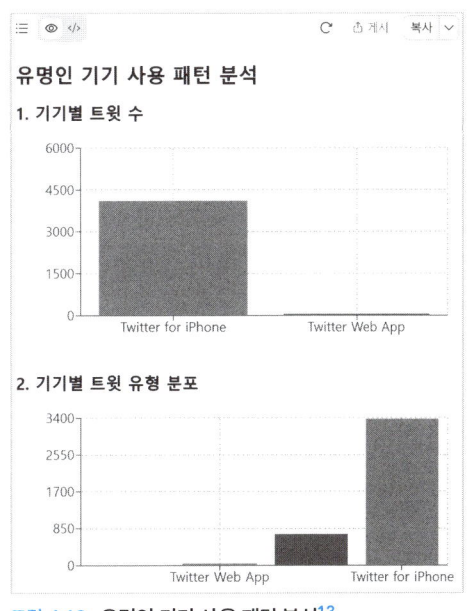

그림 4.13 유명인 기기 사용 패턴 분석[13]

유명인과 리트윗 사용자의 기기 사용 패턴 분석 보고서

요약

본 보고서는 2025년 4월 17일 임시 회의에서 논의된 '유명인과 리트윗 사용자의 기기 사용 패턴 탐색적 분석'의 일환으로 준비되었습니다. DB에 존재하는 유명인(Elon Musk) 계정의 트윗 데이터를 분석하여 기기 사용 패턴과 그에 따른 콘텐츠 형식 및 상호작용 방식의 차이를 조사했습니다.

- 생략 -

회의 안건과의 연계

본 분석 결과는 회의에서 논의된 '일부 유명인은 콘텐츠 작성 시 데스크톱을 주로 사용하지만 댓글 및 소통은 모바일에서 활발한 반면, 이들을 리트윗하는 사용자들은 압도적으로 모바일 기기를 선호하는 경향'이라는 가설과 **부분적으로 일치**합니다.

---

13 https://claude.site/artifacts/59b371d4-4243-4898-ab14-8b58c277bf74

> Elon Musk의 경우 원본 트윗과 댓글 모두 압도적으로 iPhone을 선호하지만, Web App을 사용할 때도 댓글 작성 비율이 더 높습니다. 이는 유명인의 기기 사용 패턴이 다양할 수 있으며, 개인별로 차이가 있을 수 있음을 시사합니다.

자료 4.6 유명인과 리트윗 사용자의 기기 사용 패턴 분석 보고서[14]

이처럼 회의 때 언급된 가설들을 증명하기 위해 내부 데이터를 기반으로 스스로 데이터 분석을 하여 결과물을 산출할 수 있다. 이는 적절하게 MCP를 개발하여 연결해두면 AI가 스스로 정보를 탐색하며 기존에 데이터 기반으로 분석이 필요했던 것들을 AI 스스로가 주체적으로 수행할 수 있다는 것을 의미한다.

이러한 변화는 단순한 기술적 진보가 아니라 데이터 리터러시data literacy의 민주화를 의미한다. AI를 사용할 수 있는 모든 이에게 데이터 기반 의사 결정의 힘을 부여함으로써, 우리는 더 나은 개인적 선택과 사회적 결정을 내릴 수 있게 될 것이다. 이제 데이터는 더 이상 창고에 방치된 원자재가 아니라, 모든 사람이 자유롭게 활용할 수 있는 생활 자원이 되는 것이다. 이제 MCP를 이용해서 24시간, 7일 동안 빠르게 끊임없이 일할 수 있는 주니어 데이터 분석가를 고용해서 일을 시키도록 하자.

용어 설명

★ 관계형 DB

관계형 데이터베이스는 정보를 표 형태로 저장하고 관리하는 시스템이다. 우리가 흔히 사용하는 엑셀 스프레드시트와 비슷하게 생겼지만, 더 체계적이고 강력한 기능을 가졌다고 생각하면 된다.

관계형 DB에서는 모든 데이터가 행과 열로 구성된 테이블 안에 저장된다. 예를 들어 온라인 쇼핑몰을 운영한다면 '고객' 테이블에는 고객 번호, 이름, 연락처, 주소가 각각의 열로 존재하며, 각 고객은 하나의 행을 차지한다. 또 다른 '주문' 테이블에는 주문 번호, 고객 번호, 구매 날짜, 금액 등이 기록된다.

여기서 '관계형'이라는 말은 테이블 간에 연결고리가 있다는 뜻이다. 앞의 예시에서 '주문' 테이블의 고객 번호는 '고객' 테이블의 고객 번호와 연결되어 있어, 어떤 고객이 무엇을 주문했는지 쉽게 파악할 수 있다.

★ 아티팩트

Claude의 아티팩트는 AI 대화 시스템인 Claude가 사용자와의 대화 중에 생성하고 관리할 수 있는 독립적인 콘텐츠 조각이다. 이것은 마치 대화 중에 별도의 문서나 파일을 만들어 참조하는 것과 비슷하다.

---

14 https://claude.site/artifacts/7e659df4-5e6e-4eed-8a1b-68a4847fa529

아티팩트는 코드, 마크다운 문서, HTML 웹페이지 등 다양한 형태의 콘텐츠를 담을 수 있다. 예를 들어 사용자가 웹사이트 디자인을 요청하면 Claude는 HTML과 CSS 코드를 포함한 아티팩트를 생성할 수 있고, 데이터 분석을 요청하면 해당 분석 결과를 문서 형태의 아티팩트로 제공할 수 있다.

★ 워드 클라우드

워드 클라우드(word cloud)는 텍스트 데이터에서 단어의 빈도나 중요도를 시각적으로 표현하는 방법이다. 자주 등장하거나 중요한 단어일수록 더 크고 눈에 띄게 배치되며, 덜 중요한 단어는 작게 표시된다.

예를 들어 고객 리뷰 수백 개를 분석한다고 가정해보자. 모든 리뷰를 일일이 읽는 것은 시간이 많이 걸리지만, 워드 클라우드를 만들면 '편리함', '빠른 배송', '품질 문제' 같은 핵심 단어들이 얼마나 자주 언급되었는지 한눈에 파악할 수 있다.

★ 파이 차트

파이 차트(pie chart, 원형 그래프)는 전체에 대한 각 부분의 비율을 원형으로 나누어 보여주는 시각화 도구다. 마치 파이나 피자를 조각낸 것처럼 생겼기 때문에 이런 이름이 붙었다.

파이 차트의 전체 원은 데이터의 100%를 나타내며, 각 조각의 크기는 해당 항목이 차지하는 비율에 비례한다. 예를 들어 가정의 월별 지출을 분석한다면 주거비 30%, 식비 25%, 교통비 15%, 여가 활동 10%, 저축 20% 등으로 구성된 파이 차트를 만들 수 있다.

★ 세그먼트 분석

세그먼트 분석은 전체 집단을 의미 있는 작은 그룹(세그먼트)으로 나누어 각 그룹의 특성과 행동 패턴을 분석하는 방법이다. 마케팅, 사용자 연구, 비즈니스 전략 등 다양한 분야에서 활용된다.

예를 들어 온라인 쇼핑몰은 '자주 구매하지만 소액 지출', '가끔 구매하지만 고액 지출', '최근에 유입된 신규 고객', '장기간 구매 없는 휴면 고객' 등으로 고객을 세분화할 수 있다. 이렇게 나누면 각 그룹의 특성에 맞는 맞춤형 전략을 세울 수 있다.

★ 탐색적 연구 방법론

탐색적 연구 방법론은 명확한 가설이나 확정된 방향 없이, 데이터를 다각도로 살펴보며 패턴과 통찰력을 발견하는 접근법이다. 이는 마치 미지의 숲을 탐험하듯 데이터의 지형을 자유롭게 탐색하는 과정이라 할 수 있다. 이 방법론은 주로 연구 초기 단계에서 활용되며, '무엇이 있는지 한번 살펴보자'라는 태도로 접근한다.

★ 프롬프트 엔지니어링

프롬프트 엔지니어링은 내가 원하는 값을 인공지능으로부터 얻을 수 있는 프롬프트를 설계하는 방법이다. 먼저, 프롬프트란 텍스트나 이미지와 같이 인공지능에 입력하는 값을 의미한다. 예를 들어, ChatGPT의 경우 프롬프트는 텍스트가 될 것이다. 이처럼 인공지능에 입력하는 값을 프롬프트라고 말한다. 프롬프트 엔지니어링은 이러한 '프롬프트를 조정하는 일'을 수행하는 작업이다.

4.3 나만의 정보 검색사

인터넷이 등장한 초기에는 정보의 부족이 문제였다면, 현재는 정보의 과잉이 더 큰 문제로 떠올랐다. 하루에도 수십억 건의 콘텐츠가 생성되고, 수많은 뉴스 기사와 블로그 포스트, 연구 논문, 소셜 미디어 게시물이 쏟아져 나온다. 우리는 매일 수많은 데이터의 바다에서 헤엄치며 필요한 정보를 찾아 나선다. 이러한 정보 과잉 시대에는 정작 필요한 인사이트를 얻기가 점점 어려워지고 있다. 방대한 양의 정보 속에서 진정으로 가치 있는 내용을 찾고, 이를 의미 있게 해석하는 것은 시간과 노력이 많이 필요한 과정이다.

MCP와 **Brave Search**의 결합은 이러한 문제를 해결할 수 있는 강력한 도구다. 이 기술의 조합을 통해 외부 웹으로부터 데이터를 효율적으로 수집하여 인사이트를 제공하는 것이 가능해졌다. Brave Search는 프라이버시를 중시하는 검색 엔진으로, 사용자의 개인정보를 수집하지 않으면서도 높은 품질의 검색 결과를 제공한다. 다른 검색 엔진에 의존하지 않고, 중립적이고 다양한 결과를 제공하는 것이 특징이다.

AI는 MCP와 Brave Search의 기능을 활용하여 웹에서 정보를 안전하게 검색하고, 다양한 서비스와 통합할 수 있다. Brave Search와 MCP 서버를 이용하면 고품질의 최신 정보 수집과 분석이 가능해지는데, 이는 단순한 검색을 넘어서 맥락을 이해하고 깊이 있는 정보 분석을 가능하게 한다. 게다가 Brave Search API는 초당 한 번 사용할 수 있고, 월 최대 2,000번 활용을 무료로 지원하므로, 무료로 사용하기에 적합하다.

그럼, Brave Search의 API 발급부터 시작해보자. Brave Search 회원 가입 후 구글에서 'brave search API'를 검색해서 접속하거나 https://brave.com/search/api/에 접속하여 API를 발급받자.

처음 접속하면 우선 Brave Search 설정에 따라 구독부터 해야 한다. 우측 상단의 [Add API key]를 입력하기 전에 먼저 좌측 [Subscriptions]에서 [Avaliable Plans]를 클릭하자. 그럼 그림 4.14와 같은 화면이 뜬다. 사용한 API들을 볼 수 있는데, 우리는 검색 네이터를 활용하는 것이 목적이므로 [Data for Search]를 선택하고 Free 버전을 선택하겠다. [Subscribe] 버튼을 눌러 구독한 뒤, API의 발급을 위해 좌측 메뉴에서 [API Keys] 메뉴를 눌러보자.

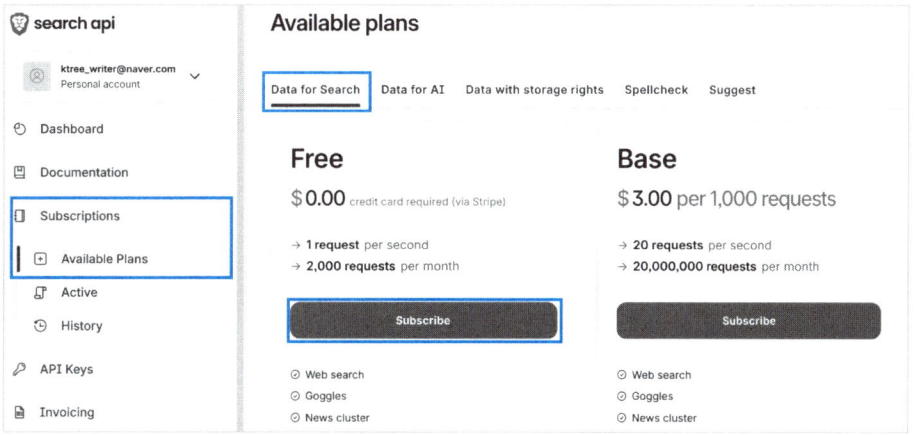

그림 4.14 **Brave Search 구독 화면**(출처: Brave Search)

그러면 그림 4.15와 같은 화면이 뜰 것이다. 이때 API Key를 발급받기 위해 우측 상단의 [+ Add API Key] 버튼을 누르자.

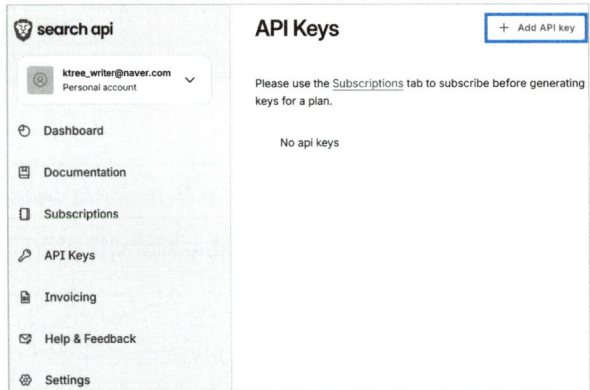

그림 4.15 **Brave Search API를 발급받는 페이지**(출처: Brave Search)

그림 4.16과 같은 팝업창이 보이면 팝업창에 API Key의 이름을 각자 입력하고 [Add] 버튼을 클릭하자.

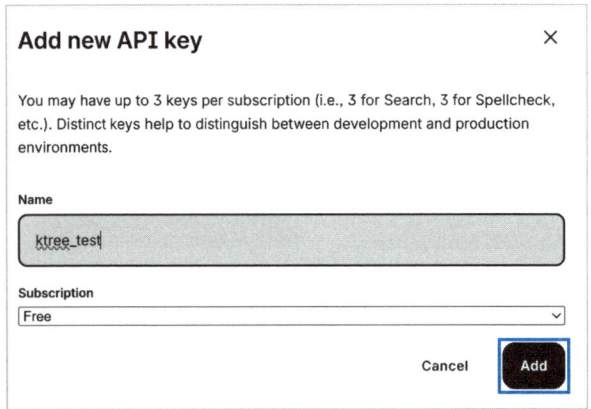

그림 4.16 **API Key를 추가하는 팝업창**(출처: Brave Search)

그러면 그림 4.17과 같이 API 생성이 완료된다. 자, 이제 API Token의 [Copy] 버튼을 눌러서 복사한 뒤에 MCP 서버 설정을 하자.

![API Keys screen]

그림 4.17 **API 생성이 끝난 화면**(출처: Brave Search)

다음 코드를 `claude_desktop_config.json`에 추가하자.

```
"brave-search": {
  "command": "npx",
  "args": [
    "-y",
    "@modelcontextprotocol/server-brave-search"
  ],
  "env": {
    "BRAVE_API_KEY": "YOUR_API_KEY_HERE"
  }
}
```

코드 4.2 **Brave Search MCP 서버를 추가하는 코드**[15]

코드 4.2에서 밑줄 친 API key를 입력하는 부분에 조금 전 복사한 Key를 넣고 코드를 추가한 뒤에 Claude Desktop을 종료 후 재시작하자. 이제 잘 작동하는지 테스트해보자. 최신 트렌드 정보를 brave-search를 이용하여 가져온 다음, AI에게 분석을 시켜보자.

brave-search를 사용하여 AI의 최신 트렌드를 분석해줘. 지난 3개월 동안의 주요 발전사항, 새로운 기술 동향, 시장 변화를 포함해주고, 특히 MCP에 초점을 맞추고, 최소 5개의 신뢰할 수 있는 출처를 바탕으로 Sequential Thinking MCP 서버를 사용해서 종합적인 분석을 제공해줘. 결과는 주요 트렌드, 기회 요소, 잠재적 위험 요소로 구분하여 요약해줘.

---

15 해당 서버는 read-only 형태로 보관되어 있으니 참고 바란다.
　 https://github.com/modelcontextprotocol/servers-archived/tree/main/src/brave-search

AI 트렌드 분석을 위해 최신 정보를 검색하고 심층적으로 분석해드리겠습니다. Sequential thinking을 활용하여 체계적으로 접근하겠습니다.

> sequential-thinking(로컬)의 sequentialthinking 결과 보기>
> brave-search(로컬)의 brave_web_search 결과 보기>
> brave-search(로컬)의 brave_web_search 결과 보기>
> sequential-thinking(로컬)의 sequentialthinking 결과 보기>
> brave-search(로컬)의 brave_web_search 결과 보기>
> brave-search(로컬)의 brave_web_search 결과 보기>
> sequential-thinking(로컬)의 sequentialthinking 결과 보기>
> sequential-thinking(로컬)의 sequentialthinking 결과 보기>
> brave-search(로컬)의 brave_web_search 결과 보기>
> sequential-thinking(로컬)의 sequentialthinking 결과 보기>
> sequential-thinking(로컬)의 sequentialthinking 결과 보기>
> sequential-thinking(로컬)의 sequentialthinking 결과 보기>
> sequential-thinking(로컬)의 sequentialthinking 결과 보기>

AI 최신 트렌드 간략 요약(2025년 지난 3개월)

주요 트렌드

1. AI 에이전트 자율성 향상: 단순 응답에서 복잡한 작업 수행 및 계획 능력으로 진화
2. 고도화된 추론 능력: 복잡한 문제 해결과 정교한 의사 결정 가능
3. MCP 등장: Anthropic의 "AI를 위한 USB-C" 프로토콜이 시스템 간 통합
4. AI 채택 가속화: 조직의 78%가 최소 하나의 비즈니스 기능에 AI 활용(전년 55%에서 증가)
5. 하드웨어 혁신: 비용 감소, 성능 및 에너지 효율성 향상으로 적용 범위 확대

기회 요소

1. 자동화 확대: 결제 처리, 사기 확인, 배송 등 복잡한 비즈니스 프로세스 자동화 가능
2. ROI 중심 구현: 측정 가능한 비용 감소와 효율성 향상을 위한 AI 솔루션 수요 증가
3. 혁신 가속화: MCP를 통한 표준화된 시스템 통합으로 새로운 서비스 개발 속도 향상
4. 협업적 문제 해결: 전문화된 AI 에이전트 간 협력을 통한 고급 문제 해결 기능 제공
5. 지속 가능성: 환경 친화적 관행과 자원 최적화를 위한 AI 활용 증가

잠재적 위험 요소

1. 거버넌스 부족: 일관된 AI 거버넌스 체계 부재로 인한 위험 관리 문제
2. Shadow AI: IT 부서 승인 없이 생성되는 AI 툴로 인한 보안 및 규정 준수 위험
3. 기술적 복잡성: MCP의 워크플로우 개념 부재로 인한 구현 어려움
4. 인적 요소 소외: 자동화 증가로 의사 결정에서 인간의 판단과 윤리적 고려 배제 위험
5. 경제적 불평등: AI 에이전트 기반 저비용 인력 활용으로 인한 노동 시장 영향
6. 데이터 보안: 다양한 시스템 연결로 인한 개인정보 보호 및 데이터 보안 위험 증가

brave-search를 활용해서 AI 트렌드 분석을 시킨 결과(출처: Claude)

검색된 정보를 바탕으로 AI가 내용을 잘 요약하는 것을 볼 수 있다. 이제 우리는 정보 검색을 위해 검색창을 켜서 검색하고 취합할 필요가 없다. 기존에도 Perplexity와 같은 검색 서비스들이 이런 기능을 제공하기는 했다. 또 Brave Search도 '검색'이라는 기능만 봤을 때는 Perplexity를 사용해도 괜찮다. Perplexity도 최근 MCP 서버를 제공하므로 통합하기에 수월할 것이다.

즉, 단순 웹에서 정보를 검색하는 기능만 이용한다면 기존 서비스를 사용해도 될 것이다. 하지만 우리는 조금 더 나아가야 한다. 이제 MCP의 특장점을 살려서, 연결된 서비스들을 동적으로 활용해보자. 앞서 만들었던 가상의 회의록 중 하나를 임의로 불러와 다음 액션에 필요한 정보를 요약해달라고 해보자.

회의록 중 하나를 임의로 읽어서 다음 액션 아이템으로 수행할 때 필요한 정보가 있는지 Sequential Thinking MCP 서버를 써서 파악해보고, 그 뒤에 brave-search로 정보들을 취합해서 짧게 요약해줘.

네, 회의록을 읽고 액션 아이템에 필요한 정보를 파악한 후 관련 정보를 검색하여 요약하겠습니다. 먼저 순차적 사고 도구를 사용하여 분석하겠습니다.
> sequential-thinking(로컬)의 sequentialthinking 결과 보기>
> filesystem(로컬)의 list_allowed_directories 결과 보기>
> sequential-thinking(로컬)의 sequentialthinking 결과 보기>
> filesystem(로컬)의 list_directory 결과 보기>
> sequential-thinking(로컬)의 sequentialthinking 결과 보기>
> filesystem(로컬)의 read_file 결과 보기>
> sequential-thinking(로컬)의 sequentialthinking 결과 보기>
> sequential-thinking(로컬)의 sequentialthinking 결과 보기>
> brave-search(로컬)의 brave_web_search 결과 보기>
> brave-search(로컬)의 brave_web_search 결과 보기>
> brave-search(로컬)의 brave_web_search 결과 보기>
> sequential-thinking(로컬)의 sequentialthinking 결과 보기>
> sequential-thinking(로컬)의 sequentialthinking 결과 보기>
회의록 분석 및 필요 정보 검색 결과를 정리했습니다.

> **회의록 핵심 내용**
> - 회의명: 유명인과 리트윗 사용자의 기기 사용 패턴 탐색적 분석
> - 주요 결정사항: 대표적 유명인 1명에 대한 심층 탐색적 사례 연구 진행
> - 가장 시급한 액션 아이템: 탐색적 사례 연구 대상 유명인 선정 기준 수립(마감일: 2025-04-22)
>
> 액션 아이템 수행을 위해 필요한 정보
>
> 유명인 선정 기준 수립을 위한 핵심 요소
>
> 1. 기본 요구사항: 최소 100만 팔로워 보유
> 2. 영향력 지표:
>   - 참여도(engagement) - 댓글, 좋아요, 공유 수
>   - 도달 범위(reach) - 콘텐츠가 노출되는 사용자 수
>   - 감정 반응(sentiment) - 팔로워들의 긍정/부정적 반응
>   - 성장률(growth) - 팔로워 증가 속도
> 3. 연구 적합성:
>   - 전문성(expertise)과 신뢰성(trustworthiness)
>   - 연구 참여 가능성 및 접근성
>   - 2주 연구 기간 동안의 활동 예상 빈도
>
> 연구 방법론 관련 정보
>   - 혼합 연구 방법론(양적+질적) 활용 권장
>   - 팔로워/팔로잉 비율(follower/following ratio)을 영향력 지표로 활용 가능
>   - 구조 방정식 모델링(PLS-SEM) 등을 통한 데이터 분석 방법 고려
>
> 위 정보를 바탕으로 소셜 미디어 전략가는 체계적인 유명인 선정 기준을 수립하고, 이를 통해 2주간의 탐색적 연구를 위한 적합한 유명인을 선정할 수 있을 것입니다. 이후 데이터 분석 리드의 데이터 수집 방법론 개발과 마케팅 매니저의 유명인 협의 과정이 순차적으로 진행될 수 있습니다.

가상의 회의록을 기반으로 다음 액션에 필요한 정보 요약을 지시한 결과(출처: Claude)

마침 앞에서 이야기했던 유명인과 리트윗 사용자의 기기 사용 패턴 탐색적 분석에 대한 가상 회의록이 선정되었다. 회의록을 참조해보면 주목할 만한 액션 아이템이 다음과 같이 존재한다.

- 액션 아이템1: 탐색적 사례 연구 대상 유명인 선정 기준 수립
- 담당자: 소셜 미디어 전략가
- 마감일: 2025-04-22

- 액션 아이템2: 단일 사례 심층 분석을 위한 데이터 수집 방법론 개발
- 담당자: 데이터 분석 리드
- 마감일: 2025-04-25

이와 관련하여 AI는 액션 아이템1에 대해 유명인 선정 기준을 최소 100만 팔로워 보유, 참여도(댓글, 좋아요, 공유 수), 도달 범위(콘텐츠가 노출되는 사용자 수), 감정 반응(팔로워들의 긍정/부정적 반응), 성장률(팔로워 증가 속도)을 고려해야 한다는 것을 brave-search를 통해 도출했다. 또한 액션 아이템2에 대해서는 구조 방정식 모델링(PLS-SEM) 등을 통한 데이터 분석 방법 고려 등을 도출한 것을 확인할 수 있었다.

이처럼 brave-search를 통해서 필요한 정보를 웹으로부터 얻고 AI가 정리를 해서 이야기해주는 식으로 협력이 가능하며, 다른 MCP와 결합해서 내게 필요한 특화된 정보를 얻는 것도 가능하다. 이를 통해 방대한 웹의 데이터에서 자신에게 정말 필요한 정보를 추출하고 의사결정을 내릴 수 있다.

이러한 기술은 단순한 정보 검색을 넘어, 개인의 디지털 세계 탐색을 돕는 지능형 동반자로 기능할 수 있음을 보여준다. 정보의 양이 계속해서 증가하는 현대 사회에서, 개인화된 정보 검색 솔루션은 프라이버시를 보호하면서도 지식 획득과 의사결정 과정의 효율성과 효과성을 크게 향상시킬 수 있는 필수 도구가 될 것이다.

4.4 나만의 전략 설계 선생님

요즘 비즈니스 환경은 하루가 다르게 변하고 있다. 오늘의 성공 공식이 내일은 무용지물이 될 수도 있다. 회사의 전략 설계를 하는 부서에서 일하는 팀원들은 갑작스러운 전략 보고서 작성을 요청받아 밤을 새우는 경우도 많을 것이다. 수많은 데이터와 보고서를 분석하고, 동료들의 의견을 취합하고, 업계 동향을 파악하느라 밤샘 작업을 반복하는 그 순간에는 고양이 손이라도 빌리고 싶을 것이다. 전략 설계는 마치 거대한 퍼즐을 맞추는 작업과 같다. 모든 조각을 찾고 올바른 위치에 배치해야 하지만, 시간은 부족하고 정보는 넘쳐난다.

이런 상황에서 우리 옆에 뛰어난 전략 컨설턴트가 앉아 모든 정보를 빠르게 분석하고, 놓친 부분을 짚어주며, 다양한 시나리오를 제안해준다면 어떨까? 바로 이것이 AI와 MCP가 제공하는 가치다. 복잡한 코드나 기술 지식 없이도, 우리의 업무 경험과 판단력에 AI의 분석력을 결합해서 전략을 설계하는 몇 가지 예시를 살펴볼 것이다.

먼저 자동차 부품을 생산하는 가상의 기업을 만들어 예시로 살펴볼 것인데, 가상 기업을 AI로 생성해서 사용하는 이유는 특정 회사의 실제 사례를 다루면서 발생할 수 있는 민감한 정보 문제를 피하고, 적용할 수 있는 원리를 설명하기 위해서다.

이렇게 만든 가상 사례를 중심으로, 전략 설계 검토에 AI를 사용하는 예시를 살펴보고, AI가 업무 파트너로서 얼마나 든든하게 일을 수행하는지 살펴볼 것이다. 이는 회사에서

일 잘하는 동료가 옆에서 자료를 정리해주고, 숨은 패턴을 찾아내고, 날카로운 질문을 던져주는 것과 비슷하다. 여기서 중요한 건, 프로그래밍 같은 IT 지식이나 AI에 대한 깊은 이해가 전혀 필요 없다는 점이다. 필요한 건 그냥 우리가 하는 일에 대한 이해와 AI에게 어떤 질문을 던질지 정도다. AI는 우리가 이미 알고 있는 정보와 아직 발견하지 못한 패턴을 연결해서, 복잡한 문제를 새로운 시각으로 바라볼 수 있게 도와준다.

복잡한 비즈니스 환경에서 효과적인 전략을 수립하고 실행하는 것은 쉽지 않다. 하지만 AI의 강력한 분석 능력과 우리의 전문성을 결합한다면, 그 어느 때보다 더 나은 의사결정을 내릴 수 있다. 가상의 사례를 통해 AI가 어떻게 전략 검토 과정을 지원하는지, 그리고 우리가 어떻게 이를 활용할 수 있을지 함께 알아보자.

제조 기업이고 AI를 사용해본 적이 없으며 IT는 외주로만 진행하고 있어. 서버는 보유하고 있지만 GPU는 없고 서버도 부족해. 이런 상황에 AI를 도입해서 성과를 키우고자 해. 이 가상 회사의 상황을 Sequential Thinking MCP 서버를 써서 그럴듯하게 정리해봐. 너무 길면 안 되니 기본 정보, 비즈니스 과제 및 목표, IT/AI 환경 제약, 주요 의사결정자 요구사항을 표 형태로 간략하게 정리하고 텍스트 파일로 저장해줘.

대한테크노(주) 전략 설계 핵심 정보

- 기본 정보

항목	내용
업종	자동차 부품 제조
규모	매출 570억 원, 직원 350명
사업장	국내 2곳, 해외 2곳(베트남, 멕시코)

- 비즈니스 과제 및 목표

과제	목표
불량률 증가(3.2%→4.7%)	불량률 2.5% 이하로 감소
가격 경쟁 심화	3년간 15% 원가 절감
생산성 저하	생산성 20% 향상
품질 이슈(리콜 15억 손실)	품질 관리 시스템 고도화

- IT/AI 환경 제약

제약 요소	상세
인프라	GPU 없음, 서버 부족
인력	AI 전문가 부재, IT 외주 의존
예산	신규 투자 약 2억 원 가능
데이터	표준화 미흡, 시스템 분산

- 주요 의사결정자 요구사항

직책	주요 관심사
CEO	빠른 ROI, 경쟁 우위 확보
생산본부장	현장 적용성, 시스템 연계
경영지원실장	2년 내 투자 회수
연구소장	품질 예측, 데이터 기반 의사결정

가상의 기업의 정보 생성을 요청하자, 만든 모습(출처: Claude)

이제 가상으로 만든 대한테크노라는 기업의 현재 상황을 AI가 텍스트 파일을 읽어 파악할 수 있게 되었다. 이 텍스트 파일을 토대로 전략 보고서 작성을 요청해보자.

대한테크노의 현재 상황에 대해 정리한 파일을 읽고 이러한 상황에서 AI를 잘 적용하기 위한 전략 설계를 만들어줄래? 너무 길게 만들진 말고 핵심만 만들어줘. 마찬가지로 어떻게 할 거라는 구체적인 실행 방안 위주로 짜고, 구체적으로 어떤 문장을 보고 결정한 건지 그 이유도 붙여줘. 그 이유로 현재 대한테크노의 상황을 고려해줘.

먼저 대한테크노 전략 설계 정보 파일을 확인해보겠습니다.
> filesystem(로컬)의 list_directory 결과 보기>
네, 파일이 확인되었습니다! 이제 대한테크노_전략설계_정보.txt 파일을 읽어보겠습니다.
> filesystem(로컬)의 read_file 결과 보기>
대한테크노의 현재 상황을 분석하고 AI 적용을 위한 구체적인 전략 설계와 실행 방안을 마련해 드리겠습니다.
- 생략 -

≫ 대한테크노 AI 적용 전략 요약 / 문서
- 생략 -

- 단계별 실행 계획

단계	도입 영역	실행 방안	해결 과제
1단계 (3~6개월)	품질 예측 시스템	클라우드 ML 서비스 활용, 품질검사/센서 데이터 연계, 주간 품질 예측 리포트	불량률 증가 품질 이슈
2단계 (6~12개월)	생산 최적화	공정 자동 최적화, 의사결정 지원 대시보드	생산성 저하
3단계 (12~18개월)	예지 정비 시스템	설비 이상 감지, 부품 수명 예측	원가 경쟁력 다운타임

- 조직 및 데이터 전략

영역	현재 제약	실행 방안
인력 운영	AI 전문가 부재, IT 외주 의존	데이터 분석가 1명 신규 채용, 전문 컨설팅 연간 계약, 현장 직원 데이터 교육
데이터 관리	표준화 미흡 시스템 분산	데이터 표준화 및 통합, 부서별 데이터 책임자 지정, 품질 측정/개선 프로세스

핵심 접근법은 '제한된 자원으로 최대 ROI를 달성하는 단계적 품질 중심 AI 전환'으로, 가장 시급한 품질 문제부터 차례로 해결하는 전략입니다. 현재 대한테크노의 상황(제한된 자원, AI 전문가 부재)을 고려하면서도 비즈니스 목표를 효과적으로 달성할 수 있는 방안을 제시했습니다.

AI를 적용하기 위한 전략을 요약해달라고 요청한 결과(출처: Claude)

전략 설계를 요청하자, 단계별 실행 계획을 3단계로 설정하고 각 도입 영역을 도출하는 것을 볼 수 있다. 게다가 실행 방안을 연결하고 실행 방안을 통해 해결해야 하는 과제를 설정하는 것을 볼 수 있다. 간단한 프롬프트만으로 AI가 현재 회사의 상황을 이해해서 전략 보고서를 작성해주는 것이다.

자, 여기까지는 기존에 AI를 활용했던 분들이라면 놀랍지 않을 것이다. 이를 어떻게 보완할 수 있는지 AI를 활용해서 진행해보도록 하자.

먼저, MCP를 이용해서 현재 상황과 제안한 전략을 이해하자. 그리고 외부 지식을 결합하기 위해 필요한 경우 웹 검색을 통해 정보를 수집하고, 잘못된 정보는 없는지 검증하고 보완을 지시해보자.

대한테크노의 전략 자료들을 읽고 현재 상황과 진행하려고 하는 전략 설계를 이해한 뒤에 brave-search를 통해 전략 설계를 보완하거나 잘못된 부분의 정보는 없는지 외부 데이터를 수집해서 비교해줘. 그리고 Sequential Thinking MCP 서버를 사용해서 원래 전략과 보완된 전략을 보여줘. 또 어떤 부분이 무엇 때문에 보완된 건지도 표시해줘.

안녕하세요. 대한테크노의 전략 자료를 분석하고 보완하는 작업을 도와드리겠습니다. 먼저 전략 자료들을 확인해보겠습니다.

> filesystem(로컬)의 list_allowed_directories 결과 보기>

먼저 대한테크노의 전략 자료가 있는 디렉터리를 확인해보겠습니다.

> filesystem(로컬)의 list_directory 결과 보기>

대한테크노의 전략 관련 자료를 찾았습니다. 먼저 관련 파일들을 읽어보겠습니다.

> filesystem(로컬)의 read_file 결과 보기>

이제 대한테크노의 AI 전략 문서를 확인해보겠습니다.

> filesystem(로컬)의 read_file 결과 보기>

검토한 내용을 바탕으로, 현재까지 발견한 대한테크노의 전략 자료는 다음과 같습니다:

1. 대한테크노_전략설계_정보.txt - 기업의 기본 정보와 비즈니스 과제, 목표, 제약 조건 등을 담고 있습니다.

2. 대한테크노_AI 전략.txt - 실행 전략과 단계별 실행 계획, 조직 및 데이터 전략을 설명하고 있습니다.

이제 외부 데이터를 검색하여 대한테크노의 전략 설계를 보완할 점을 찾아보겠습니다.

먼저 자동차 부품 제조업체의 AI 도입 트렌드 및 품질 관리 관련 정보를 검색해보겠습니다.

> brave-search(로컬)의 brave_web_search 결과 보기>

계속해서 자동차 부품 제조업의 품질 관리 관련 정보를 추가 검색하겠습니다.

> brave-search(로컬)의 brave_web_search 결과 보기>

또한 제한된 IT 인프라와 예산으로 AI를 도입하는 중소기업에 관한 정보도 찾아보겠습니다.

> brave-search(로컬)의 brave_web_search 결과 보기>

마지막으로 제조업에서의 예지 정비 및 디지털 트윈 기술 적용 사례를 검색해보겠습니다.

> brave-search(로컬)의 brave_web_search 결과 보기>

이제 수집한 자료를 바탕으로 대한테크노의 현재 전략을 분석하고, 외부 데이터를 활용해 보완점을 찾아보겠습니다. Sequential-thinking-server를 사용하여 체계적으로 분석하겠습니다.

> sequential-thinking(로컬)의 sequentialthinking 결과 보기>
> sequential-thinking(로컬)의 sequentialthinking 결과 보기>
> sequential-thinking(로컬)의 sequentialthinking 결과 보기>
> sequential-thinking(로컬)의 sequentialthinking 결과 보기>
> sequential-thinking(로컬)의 sequentialthinking 결과 보기>

> sequential-thinking(로컬)의 sequentialthinking 결과 보기>

대한테크노 AI 전략 분석 및 보완안

대한테크노의 기존 AI 전략과 최신 트렌드를 고려한 보완안을 분석했습니다. 현재 전략과 보완된 전략을 비교하고, 각 보완사항의 이유를 정리해드리겠습니다.

1. 현재 AI 전략 요약

대한테크노는 '제한된 자원으로 최대 ROI를 달성하는 단계적 품질 중심 AI 전환'을 핵심 접근법으로 설정했습니다. 주요 과제인 불량률 증가(4.7%)와 리콜 손실(15억)에 대응하기 위해 다음과 같은 단계별 실행 계획을 수립했습니다:

- 1단계(3~6개월): 품질 예측 시스템 구축
- 2단계(6~12개월): 생산 최적화(디지털 트윈, 공정 파라미터 최적화)
- 3단계(12~18개월): 예지 정비 시스템 구축

2. 원래 전략과 보완된 전략 비교

- 기술 아키텍처

구분	원래 전략	보완된 전략	보완 이유
접근법	클라우드 ML 서비스 중심	클라우드 ML과 온디바이스 AI의 하이브리드 접근법	최신 온디바이스 AI 기술 트렌드 반영, 실시간 처리 필요성 충족 및 비용 절감
실행 방안	클라우드 기반 품질 예측 모델	중요/시급 데이터는 클라우드 처리, 실시간 모니터링은 경량 ML 모델 활용	프라이버시 중심 컴퓨팅 확산 추세 반영, 현장에서의 즉각적 의사결정 지원

- 품질 예측 시스템

구분	원래 전략	보완된 전략	보완 이유
기능	주간 품질 예측 리포트 중심	자동 알림 및 조치 권고, 부품/공정별 특화 모델 개발	단순 예측을 넘어 실질적 품질 개선 프로세스와 연계 필요, 자동차 부품 품질 검사 데이터 활용 사례 참고
분석 범위	품질검사/센서 데이터 연계	품질 데이터와 생산 파라미터 간 상관관계 분석, 최적화 피드백 구축	예측을 넘어 원인 분석 및 자동 최적화로 발전 필요, 품질 이슈의 근본 원인 해결 위한 종합적 접근

- 생략 -

외부 최신 지식을 통해 검증하고 보완을 요청한 결과(출처: Claude)

분량상 모든 내용을 넣지는 않았지만, 가상의 '대한테크노' 사례에서 MCP는 단순한 전략 수립을 넘어, 최신 트렌드와 외부 지식을 바탕으로 구체적인 개선점을 도출했다. 예를 들어 원래 단순 클라우드 ML 서비스 중심이었던 접근법이 '클라우드 ML과 온디바이스 AI의 하이브리드 모델'로 발전했다. 이는 실시간 처리 필요성과 비용 절감을 모두 고려한 **기술 아키텍처 개선**의 결과다.

또한 단순 주간 리포트 중심에서 '자동 알림 및 조치 권고'와 '부품/공정별 특화 모델 개발'로 확장되었다. 이는 단순 예측을 넘어 실질적 개선 프로세스와 연계하는 방향으로의 진화를 위해 **품질 예측 시스템 고도화를 제안한 것**을 의미한다.

이러한 보완은 대한테크노의 비즈니스 환경과 목표에 더 효과적으로 부합하는 AI 전략의 발전을 보여준다. 특히 분석 범위에서도 주목할 만한 발전이 있다. 기존에는 단순히 '품질검사/센서 데이터 연계'만을 고려했으나, 보완된 전략에서는 '품질 데이터와 생산 파라미터 간 상관관계 분석'과 '최적화 피드백 구축'으로 확장되었다. 이는 예측에만 머무르지 않고 근본 원인 분석과 자동 최적화 시스템으로 발전시키기 위한 종합적 접근법이다.

또한 brave-search를 통해 최신 정보들을 수집하여 제조업계에서 주목받고 있는 '프라이버시 중심 컴퓨팅' 트렌드를 반영하고, 현장에서의 즉각적인 의사결정을 지원한다는 측면에서 큰 의미가 있다. 특히 불량률 증가와 품질 이슈로 인한 리콜 손실이라는 대한테크노의 핵심 과제를 해결하기 위해 효과적인 방향으로 전략이 정교화된 것이다.

만약 실제로 대한테크노의 전략 설계 직원이 존재하고 이러한 작업을 했다면, MCP는 스스로 허용된 범위 내에서 대한테크노 직원의 여러 작업 파일에 접근해 더 많은 내용을 파악하고 정교하게 보완하고 전략을 제안했을 것이다. 대한테크노의 여러 업무 파일에 접근해 진행 상황과 기술 수준을 파악한 뒤에 제안한다고 생각해보자. 우리는 AI를 이용해서 수많은 취합과 요약을 대신하고 이를 반영해서 전략에 반영할 수 있게 되는 것이다.

이처럼 MCP를 활용한 전략 보완 과정은 내부와 외부의 여러 정보들을 연결하여 기업의 현재 상황, 산업 트렌드, 실질적인 구현 가능성을 종합적으로 고려한 균형 잡힌 접근법을 가능하게 한다.

AI와 MCP의 결합은 모든 직장인에게 전략적 사고의 지평을 넓혀주는 강력한 도구다. AI를 활용한 전략 설계의 핵심 가치는 시간 절약과 깊이 있는 통찰력 확보에 있다. 몇 주씩 걸리던 데이터 분석이 몇 시간으로 줄어들고, 인간의 편향에서 벗어난 객관적 시각을 얻을 수 있다. 특히 여러 가지 시나리오를 빠르게 비교하고, 놓치기 쉬운 연결점을 발견하는 AI의 능력은 우리의 전략에 깊이와 견고함을 더한다.

중요한 것은 AI를 단순한 도구가 아닌 전략적 파트너로 바라보는 관점이다. AI가 제공하는 분석과 제안은 항상 우리의 경험, 직관, 판단력과 결합될 때 최고의 결과를 만들어낸다. 우리는 여전히 전략의 설계자이며, AI는 우리의 능력을 확장하는 조력자다.

오늘부터 활용해보면 복잡한 비즈니스 과제를 해결하는 과정에서 얼마나 많은 시간과 노력을 절약하고, 더 깊은 통찰력을 얻을 수 있는지 경험하게 될 것이다. 기술의 진입 장벽은 이미 무너졌다. 이제 남은 것은 우리의 첫 발걸음뿐이다.

> **용어 설명**

★ 클라우드 ML

클라우드 ML(machine learning)은 인터넷을 통해 접근 가능한 원격 서버에서 머신러닝 모델을 개발, 훈련, 배포하는 방식이다. 사용자의 로컬 기기가 아닌 강력한 원격 컴퓨터에서 복잡한 계산이 이루어진다고 생각하면 된다.

클라우드 ML의 핵심 장점은 강력한 컴퓨팅 자원에 접근할 수 있다는 점이다. 일반 컴퓨터로는 며칠이나 몇 주가 걸릴 복잡한 AI 모델 훈련도 클라우드의 고성능 서버를 이용하면 몇 시간으로 단축할 수 있다. 또한 필요할 때만 컴퓨팅 자원을 빌려 쓰고 비용을 지불하기 때문에 고가의 장비를 구매할 필요가 없다.

★ 온디바이스 AI

온디바이스 AI는 클라우드 서버가 아닌 사용자의 기기(스마트폰, 태블릿, 노트북 등) 내에서 직접 AI 모델이 작동하는 방식이다. 이는 마치 가전제품이 자체적으로 생각하고 판단하는 것과 같다.

온디바이스 AI의 가장 큰 특징은 인터넷 연결 없이도 작동한다는 점이다. 예를 들어 최신 스마트폰에서 사진 속 인물을 자동으로 인식하거나, 음성 비서가 간단한 명령을 처리하는 기능은 모두 기기 내부의 AI 모델이 처리한다.

> **MCP 활용 Tip 정리**
> 1. 다양한 MCP 서버들을 서로 결합
> 2. 순차적 사고로 프롬프트 이해시키기
> 3. 적합한 MCP 서버가 있다면 스스로 선택
> 4. 복잡하거나 전문적인 프롬프트 생성에 순차적 사고 사용
> 5. 데이터 분석 시 순차적 사고와 SQLite 결합 사용

CHAPTER

5

나만의
MCP 서버 만들기

이 장에서는 AI의 심장부라고 할 수 있는 MCP 서버를 직접 만드는 과정을 살펴본다. 기존의 표준 MCP 서버도 훌륭하지만, 자신만의 방식으로 MCP 서버를 설계하고 구축하면 새로운 가능성을 열 수 있다.

MCP 서버를 커스텀으로 구축하면, 시중 제품에는 없는 자신만의 고유 기능을 추가할 수 있다. 이번 장의 목표는 MCP 서버의 핵심 개념을 효과적으로 전달하고, 누구나 이해할 수 있도록 서버 구축 단계를 안내하는 것이다. IT 배경 지식이 없어도 전체 과정을 이해할 수 있도록 전개할 예정이다.

자신만의 MCP 서버를 만드는 과정은 단순한 기술 구현을 넘어, AI와의 소통 방식을 재정의하는 창의적인 여정이다. 이번 장을 통해 그 흥미로운 가능성을 함께 탐색해보자.

- 5.1 환경 설정과 서버 세팅
- 5.2 나만의 서버 만들기(feat. 도구)
- 5.3 나만의 리소스 정의하기
- 5.4 나만의 프롬프트 정의하기
- 5.5 초보자를 위한 바이브 코딩으로 서버 구성(feat. LLM)

5.1 환경 설정과 서버 세팅

자, 이제 **MCP 서버**를 커스텀으로 구축하는 여정을 시작해보자. 먼저 MCP의 핵심 개념을 이해하고, 환경을 설정하는 방법을 알아보겠다.

MCP 서버를 만들기 위해서는 리소스, 도구, 프롬프트라는 세 가지 주요 개념을 이해하는 것이 우선이다. 앞서 2.4절에서 설명한 내용을 다시 한번 확인하고 오는 것을 권한다.

여기서는 이 세 가지 기능 중 **도구**에 집중할 것이다. 이는 도구를 통해 AI가 단순히 대화하는 것을 넘어 실제 작업을 수행할 수 있기 때문이다. 예를 들어 일정을 등록하거나, 이메일을 보내거나, 정보를 검색할 수 있다. 게다가 사용자의 특정 요구에 맞춘 도구를 직접 만들 수도 있다. 즉, 자신만의 DB나 내부 시스템과 연동하는 도구를 갖는 것이다. 또한, 도구는 필요에 따라 계속 추가할 수 있어, AI의 능력을 지속적으로 확장시킬 수 있다.

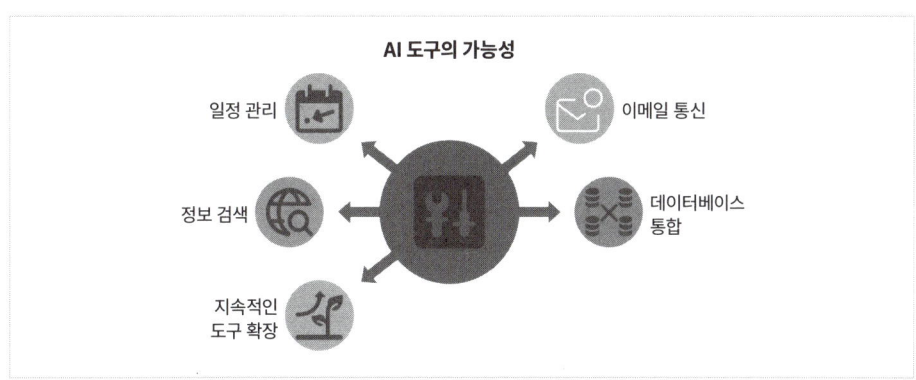

그림 5.1 **MCP 도구의 가능성 예시**(출처: Napkin.ai)

이 장에서는 공공데이터포털에서 제공하는 날씨 API를 활용하여 커스텀 MCP 서버를 만들어볼 것이다. 이 커스텀 MCP 서버는 '서울 시청의 날씨는 어때?'와 같은 질문에, AI가 실시간으로 날씨 API에 접속해 최신 정보를 가져와 응답할 수 있게 한다.

즉, AI가 2023년까지의 데이터로 학습한 모델이라고 하더라도, 2025년 5월 어느 날 현재의 날씨 정보까지 실시간으로 정확하게 제공할 수 있다는 뜻이다.

먼저, 환경 설정에 앞서, 필요한 프로그래밍 언어를 설치해보자.

두 가지 준비 작업이 필요하다. 하나는 서버를 파이썬으로 작성할 예정이므로, 파이썬을 설치하는 것이다. **파이썬**Python은 AI 개발에서 많이 사용되는 프로그래밍 언어로, 쉽게 배울 수 있으면서도 강력한 기능을 제공한다. 물론 MCP 서버를 반드시 파이썬으로 개발할 필요는 없다. 하지만 파이썬은 비전공자에게도 비교적 진입 장벽이 낮고, 널리 사용되어 참고할 수 있는 코드와 자료가 풍부하기 때문에 이 책에서는 파이썬을 선정했다. 특히 다른 주 언어에 익숙한 전공자라면 파이썬을 이해하고 활용하는 데 큰 어려움이 없을 것이다.

보통은 파이썬이 이미 설치되어 있는 경우도 있지만, 설치되어 있지 않은 독자들을 위해 파이썬을 설치하는 방법부터 단계별로 살펴보겠다. 파이썬을 설치하는 방법은 다양하지만, GUI 환경에 익숙한 일반 사용자를 고려해 구글에서 '파이썬'을 검색하거나 다음 링크로 접속하여 설치하는 방식을 추천한다.

- https://www.python.org/

그림 5.2와 같이 파이썬 공식 홈페이지에 접속하면 바로 다운로드할 수 있다. 메뉴 중 **Downloads**에 마우스를 올리면 **[Download for Windows]** 버튼이 나타나는데, 이를 클릭하면 가장 최신 버전의 파이썬을 다운로드할 수 있다.

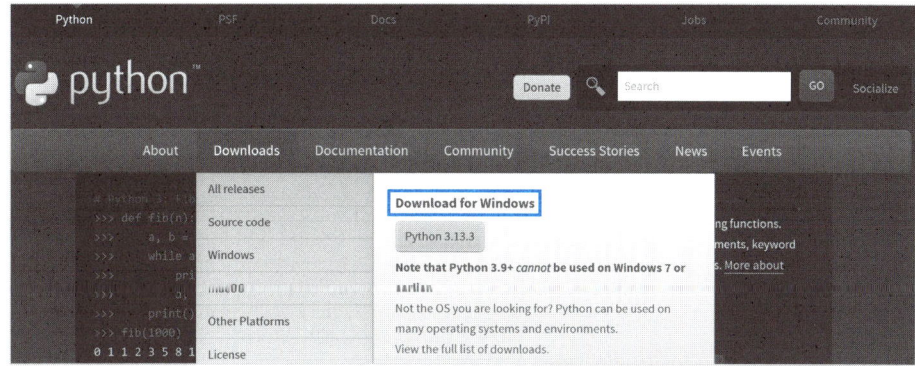

그림 5.2 파이썬 공식 홈페이지에 접속해서 Downloads에 마우스를 올리면 보이는 화면[1]

설치 파일을 실행하면 그림 5.3과 같은 설치 화면이 표시된다.

설치를 위해 [Install Now] 버튼을 누르면 설치가 시작된다. 'Setup was Successful'이라는 문구가 보이면, 파이썬이 성공적으로 설치된 것이다.

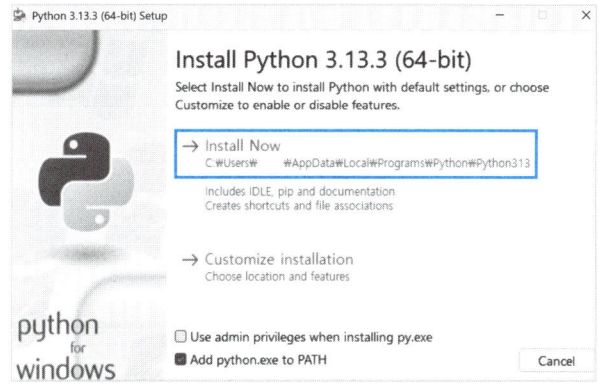

그림 5.3 파이썬 설치 파일을 실행하면 보이는 설치 팝업(출처: Python)

설치할 때는 하단의 'Add python.exe to PATH' 옵션을 선택하는 것을 추천한다. 이 설정은 환경 변수(PATH)에 파이썬 설치 경로를 추가하는 것을 의미한다. 환경 변수는 운영체제에서 프로그램을 실행할 때, 해당 프로그램이 어디에 있는지 찾기 위한 디렉터리 목록이다.

---

1 https://www.python.org/

환경 변수에 파이썬 경로를 추가한다는 것은 명령 프롬프트에서 `python`을 입력하면, 시스템이 PATH에 등록된 경로를 찾아 자동으로 파이썬을 실행할 수 있게 해준다는 것이다. 이 설정을 해두면 나중에 파이썬을 훨씬 편리하게 사용할 수 있다.

이제 본격적으로 환경 설정을 시작해보자.

첫 번째 단계는 파이썬 패키지 관리 도구인 **uv**를 설치하는 것이다. **패키지**란 다른 개발자들이 만들어놓은 코드 모음으로, 이를 활용하면 좀 더 빠르게 개발을 진행할 수 있다.

uv의 주요 장점은 패키지 설치 속도가 기존 도구(pip)보다 훨씬 빠르며, 가상 환경(프로젝트마다 독립된 파이썬 환경) 관리가 쉽다. 그리고 패키지 의존성(한 패키지가 다른 패키지를 필요로 하는 관계) 관리가 더 효율적이다.

윈도우에서 uv를 설치하려면 PowerShell을 실행해야 한다. PowerShell은 윈도우의 명령어 기반 인터페이스로, 명령어를 통해 컴퓨터를 제어할 수 있는 도구다. 작업 표시줄의 검색창에 'PowerShell'을 입력하면 그림 5.4와 같은 화면이 나타난다.

그림 5.4 작업 표시줄 검색창에 PowerShell을 입력한 결과

관리자 권한의 PowerShell 창이 열리면, 다음 명령어를 입력한다.

```
<powershell -ExecutionPolicy ByPass -c "irm https://astral.sh/uv/install.ps1 | iex">
```

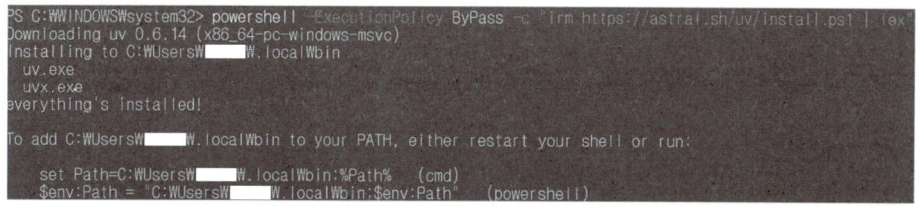

그림 5.5 uv를 설치하는 명령어를 실행한 화면

그림 5.5와 비슷한 결과가 나타나면 설치가 성공적으로 완료된 것이다. 이 명령어는 인터넷에서 uv 설치 스크립트를 다운로드하고 실행하는 역할을 한다.

윈도우 PowerShell 명령어에 대해 간단히 설명하자면 다음과 같다.

- -ExecutionPolicy ByPass는 PowerShell의 실행 정책을 일시적으로 'ByPass'로 설정한다. ByPass로 설정한다는 것은 모든 경고와 프롬프트를 무시하고 스크립트를 제한 없이 실행한다는 것이다. 이것은 인터넷에서 다운로드한 스크립트를 실행할 수 있게 한다. 보안 위험이 있을 수 있으므로 신뢰할 수 있는 소스의 스크립트에만 사용해야 한다.
- irm은 URL[2]에서 PowerShell 설치 스크립트를 다운로드한다. URL은 uv 설치 스크립트가 위치한 주소다.
- |(파이프 연산자)는 왼쪽 명령의 출력을 오른쪽 명령의 입력으로 전달한다. 이 경우 irm 명령으로 다운로드한 스크립트 내용이 다음 명령어인 iex의 입력으로 전달된다.
- iex는 파이프로 전달받은 설치 스크립트(install.ps1)의 내용을 PowerShell로 실행한다. 이는 보안상의 이유로 일반적으로 권장하지 않지만, 신뢰할 수 있는 소스에서 제공하는 스크립트를 실행하는 경우에는 허용될 수 있다. 특히 이 경우에는 공식 uv 설치 방법이므로 안전하다고 볼 수 있다.

이제 uv가 설치되었으니, 본격적으로 우리의 MCP 서버 프로젝트를 생성하고 설정해보자. PowerShell 창에서 코드 5.1의 명령어들을 순서대로 실행한다. 참고로 #은 주석으로 코드 설명을 위해 써놓은 것으로 실제 실행되지 않는 부분이다. 그러므로 따라 할 때는

---

2 https://astral.sh/uv/install.ps1

\#이 없는 부분만 입력도 괜찮다.

```
# 새 프로젝트 디렉터리 생성
uv init weather
cd weather
# 가상 환경 생성 및 활성화
uv venv
.venv\Scripts\activate # 에러 발생 시 Set-ExecutionPolicy Bypass -Scope Process
-Force 입력, 실행
# 의존성 설치
uv add mcp[cli] httpx xmltodict
# 서버 파일 생성
new-item weather.py
```

코드 5.1 환경 생성과 서버 파일을 생성하는 코드[3]

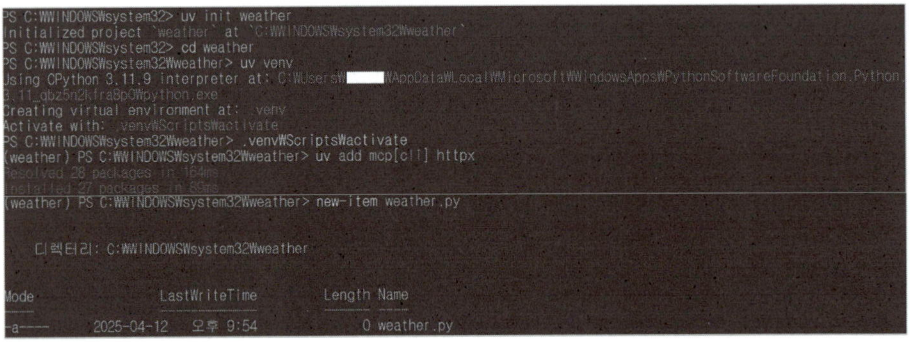

그림 5.6 명령어를 실행한 결과

그림 5.6과 같은 화면이 나타나면 설정이 성공적으로 완료된 것이다. 이제 각 명령어가 어떤 역할을 하는지 하나씩 살펴보자.

먼저, **uv init weather**는 프로젝트의 기본 구조를 생성하는 명령어다. 이 명령어를 실행하면 'weather'라는 이름의 새 폴더가 생성되며, 해당 폴더는 파이썬 프로젝트로 초기화된다.

---

[3] https://modelcontextprotocol.io/quickstart/server#core-mcp-concepts

`cd weather`는 방금 생성한 'weather' 폴더로 이동하는 명령어다. 여기서 `cd`는 'change directory'의 약자로, 지정한 폴더로 이동할 때 사용한다.

`uv venv`는 이 프로젝트를 위한 **가상 환경**을 생성하는 명령어다. 가상 환경은 프로젝트마다 독립된 파이썬 환경을 제공하여, 서로 다른 프로젝트 간의 패키지 충돌을 방지한다. 생성된 가상 환경은 `.venv`라는 폴더에 저장된다.

`.venv\Scripts\activate` 명령어는 앞서 만든 가상 환경을 활성화하는 명령어다. 활성화되면 PowerShell 프롬프트 앞에 `(weather)`와 같이 가상 환경 이름이 표시된다. 이 상태에서는 설치하는 모든 패키지가 해당 가상 환경 안에만 설치된다. 이렇게 하면 컴퓨터의 다른 파이썬 프로젝트에 영향을 주지 않고, 프로젝트 단위로 독립적인 설정이 가능해진다.

만약 여기에서 `<FullyQualifiedErrorId : UnauthorizedAccess>`와 같은 에러가 발생한다면, `Set-ExecutionPolicy Bypass -Scope Process -Force` 명령어를 입력하면 된다. 항상 그런 것은 아니지만 일반적으로 가상 환경 활성화를 시도하면서 인터넷에서 다운로드한 파일로 인식해 실행을 차단하는 경우에 대비한 조치다.

`uv add "mcp[cli]" httpx xmltodict` 명령어는 MCP 서버 개발에 필요한 세 가지 주요 패키지를 설치한다. `mcp[cli]`는 MCP 서버를 구축하기 위한 핵심 라이브러리 및 명령줄 인터페이스로, 이 패키지가 있어야 손쉽게 MCP 서버를 만들 수 있다. `httpx`는 외부 서비스와 통신할 때 HTTP 요청을 보내고 받기 위한 현대적인 파이썬 라이브러리다. `xmltodict`는 XML(데이터를 저장하고 전송하기 위해 설계된 언어의 한 종류) 데이터를 쉽게 파싱하여 딕셔너리로 변환하거나 그 반대 작업을 하는 라이브러리다.

여기서 XML은 마치 잘 정리된 서류함처럼 정보를 체계적으로 구조화해 저장하는 문서 형식이다. `xmltodict`는 이 XML 데이터를 컴퓨터가 쉽게 사용할 수 있는 형태인 딕셔너리로 변환해주는 역할을 한다. 마치 외국어 번역기와 유사한 역할을 하며, XML이라는 언어로 작성된 정보를 프로그램이 이해하기 쉬운 언어인 딕셔너리로 번역해주는 것이다. 딕셔너리는 '이름표가 붙은 정보 모음'으로, 예를 들어 주소록처럼 '이름'에 해당하는 '전화번호'가 연결되어 있는 형태라고 생각하면 된다.

또한 `xmltodict`는 딕셔너리를 다시 XML 형태로 변환하는 기능도 제공하여, 프로그램이 생성한 데이터를 다른 시스템으로 전송할 때도 유용하다.

마지막으로 `new-item weather.py` 명령어는 빈 `weather.py` 파일을 생성하여여 실제 로직을 작성할 수 있는 작업 공간을 마련한다. 이 파일이 생성되는 디렉터리는 앞으로 계속 사용할 것이니 잘 기억하도록 하자.

이제 본격적으로 개발에 들어가기 전, 우리가 만들 프로젝트의 개요를 설명하겠다.

이번 프로젝트의 목표는 공공데이터포털에서 제공하는 기상청 API를 활용해 현재 날씨 정보를 조회할 수 있는 커스텀 MCP 서버를 개발하는 것이다.

공공데이터포털은 한국 정부가 운영하는 공공 데이터 통합 제공 플랫폼으로, 다양한 정부 부처와 공공기관이 생성한 데이터를 API 형태로 제공하여 개발자와 연구자들이 쉽게 활용할 수 있도록 한다. 그중 기상청은 초단기예보, 단기예보, 중기예보 등 다양한 날씨 정보를 제공하므로, 이를 이번 프로젝트에 이용할 것이다.

먼저 공공데이터포털에 회원가입을 해야 한다.

구글에 '공공데이터포털'을 검색하거나 https://www.data.go.kr/로 접속해 회원가입을 진행하자. 회원가입이 완료되면 메인 화면의 검색창에 '동네 예보'를 입력해보자. 그러면 그림 5.7과 같은 서비스를 찾을 수 있다. 여기서 우측에 **[활용신청]** 버튼을 클릭하자.

그림 5.7 동네 예보를 검색하면 나오는 서비스[4]

---

[4] https://www.data.go.kr/data/15084084/openapi.do

그림 5.8과 같은 화면이 나오면 절차를 따라 신청하면 된다.

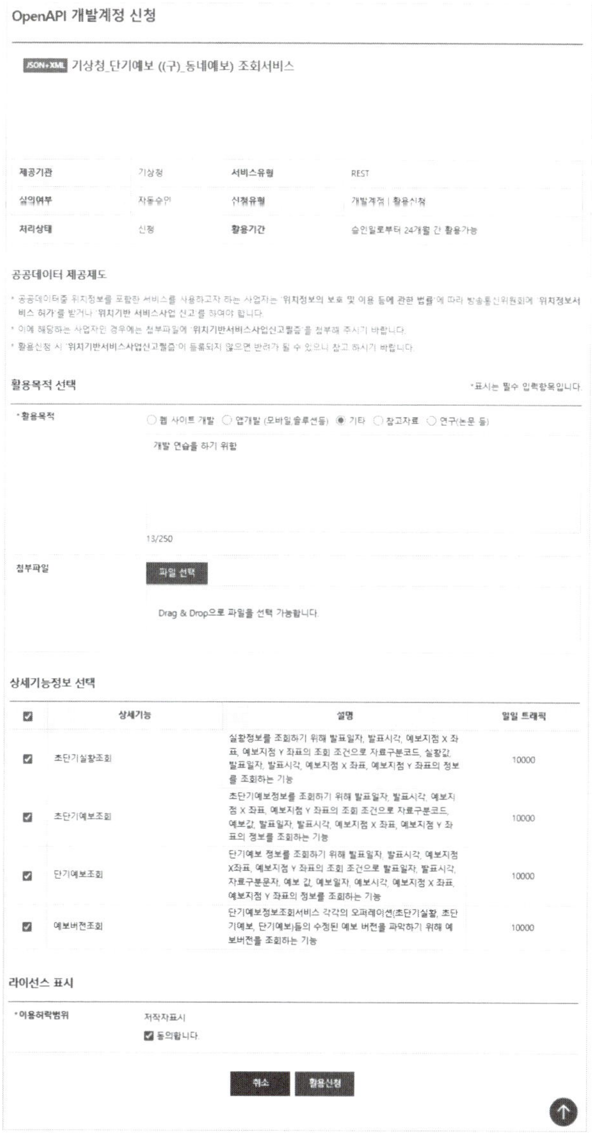

그림 5.8 기상청_단기예보((구)_동네예보) 조회 서비스를 활용 신청하는 화면

활용 신청은 그림 5.8과 같이 진행하면 된다. 이렇게 하면 자동으로 활용 승인이 될 것이다.

이제, 이를 실제로 활용하기 위한 API 키를 확인해보자. 그림 5.9와 같이 **마이페이지**에 접속하면 API 키가 자동으로 발급되어 있을 것이다. 여기서 **[인증키 복사(Decoding)]**를 클릭해서 복사하자. 이제 이 키는 API 키로 활용할 것이므로 어딘가에 잘 저장해두자.

그림 5.9 마이페이지에 접속하면 보이는 화면[5]

여기까지 했다면 서버를 만들기 위한 준비는 끝났다. 이제부터 서버를 만들기 위해 하나씩 단계별로 따라해보자.

---

5 https://www.data.go.kr/

5.2 나만의 서버 만들기 (feat. 도구)

도구는 앞서 이야기한 것처럼 특정 작업을 수행할 수 있게 해주는 기능이다. 이를 정의하기 위해 먼저 코드 에디터를 실행해야 한다. 다양한 코드 에디터가 있지만, 설치를 진행하면 일반 사용자 입장에서 익숙하지 않은 프로그램이 많아져 오히려 부담이 될 수 있다.

따라서 이미 설치된 **파이썬 IDLE**를 사용할 것이다. 파이썬 IDLE는 파이썬 설치 시 함께 제공되는 기본 **통합 개발 환경**integrated development environment, IDE으로, 코드 에디터뿐만 아니라 코드 출력 및 에러 메시지를 채색하는 파이썬 셸 창과 다중 실행 취소, 파이썬 색상 지정, 스마트 들여쓰기, 호출 팁, 자동 완성 및 기타 기능이 있는 다중 창 텍스트 편집기 등의 기능을 제공하는 파이썬의 통합 개발 및 학습 환경이다.

먼저, 작업 표시줄의 검색 아이콘을 클릭하고 'IDLE'를 검색해보자.

검색된 IDLE 항목에서 **[관리자 권한으로 실행]** 버튼을 클릭해 실행하자. 이 책을 집필할 당시 Python 3.13 버전을 설치했기 때문에 해당 버전이 표시되지만, 사용자마다 표시되는 버전은 다를 수 있다. 큰 문제는 되지 않겠지만, 최신 버전으로 업데이트하는 것을 권장한다.

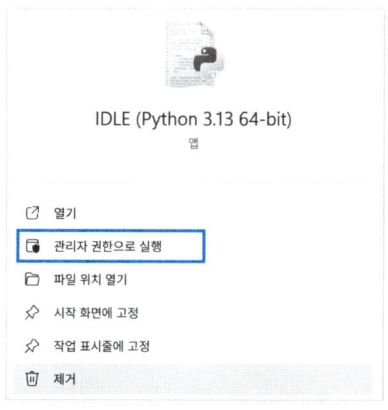

그림 5.10 IDLE를 검색하면 나오는 화면

이제 실행한 IDLE을 통해 코드를 편집해보자.

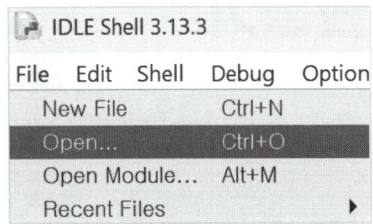

그림 5.11 .py 파일을 여는 화면(출처: Python IDLE)

우리는 앞서 `weather.py`라는 파일을 만든 적이 있다. 앞으로 작성할 코드들은 이 파일에 저장할 것이다.

이 파일은 이전에 `new-item weather.py` 명령어를 통해 생성되었으며, 해당 명령어가 실행되었던 디렉터리에 저장되어 있다. 해당 경로로 이동하여 `weather.py` 파일을 열어보자.

처음 열었을 때는 아무 내용도 없을 것이다. 빈 파일로 생성되었기 때문이다. 이제 이 파일에 실제로 작동할 수 있는 코드를 넣어보겠다.

먼저, 현재 날씨를 조회하는 도구를 개발할 것이다. 이를 위해 단계별로 코드를 작성하고, 최종적으로 만들어진 코드는 `weather.py`에 저장된다.

먼저, 필요한 라이브러리를 불러오자.

코드 5.2는 프로그램에 필요한 라이브러리를 가져오는 부분이다.

```
from typing import Any
import os
import httpx
import xmltodict
from datetime import datetime
from mcp.server.fastmcp import FastMCP
```

코드 5.2 필요한 라이브러리들을 사용하기 위해 준비하는 모습

typing은 함수의 입력과 출력 형식을 명시하는 데 사용하고, os는 운영체제와 상호 작용하기 위해 사용한다. httpx는 웹 API 호출을 위한 현대적인 HTTP 클라이언트이며, xmltodict는 XML 형식의 데이터를 파이썬 딕셔너리로 변환하는 라이브러리이고, datetime은 날짜와 시간을 다루는 라이브러리다. 마지막으로 가장 중요한 FastMCP는 MCP 서버를 쉽게 만들기 위한 프레임워크이므로 꼭 활용해야 한다.

다음으로 MCP 서버를 실제로 사용하기 위한 준비를 해보자.

```python
mcp = FastMCP("korea_weather")
API_BASE = "http://apis.data.go.kr/1360000/VilageFcstInfoService_2.0"
USER_AGENT = "korea-weather-app/1.0"
SERVICE_KEY = os.environ.get("service_key", "")

# 강수 형태 코드 매핑
PTY_CODE = {
    "0": "없음", "1": "비", "2": "비/눈", "3": "눈", "4": "소나기",
    "5": "빗방울", "6": "빗방울눈날림", "7": "눈날림"
}

# 풍향 16방위
WIND_DIRECTIONS = [
    "북(N)", "북북동(NNE)", "북동(NE)", "동북동(ENE)",
    "동(E)", "동남동(ESE)", "남동(SE)", "남남동(SSE)",
    "남(S)", "남남서(SSW)", "남서(SW)", "서남서(WSW)",
    "서(W)", "서북서(WNW)", "북서(NW)", "북북서(NNW)"
]

# 날씨 카테고리 코드 설명
CATEGORY_DESCRIPTIONS = {
    "T1H": "기온", "RN1": "1시간 강수량", "UUU": "동서바람성분", "VVV": "남북바람성분",
    "REH": "습도", "PTY": "강수형태", "VEC": "풍향", "WSD": "풍속"
}

# 날씨 카테고리 단위
CATEGORY_UNITS = {
    "T1H": "°C", "RN1": "mm", "UUU": "m/s", "VVV": "m/s",
    "REH": "%", "PTY": "", "VEC": "°", "WSD": "m/s"
}
```

코드 5.3 **MCP 서버를 사용하기 위한 준비**

`FastMCP("korea_weather")` 코드는 'korea_weather'라는 이름으로 MCP 서버를 생성한다. 이름은 해당 서버가 제공하는 기능을 나타내면, 나중에 헷갈릴 수 있기 때문에 직관적으로 짓는 것이 좋다.

`API_BASE`라는 변수에는 기상청 API의 기본 URL을 입력했고, `USER_AGENT` 변수에는 API 요청 시 자신을 식별하기 위한 정보를 입력했다. 다음으로 `SERVICE_KEY = os.environ.get("service_key", "")` 코드는 환경 변수에서 서비스 키를 가져오는 역할을 한다. 공공데이터포털의 API를 사용하려면 반드시 서비스 키가 필요하다. 이 코드는 `"service_key"`라는 환경 변수에서 서비스 키를 가져온다. 이 환경 변수는 향후 MCP 서버 설정에서 지정할 것이니 지금은 그대로 이해하고 넘어가면 된다.

이제 실제로 API를 요청하는 함수를 만들기 전에, 응답값이 어떻게 구성되어 있는지를 먼저 이해할 필요가 있다. 우리가 구현할 정보는 초단기 실황으로, 좌표 정보가 입력되면 해당 예보 구역에 대표 관측값을 반환해준다.

반환되는 정보는 표 5.1과 같다.

예보 구분	항목값	항목명	단위	압축 bit 수
초단기 실황	T1H	기온	℃	10
	RN1	1시간 강수량	mm	8
	UUU	동서 바람 성분	m/s	12
	VVV	남북 바람 성분	m/s	12
	REH	습도	%	8
	PTY	강수 형태	코드값	4
	VEC	풍향	deg	10
	WSD	풍속	m/s	10

표 5.1 기상청 단기예보 조회 서비스의 초단기 실황 API 응답 정보[6]

---

[6] https://www.data.go.kr/data/15084084/openapi.do

표 5.1을 보면 다양한 기상 정보를 포함하고 있어 현재의 날씨 상태를 종합적으로 파악할 수 있다. 예를 들어 PTY는 강수 형태를 나타내며, 각 값의 의미는 없음(0), 비(1), 비/눈(2), 눈(3), 빗방울(5), 빗방울눈날림(6), 눈날림(7)이 된다. 실제 응답에서는 0부터 7 사이의 값으로 반환되며 각 숫자별로 의미가 부여되어 있다.

이제 API에 대한 정보는 필요한 만큼 얻었다. 다음으로 실제 API를 요청하는 함수를 정의할 것이나.

```python
def get_wind_direction(vec: float) -> str:
    """
    풍향값(degree)을 16방위로 변환한다.
    16방위 문자열 (예: '북(N)', '북동(NE)')
    """
    # (풍향값 + 22.5 * 0.5) / 22.5 = 변환값(소수점 이하 버림)
    convert_val = int((vec + 22.5 * 0.5) / 22.5)
    if convert_val >= 16:
        convert_val = 0
    return WIND_DIRECTIONS[convert_val]

async def make_api_request(url: str, params: dict) -> Dict[str, Any] | None:
    """
    한국 기상청 API에 요청을 보내고 응답을 처리한다.
    """
    headers = {
        "User-Agent": USER_AGENT,
        "Accept": "application/xml"
    }
    async with httpx.AsyncClient() as client:
        try:
            response = await client.get(url, params=params, headers=headers, timeout=30.0)
            response.raise_for_status()
            return xmltodict.parse(response.text)
        except Exception as e:
            return {"error": str(e)}
```

코드 5.4 기상청 API로부터 날씨 정보를 요청하고 처리하는 코드

`get_wind_direction`은 앞서 정의한 16방위로 변환하는 함수다. 총 "북(N)", "북북동(NNE)", "북동(NE)", "동북동(ENE)", "동(E)", "동남동(ESE)", "남동(SE)", "남남동(SSE)", "남(S)", "남남서(SSW)", "남서(SW)", "서남서(WSW)", "서(W)", "서북서(WNW)", "북서(NW)", "북북서(NNW)"의 16가지다. 기상청으로부터 숫자로 된 값을 받는데, 사람이 읽을 수 있는 문자로 바꾸어준다고 보면 된다.

`make_api_request` 함수는 기상청 API에 데이터를 요청하고 응답을 처리하는 역할을 한다. `async def` 코드는 비동기 함수로 정의하여 여러 요청을 효율적으로 처리한다.

이 코드를 쓰면 앞의 날씨 정보를 요청한 것이 끝날 때까지 기다린 뒤에 정보를 요청하는 것이 아니라, 앞의 날씨 정보를 요청한 것이 끝나지 않아도 요청을 또 할 수 있다.

다음으로는 날짜와 시간 처리 함수를 만들 것이다.

```python
def get_current_date() -> str:
    """
    현재 날짜를 YYYYMMDD 형식의 문자열로 반환한다.
    """
    return datetime.now().strftime("%Y%m%d")

def get_current_time() -> str:
    """
    적절한 API 호출을 위한 base_time을 계산하여 반환한다.
    현재 시간이 정시로부터 10분 이내라면 이전 시간대 데이터를 사용한다.
    """
    now = datetime.now()
    # 현재 시간이 정시로부터 10분 이내라면 이전 시간대 데이터 사용
    if now.minute < 10:
        now = now - timedelta(hours=1)

    # 시간을 HHMM 형식으로 변환 (정시이므로 분은 00)
    return f"{now.hour:02d}00"
```

코드 5.5 날짜와 시간을 처리하는 함수

기상청 API는 날짜와 시간을 특정 형식으로 요구한다. 이 형식에 맞추어서 보내야 하기 때문에 이러한 형식으로 바꾸는 함수를 정의한 것이다. `get_current_date` 함수는 오늘 날짜를 "YYYYMMDD" 형식으로 반환(예: 20250413)한다. `get_current_time` 함수는 현재 시간을 "HHMM" 형식으로 반환하되, 기상청 API가 갱신되는 특성을 고려하여 적절한 시간대를 선택한다.

다음으로 날씨 데이터 가공 함수를 정의할 것이다.

```python
def format_weather_data(items: list) -> Dict[str, str]:
    """
    API 응답에서 받은 날씨 데이터를 사용자 친화적인 형태로 가공한다.
    """
    weather_data = {}

    for item in items:
        category = item['category']
        value = item['obsrValue']

        # 카테고리별 처리
        if category == "T1H":  # 기온
            weather_data['temperature'] = f"{value}{CATEGORY_UNITS[category]}"

        elif category == "RN1":  # 1시간 강수량
            weather_data['rainfall'] = f"{value}{CATEGORY_UNITS[category]}"

        elif category == "UUU":  # 동서 바람 성분
            # 양수: 동, 음수: 서
            direction = "동" if float(value) >= 0 else "서"
            weather_data['east_west_wind'] = f"{abs(float(value)):.1f}{CATEGORY_UNITS[category]} ({direction})"

        elif category == "VVV":  # 남북 바람 성분
            # 양수: 북, 음수: 남
            direction = "북" if float(value) >= 0 else "남"
            weather_data['north_south_wind'] = f"{abs(float(value)):.1f}{CATEGORY_UNITS[category]} ({direction})"

        elif category == "REH":  # 습도
            weather_data['humidity'] = f"{value}{CATEGORY_UNITS[category]}"
```

```
        elif category == "PTY":  # 강수 형태
            precip_desc = PTY_CODE.get(value, "알 수 없음")
            weather_data['precipitation_type'] = f"{precip_desc} (코드: {value})"

        elif category == "VEC":  # 풍향
            wind_dir = get_wind_direction(float(value))
            weather_data['wind_direction'] = f"{value}{CATEGORY_UNITS[category]} ({wind_dir})"

        elif category == "WSD":  # 풍속
            weather_data['wind_speed'] = f"{value}{CATEGORY_UNITS[category]}"

    return weather_data
```

코드 5.6 날씨 데이터 가공 함수

기상청 API는 날씨 정보를 여러 개의 항목으로 나누어 제공한다. `format_weather_data` 함수는 API 응답의 각 항목을 반복하며 항목의 종류category에 따라 적절히 처리하고 단위를 추가하여 사람이 이해하기 쉬운 형태로 변환하는 것을 도와준다.

다음으로 날씨 정보 조회 함수를 정의할 것이다. 이 부분이 실제로 MCP 서버 내 정의된 도구다.

```
@mcp.tool()
async def get_current_weather(nx: str, ny: str) -> str:
    """
    특정 지점의 현재 날씨 정보를 가져온다.
    """
    if not SERVICE_KEY:
        return "서비스 키가 설정되지 않았습니다. 환경 변수를 확인해주세요."

    url = f"{API_BASE}/getUltraSrtNcst"
    base_date = get_current_date()
    base_time = get_current_time()

    params = {
        'serviceKey': SERVICE_KEY,
        'pageNo': '1',
        'numOfRows': '30',  # 충분한 수의 항목을 가져오기 위해 증가
        'dataType': 'XML',
        'base_date': base_date,
```

```
            'base_time': base_time,
            'nx': nx,
            'ny': ny
        }

        data = await make_api_request(url, params)
        if not data or "response" not in data:
            return "날씨 정보를 가져올 수 없습니다."

        try:
            # 응답 결과 코드 확인
            result_code = data['response']['header']['resultCode']
            if result_code != '00':
                result_msg = data['response']['header']['resultMsg']
                return f"API 오류: {result_msg} (코드: {result_code})"

            items = data['response']['body']['items']['item']
            if not items:
                return "해당 지역의 날씨 정보가 없습니다."

            # 날씨 데이터 가공
            weather_data = format_weather_data(items)

            # 결과
            result = f"""# 현재 날씨 정보
- 위치: 격자좌표 (X:{nx}, Y:{ny})
- 기준 시간: {base_date} {base_time}

## 기상 상태
- 기온: {weather_data.get('temperature', 'N/A')}
- 습도: {weather_data.get('humidity', 'N/A')}
- 강수형태: {weather_data.get('precipitation_type', 'N/A')}
- 1시간 강수량: {weather_data.get('rainfall', 'N/A')}

## 바람 정보
- 풍향: {weather_data.get('wind_direction', 'N/A')}
- 풍속: {weather_data.get('wind_speed', 'N/A')}
- 동서바람성분: {weather_data.get('east_west_wind', 'N/A')}
- 남북바람성분: {weather_data.get('north_south_wind', 'N/A')}
"""
```

코드 5.7 기상청으로부터 날씨 정보를 가져오는 함수

처음 보는 코드가 등장할 것이다. 코드 `@mcp.tool()`은 **데커레이터**라는 것으로, `get_current_weather` 함수를 MCP 도구로 등록하는 역할을 한다. 깊게 고민할 필요는 없고 MCP 도구로 등록하는 역할을 해준다고 이해하면 된다. 이 함수가 실제로 날씨 정보를 조회하는 핵심 기능이다.

`get_current_weather` 함수를 살펴보면 서비스 키를 확인하고 API 호출 및 오류 처리, 데이터 처리 및 결과 반환을 처리한다. 이는 앞서 정의했던 `make_api_request` 함수를 이용해 가져온 정보를 사람이 쉽게 이해할 수 있는 형태로 바꾸어주는 코드다.

마지막으로 이 서버를 실행하는 코드는 다음과 같다.

```
if __name__ == "__main__":
    # 서버 초기화 및 실행
    mcp.run(transport='stdio')
```

코드 5.8 **MCP 서버를 실행하는 코드**

코드 5.8은 코드가 실행될 때 MCP 서버를 시작한다. `transport='stdio'`는 표준 입출력을 통해 통신하도록 설정한다. 이 MCP 서버를 사용하면 다음과 같은 형태로 날씨 정보를 조회할 수 있다.

```
# 현재 날씨 정보
- 위치: 격자좌표 (X:60, Y:127)
- 기준 시간: 20250413 1700

## 기상 상태
- 기온: 6.2°C
- 습도: 58%
- 강수형태: 없음 (코드: 0)
- 1시간 강수량: 0mm

## 바람 정보
- 풍향: 214° (남서(SW))
- 풍속: 4.7m/s
- 동서바람성분: 2.6m/s (동)
- 남북바람성분: 3.9m/s (북)
```

코드 5.9 **가상의 날씨 정보를 조회한 결과의 예시**

이 서버는 AI 모델이 한국의 현재 날씨 정보에 접근할 수 있게 해주는 연결 다리 역할을 한다. 사용자가 '서울의 현재 날씨는 어때?'라고 물으면, AI 모델은 이 MCP 서버를 통해 실시간 날씨 정보를 조회하고 기상청으로부터 받은 데이터를 기반으로 사용자에게 응답할 수 있게 되는 것이다.

실제 구동되는 `weather.py`의 전체 코드는 https://github.com/ktreewriter/mcp_helloworld/blob/maln/weather/custom_server.py에서 확인할 수 있으니 참고하시길 바란다.

자, 지금까지 실제로 MCP 서버를 개발해보았다. 이제 이 MCP 서버를 실제 Claude Desktop에서 사용할 수 있도록 해보자. `claude_desktop_config.json`을 열고, 다음과 같이 입력하자.

```json
{
    "mcpServers": {
        "weather": {
            "command": "uv",
            "args": [
                "--directory",
                "C:\\Windows\\System32\\weather",
                "run",
                "weather.py"
            ],
            "env": {
                "service_key": "여기에_실제_자신의_인증키(Decoding)_입력"
            }
        }
    }
}
```

코드 5.10 직접 만든 Custom MCP 서버인 weather를 호출하기 위해 claude_desktop_config.json을 추가하는 코드

`service_key` 부분에 앞서 발급받은 인증 키를 넣으면 된다. 이제 Claude Desktop을 종료하고 재시작하면 준비가 끝난다. 한번 테스트해보자.

서울의 현재 날씨를 알려줘.

서울의 현재 날씨를 확인하기 위해 기상청 데이터를 조회하겠습니다.
> weather(로컬)의 get_current_weather 결과 보기>

```
{
  `nx`: `60`,
  `ny`: `127`
}
# 현재 날씨 정보
- 위치: 격자좌표 (X:60, Y:127)
- 기준 시간: 20250413 1800

## 기상 상태
- 기온: 6.1°C
- 습도: 57%
- 강수형태: 없음 (코드: 0)
- 1시간 강수량: 0mm

## 바람 정보
- 풍향: 212° (남남서(SSW))
- 풍속: 4.9m/s
- 동서바람성분: 2.6m/s (동)
- 남북바람성분: 4.2m/s (북)
```

현재 서울의 날씨는 다음과 같다.

- 기온: 6.1°C
- 습도: 57%
- 강수 상태: 없음
- 바람: 남남서풍, 풍속 4.9m/s

오후 6시 기준으로 비는 내리지 않고 있으며, 쌀쌀한 날씨다. 남남서쪽에서 바람이 불고 있어 야외 활동 시 가벼운 외투를 챙기는 것이 좋다.

서울의 현재 날씨를 물어본 결과(출처: Claude Desktop, 공공데이터포털 기상청)

테스트 시점 기준, 현재 서울은 비가 오지 않고 기온은 6.1도, 습도는 약 57%이며, 남남서풍으로 풍속은 4.9m/s라는 응답을 받았다. 이는 집필 시점 당시 서울 지역에 비가 오다가 그친 상황과 일치하며, 기상청의 실제 날씨 정보와 비교해보았을 때 기온, 습도, 풍속, 강수량 모두 적절하게 응답하고 있음을 확인할 수 있었다.

이로써 우리는 기상청 API를 활용해 현재 날씨 정보를 제공하는 weather라는 MCP 서버를 만들었다. 이를 통해 AI가 실시간으로 현재 시점의 날씨 정보를 조회할 수 있게 된 것이다.

하지만 눈치챈 독자도 있겠지만, 좌표값을 정확히 입력받는 과정은 생략되어 있다. 예를 들어 사용자가 '서울'이라고 입력하면, AI가 학습된 정보를 바탕으로 서울의 좌표를 유추하지만, 이것이 실제 서울의 정확한 좌표가 아닐 수도 있다. 따라서 실제 서비스로 구현할 경우, 이러한 **환각**hallucination 현상이 발생할 수 있음을 고려해서 개발해야 한다.

예를 들어 사용자가 지역명을 입력하면, 먼저 지역의 좌표를 정확히 조회한 후 그 좌표를 바탕으로 날씨 정보를 요청하는 방식으로 개선해야 할 것이다. 이러한 점에 흥미가 있다면, 지역명을 입력하면 좌표를 자동으로 조회하는 기능을 직접 추가해보자. 이 과정을 통해 MCP 서버와 도구에 대한 이해도가 더욱 높아질 것이다.

개발이나 코딩 경험이 없는 독자들을 위해 마지막으로 한 번 더 정리하겠다. 이번에는 어느 정도 감이 잡혔다고 생각하고, IDLE 등의 설명을 생략한 채 복잡한 코딩 없이 도구를 정의하는 과정을 핵심만 요약해보려 한다. 이 핵심 개념을 이해한 후, 실제로 날씨를 조회하는 나만의 MCP 서버를 만드는 과정을 따라가다 보면, 여러분도 '시티즌 MCP 개발자'가 되기에 충분한 정보와 자신감을 갖게 될 것이다.

마지막으로 나만의 MCP 서버 개발을 복기한다는 의미에서 helloworld로 만들어보자. 앞서 배운 내용을 스스로 떠올려 입력하면 좋고, 어렵다면 코드 5.11(https://github.com/ktreewriter/mcp_helloworld/tree/main/simple_example)을 PowerShell 관리자 권한에서 실행하면 된다.

```
powershell -ExecutionPolicy ByPass -c "irm https://astral.sh/uv/install.ps1 | iex"

uv init helloworld
cd helloworld

uv venv
.venv\Scripts\activate # 에러 발생 시 Set-ExecutionPolicy Bypass -Scope Process -Force 입력, 실행
uv add mcp[cli] httpx
new-item helloworld.py
```

코드 5.11 helloworld로 환경 설정과 서버 세팅을 하는 코드

이제 환경 설정과 서버 세팅이 끝났으니 실제로 나만의 MCP 도구를 만들어서 사용해볼 차례다. IDLE을 이용해 만들어둔 `helloworld.py`를 열고, 코드 5.12와 같이 입력하자. 전체 코드는 https://github.com/ktreewriter/mcp_helloworld/blob/main/simple_example/helloworld.py 에서 확인할 수 있으니 참고하길 바란다.

```python
from mcp.server.fastmcp import FastMCP

mcp = FastMCP("helloworld")

@mcp.tool()
async def sum_two_numbers(a: int, b: int) -> int:
    return a + b

if __name__ == "__main__":
    mcp.run(transport='stdio')
```

코드 5.12 매우 간단한 커스텀 서버인 simple_add와 도구인 sum_two_numbers를 정의하는 코드

이 커스텀 도구는 그저 `a`와 `b` 두 개의 숫자를 받아서 더하는 작업만 한다. `sum_two_numbers` 함수를 보면 결과 `a + b`를 우리에게 줄 뿐이다. 여기서 중요한 것은 다음의 세 가지다.

1. `FastMCP("helloworld")`: 서버를 꼭 정의해주어야 함
2. `@mcp.tool()`: 함수를 MCP 도구로 꼭 등록해줘야 함
3. `async def`: 비동기 함수로 정의해줘야 함

`FastMCP("helloworld")`는 MCP 서버를 정의하는 부분이다. 쉽게 비유하자면, 레스토랑을 열기 전에 먼저 건물을 짓는 것과 같다. `"helloworld"`는 이 건물(서버)의 이름이며, AI가 이 도구를 찾을 때 사용하는 주소라고 할 수 있다. 만약 이 부분이 없다면 아무리 좋은 도구를 만들어도 AI가 사용할 수 없다.

`@mcp.tool()`은 AI가 함수를 호출 가능한 도구로 등록하는 부분이다. 이 코드가 있어야 AI가 도구로 인식하고 사용할 수 있다. 이 코드가 없다면 AI는 이 함수가 도구인지 알지

못해 사용할 수 없다.

async def는 비동기 함수로 정의하는 부분으로, MCP 도구는 비동기 방식으로 동작해야 한다. 비동기 함수는 여러 작업을 동시에 실행할 수 있게 하여 대기 시간이 긴 작업을 효율적으로 처리할 수 있다. 쉽게 말하면, **비동기**란 여러 일을 동시에 처리할 수 있게 해준다. 예를 들어 세탁기를 돌려놓고 그동안 다른 집안일을 할 수 있게 해주는 것과 같다.

그럼 테스트를 해보자. 앞서 설명한 대로 MCP 서버를 추가하자. 만약 어렵다면 다음을 참고해서 다시 복기해보자.

```
{
  "mcpServers": {
    "helloworld": {
      "command": "uv",
      "args": [
        "--directory",
        "C:\\Windows\\System32\\helloworld",
        "run",
        "helloworld.py"
      ]
    }
  }
}
```

코드 5.13 **MCP 서버를 사용하도록 claude_desktop_config.json에 추가할 코드 예시**

코드 5.13과 같이 만들어진 helloworld MCP 서버를 사용할 수 있도록 추가한 뒤에, 다시 Claude Desktop을 종료 후 재실행을 해보면 이제부터 새로운 도구를 호출할 수 있을 것이다. 테스트를 위해 다음과 같이 프롬프트를 작성하면 잘 사용하는 것을 알 수 있다.

 두 개의 값을 더할 거야. 10과 50을 MCP helloworld 서버의 도구를 써서 더해봐.

MCP helloworld 서버의 도구를 사용하여 10과 50을 더해보겠습니다:
> helloworld(로컬)의 sum_two_numbers 결과 보기>

```
{
  `a`: 10,
  `b`: 50
}
60
```

10과 50을 더한 결과는 60입니다.

helloworld의 sum_two_numbers 도구가 실행되는지 테스트하는 모습(출처: Claude)

실제로 테스트하기 위해 Claude에 명시적으로 어떤 MCP를 써야 하는지 매우 간단하게 질의를 해보았는데, helloworld의 `sum_two_numbers` 도구를 이용해서 응답하는 것을 볼 수 있다. 자, 여기까지 읽었다면 MCP 서버를 구축하고 어떻게 도구를 만드지 대략적으로 이해했을 것이다.

MCP 서버 개발의 핵심은 결국 AI와 사람, 그리고 외부 서비스와의 사이에 다리를 놓는 일이라고 할 수 있다. 이 다리가 튼튼하고 효율적일수록, AI는 더 다양하고 유용한 기능을 사용자에게 제공할 수 있다. 지금까지 여러분이 첫 발을 내딛을 수 있도록 안내했다. 이 책을 읽으며 개발을 하다 보면 이해도가 높아져서 '시티즌 MCP 서버 개발자'로서의 진정한 첫 발을 내딛을 수 있는 계기가 될 것이다.

여러분에게 말하고 싶은 중요한 한 가지는 읽는 것으로 끝나는 것이 아니라 실제로 개발해보는 것이 중요하다는 것이다. 수많은 사람이 MCP 서버를 개발하겠지만 각자 다른 니즈에 의해 서로 다른 도구들을 만들 것이고, 이러한 활동이 반복되면 AI를 이용해 인류를 더욱 풍성하게 할 수 있을 것이라고 믿는다. 자, 이제 나만의 도구들을 정의해서 내가 원하는 대로 AI를 활용하는 새로운 세상으로 떠나도록 하자!

용어 설명

⭐ 비동기

비동기는 여러 작업이 동시에 진행되면서 서로를 기다리지 않고 각자 알아서 처리하는 방식이다. 비동기 처리는 특히 시간이 오래 걸리는 작업(파일 다운로드, 데이터베이스 검색, 외부 서비스 호출 등)을 다룰 때 유용하다. 예를 들어 스마트폰 앱에서 사진을 업로드하는 동안에도 사용자는 계속해서 다른 사진을 선택하거나 캡션을 작성할 수 있다. 이것이 가능한 이유는 파일 업로드가 비동기적으로 처리되기 때문이다.

⭐ 데커레이터

데커레이터는 이미 존재하는 기능에 추가적인 기능을 덧입히는(장식하는) 설계 방식이다. 이는 기존 코드를 변경하지 않고도 새로운 기능을 확장할 수 있게 해주므로, 프로그래밍에서 데커레이터는 코드의 재사용성을 높이고 기능 확장을 유연하게 해준다. 예를 들어 웹사이트에서 페이지에 접근하기 전에 사용자가 로그인했는지 확인하는 기능, 함수의 실행 시간을 측정하는 기능, 에러가 발생했을 때 자동으로 기록하는 기능 등을 기존 코드 변경 없이 데커레이터로 구현할 수 있다.

5.3 나만의 리소스 정의하기

앞서 리소스의 기본 개념과 도구 중심 구현 사례를 소개하면서, 주로 도구에 집중해 설명했다. 혹시 리소스에 대해 궁금해할 독자도 있을 것 같아, 이 절에서는 리소스의 개념과 작동 방식, 그리고 실제 구현 시 고려해야 할 점들을 추가로 설명하고자 한다. 특히 MCP 서버를 구현하면서 리소스의 작동 방식과 중요성을 이해하는 것이 필요할 수도 있다. 이 장에서는 이러한 내용을 중심으로 최대한 쉽게, 필요한 수준의 정보를 추가로 설명하겠다. 물론, 이 내용이 필요하지 않거나 관심이 없다면 이 절은 건너뛰어도 괜찮다.

먼저 **리소스**가 왜 필요한지부터 이해해보자. 리소스가 왜 필요할까? 리소스가 필요한 이유는 여러 가지가 있겠지만, 내가 생각할 때 핵심은 두 가지다. '애플리케이션 통제성'과 '데이터와 로직의 분리'가 중요하기 때문이다.

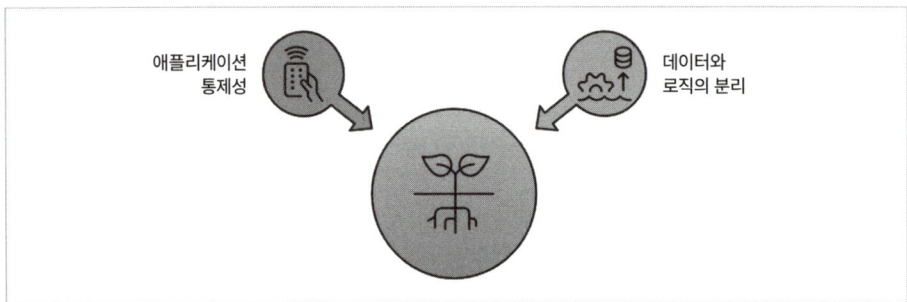

그림 5.12 **리소스가 필요한 이유**(출처: Napkin.ai)

먼저 **애플리케이션 통제성**에 대해 이야기해보자. 리소스는 AI 모델이 접근할 수 있는 데이터에 대해 통제 권한을 애플리케이션에 부여한다. 이는 단순한 기능적 차이를 넘어, 철학적이며 AI 시스템의 근본적인 작동 방식과 가까운 문제다.

예를 들면 우리가 사용하는 Claude Desktop에서는 리소스의 사용 방식과 시기를 애플리케이션이 결정한다. 반면 Claude Desktop에서 도구는 사전에 승인했다면, AI가 필요하다고 판단될 때 자율적으로 호출할 수 있다. 앤트로픽의 공식 깃허브에 의하면 표 5.2와 같이 제어 주체를 언급하고 있다.

항목	제어 주체(control)	설명(description)	예시(example use)
프롬프트 (prompt)	사용자 제어 (user-controlled)	사용자가 선택하여 호출하는 인터랙티브 템플릿	슬래시 명령어, 메뉴 옵션
리소스 (resource)	애플리케이션 제어 (application-controlled)	클라이언트 애플리케이션이 관리하는 콘텍스트 데이터	파일 내용, API 응답
도구 (tool)	모델 제어 (model-controlled)	LLM이 액션을 수행하기 위해 사용할 수 있는 함수	API 호출, 데이터 업데이트

표 5.2 앤트로픽의 공식 Git 설명[7]

다음으로 **데이터와 로직의 분리**가 어떤 의미인지 알아보자.

소프트웨어 설계의 핵심 원칙에는 시스템의 복잡성을 관리하고 유지 보수성을 높이는 것이 포함되어 있다. 복잡할수록 관리가 어렵기 때문에 가능한 한 분리를 해서 단순하게 만들어 쉽게 유지 보수할 수 있도록 해야 한다는 것이다.

이를 위해 리소스를 별도로 지정함으로써 서버는 데이터의 저장, 관리, 접근 제어, 업데이트 등을 담당하고, AI 모델은 제공받은 데이터를 해석하여 이를 기반으로 추론하는 역할에 집중한다. 이러한 구조는 데이터 관리 로직을 변경하더라도 AI 모델의 작동 방식을 수정할 필요가 없다. 예를 들어 회사가 DB 시스템을 교체하거나 파일 저장 방식을 변경해도, 리소스만 잘 관리하면 AI 모델의 작동 방식을 유지할 수 있다.

---

[7] https://github.com/modelcontextprotocol/python-sdk

게다가 리소스로 관리하면 여러 도구 함수가 동일한 리소스에 접근할 수 있도록 만들 수 있다. 이는 여러 도구에서 같은 정보를 호출해야 할 때, 하나의 리소스만 호출하면 되므로 코드 중복을 줄일 수 있다. 또한 리소스는 단순히 데이터를 읽는 역할만 하며 시스템 상태를 변경하지 않으므로 혹시 모를 위험도 방지할 수 있다.

앞서 언급한 이유들은 모두 거버넌스 원칙을 구현하는 데 중요한 수단이 되기 때문에 리소스는 반드시 필요하다.

자, 이제 리소스의 필요성은 충분히 설명했으니, 실제로 리소스에 대해서 더 자세히 알아보자.

이번에는 리소스의 작동 방식에 대해 알아보자. 리소스는 고유한 주소(URI)로 식별한다. **URI**는 리소스를 다른 리소스들과 구분할 수 있도록 해주는 고유한 정보다. AI 모델이 다양한 데이터 소스에 접근할 수 있도록 설계된 식별자라고 이해하면 된다.

리소스의 URI는 `[protocol]://[host]/[path]`와 같이 구성된다. Protocol 부분(예: `file://`, `postgres://` 등)은 서버 개발자가 임의로 정의 가능하다. 기존에 많이 보던 표준 프로토콜(`http`, `ftp` 등)을 사용하거나 완전히 새로운 프로토콜 이름으로 생성하는 것이 가능하다. 예를 들어 `myapp://`, `customdb://` 같은 커스텀 프로토콜도 가능하다. 물론 무조건 되는 것은 아니고 Pydantic의 URL 파싱 규칙과 일치해야 하지만, 범위를 넘어서니 넘어가도록 하자.

다음으로 Host 부분(예: `localhost`, `database` 등)은 논리적인 구분을 위한 식별자로 사용 가능하다. 마지막으로 Path 부분(예: `/home/user/documents`, `/customers/schema` 등)은 데이터에 접근하기 위한 논리적 경로로 사용할 수 있다. 물론 실제 파일 시스템 경로가 될 수도 있다.

1. file:///home/user/documents/report.pdf
2. postgres://database/customers/schema
3. screen://localhost/display1

자료 5.1 앤트로픽 공식 MCP docs의 URI 예시[8]

URI 구조에 대한 설명이 이렇다면, URI 구조는 서버 내부적으로 데이터를 찾기 위한 식별자로 사용된다는 것만 기억하도록 하자. 자, 그렇다면 백문이 불여일견이니, 실제로 리소스를 한번 사용해보자. 먼저, PowerShell을 이용해서 `custom_resource`라는 환경을 만들어보자.

```
powershell -ExecutionPolicy ByPass -c "irm https://astral.sh/uv/install.ps1 | iex"

uv init custom_resource
cd custom_resource

uv venv
.venv\Scripts\activate # 에러 발생 시 Set-ExecutionPolicy Bypass -Scope Process
-Force 입력, 실행
uv add mcp[cli] httpx
new-item custom_resource.py
```

코드 5.14 `custom_resource`으로 환경 설정과 서버 세팅을 하는 코드

꼭 환경 설정을 매번 할 필요는 없지만, 개발용으로 만든 환경과 다른 환경이 섞이지 않게 하는 것은 차후에도 도움이 되는 습관이므로 연습 겸 해보도록 하자. 이제 리소스를 만들어서 사용해볼 차례다. 만든 `custom_resource.py`를 IDLE로 열고, 다음 코드(https://github.com/ktreewriter/mcp_helloworld/blob/main/weather/custom_resource.py)를 복사해서 붙여넣자.

---

[8] https://modelcontextprotocol.io/docs/concepts/resources

```python
from mcp.server.fastmcp import FastMCP, Context
import json

# MCP 서버 초기화
mcp = FastMCP("custom")

# 리소스: 지역-좌표 매핑
@mcp.resource("custom://location_coords")
def load_location_coords():
    """지역명과 기상청 좌표(nx, ny) 매핑 데이터"""
    location_coords = {
        "서울": {"nx": "60", "ny": "127"}, "부산": {"nx": "98", "ny": "76"},
        "대구": {"nx": "89", "ny": "90"}, "인천": {"nx": "55", "ny": "124"},
        "광주": {"nx": "58", "ny": "74"}, "대전": {"nx": "67", "ny": "100"},
        "울산": {"nx": "102", "ny": "84"}, "세종": {"nx": "66", "ny": "103"},
        "경기": {"nx": "60", "ny": "120"}, "강원": {"nx": "73", "ny": "134"},
        "충북": {"nx": "69", "ny": "107"}, "충남": {"nx": "68", "ny": "100"},
        "전북": {"nx": "63", "ny": "89"}, "전남": {"nx": "51", "ny": "67"},
        "경북": {"nx": "89", "ny": "91"}, "경남": {"nx": "91", "ny": "77"},
        "제주": {"nx": "52", "ny": "38"}
    }
    return json.dumps(location_coords, ensure_ascii=False)

# 도구: 지역명으로 좌표 변환
@mcp.tool()
async def get_location_coords(ctx: Context, location: str) -> str:
    """
    지역명으로 기상청 좌표를 조회한다.
    """
    # 리소스에서 지역-좌표 데이터 가져오기
    location_data = await ctx.read_resource("custom://location_coords")
    location_data = location_data[0].content
    location_data = json.loads(location_data)
    return location_data[location]

# 서버 시작
if __name__ == "__main__":
    mcp.run()
```

코드 5.15 매우 간단한 커스텀 서버인 custom_resource와 리소스인 load_location_coords, 도구인 get_location_coords를 정의하는 코드

이 서버는 AI 모델이 미리 입력한 서울 지역의 좌표 정보에 접근할 수 있게 해주는 연결다리 역할을 한다. 사용자가 '서울의 기상청 좌표는?'이라고 물으면, AI 모델은 이 MCP 서버를 통해 사용자가 이전에 입력해둔 리소스의 정보를 조회하고 받은 데이터를 기반으로 사용자에게 응답할 수 있다.

자, 지금까지 실제로 custom_resource MCP 서버를 개발해보았다. 이제 이 custom_resource MCP 서버를 실제 Claude Desktop에서 사용할 수 있도록 해보자. claude_desktop_config.json를 열고, 다음과 같이 입력해보자.

```
"custom_resource": {
  "command": "uv",
  "args": [
  "--directory",
  "C:\\Windows\\System32\\custom_resource",
  "run",
  "custom_resource.py"
  ]
}
```

코드 5.16 MCP 서버를 사용하도록 claude_desktop_config.json에 추가할 코드 예시

코드 5.16과 같이 만들어진 custom_resource MCP 서버를 사용할 수 있도록 추가한 뒤에, 다시 Claude Desktop을 종료 후 재실행해보면, 이제부터 새로운 도구를 호출할 수 있을 것이다. 테스트를 위해 다음과 같이 프롬프트를 작성하면 잘 사용하는 것을 알 수 있다.

서울의 좌표는?

서울의 좌표를 알려드리겠습니다. 서울의 대표적인 좌표를 확인하겠습니다.
> custom_resource(로컬)의 get_location_coords 결과 보기>

```
{
  `location`: `서울`
}
{"nx": "60", "ny": "127"}
```

> 서울의 기상청 좌표는 다음과 같습니다:
> - X 좌표(nx): 60
> - Y 좌표(ny): 127
>
> 이 좌표는 기상청에서 사용하는 격자 좌표 체계에 따른 것입니다. 참고로 서울의 일반적인 위도/경도 좌표는 약 37.5665° N, 126.9780° E입니다.

custom_resource의 get_location_coords 도구가 실행되는지 테스트하는 모습(출처: Claude)

실제로 테스트를 하기 위해 매우 간단하게 Claude에 질의해보았다. custom_resource의 get_location_coords 도구를 이용하여 우리가 이전에 리소스로 입력해둔 `"custom://location_coords"`를 통해 `load_location_coords()` 함수를 호출하여 응답하면 <<"서울": {"nx": "60", "ny": "127"},"부산": {"nx": "98", "ny": "76"},"대구": {"nx": "89", "ny": "90"},"인천": {"nx": "55", "ny": "124"},"광주": {"nx": "58", "ny": "74"},"대전": {"nx": "67", "ny": "100"}, … , "제주": {"nx": "52", "ny": "38"}}>>을 불러오게 되고, 여기서 `"서울"`이라는 값으로 `get_location_coords` 함수를 통해 추출함으로써 `{"nx": "60", "ny": "127"}`이라는 값을 AI가 받을 수 있게 만든다. 여기서 꼭 알아야 할 것은 다음과 같다.

1. `@mcp.resource`: AI가 접근할 수 있는 데이터를 등록해주어야 함
2. `await`: 비동기 작업이 완료될 때까지 기다리는 키워드
3. `ctx`: MCP 기능에 접근할 수 있는 Context 객체

`@mcp.resource`는 AI가 사용할 수 있는 데이터를 등록하는 부분이다. 쉽게 설명하자면, 도서관에 책을 등록하는 것과 같다. `"custom://location_coords"`는 이 데이터의 주소이며, AI가 이 데이터를 찾을 때 사용하는 이름이다. 함수 안에는 실제로 제공할 데이터(여기서는 지역별 좌표 정보)가 들어 있다. 만약 이 부분이 없다면 AI는 필요한 데이터가 어디 있는지 알 수 없다.

`await`는 일종의 '기다려'라는 의미의 키워드다. 컴퓨터가 데이터를 가져오는 등 시간이 걸리는 작업을 할 때, 그 작업이 끝날 때까지 기다리라고 지시한다. 이것은 마치 커피숍에서 주문을 하고 바리스타가 커피를 만들 때까지 기다리는 것과 같다. 비동기 함수

(`async def`로 시작하는 함수) 안에서만 사용할 수 있다. 만약 `await` 없이 데이터를 요청하면, 데이터가 준비되기도 전에 다음 작업으로 넘어가서 오류가 발생할 수 있다.

`ctx`는 `Context` 객체(`from mcp.server.fastmcp import Context`에서 정의되어 `ctx`는 `Context`다)로, MCP 시스템의 다양한 기능을 사용할 수 있게 해주는 도구다. 여기서는 `read_resource`라는 기능을 통해 등록된 데이터를 읽어오는 데 사용된다. ctx는 함수의 매개변수로 전달되어 함수 내에서 사용할 수 있다. 만약 ctx가 없다면 MCP의 다양한 기능(데이터 읽기, 진행 상황 보고, 로깅 등)을 사용할 수 없다.

자, 여기까지 읽었다면 MCP 리소스를 정의하고 만든다는 것이 대략적으로 어떤 의미인지 이해할 수 있을 것이다.

사실 이 책에서 실습한 내용은 MCP 개념을 이해하기 위해 핵심적인 부분만 간단히 구현한 것이다. 만약 상용화하거나 업무에 활용하기 위해서는 더 많은 것을 고려해야 한다. 하지만 개발과 IT를 잘 모르는 상태에서 이 작업을 모두 이해하는 것은 쉽지 않고, 이 책의 범위를 넘어가는 것이므로 여기서는 간단한 예시를 통해서만 구현했다는 것을 염두에 두자.

이제 우리가 앞서 이야기했던 지역명이나 강수 형태 등도 이러한 방식으로 만들어 나중에 코드값이 변경되면 리소스만 변경하면 된다. 우리는 앞서 도구를 중심으로 기상청 날씨 데이터를 호출하는 연습을 해보았다. 5.2절에서는 AI가 도구 내에서 API 호출을 했지만 사실 리소스 내에서 호출하는 방식으로 하는 것을 권장하니 참조하도록 하자.

5.2절 말미에 AI가 직접 호출하도록 변경하는 것을 연습해보면 도움이 된다고 했는데, 리소스를 이용해보면 이를 이해하는 데 도움이 될 것이다.

여기서 중요한 점은 도구와 리소스는 상호 보완적으로 동작하기 때문에 도구가 AI의 수행에 적합하다면, 리소스는 AI에게 특정 데이터를 제공하는 데 더 적합하다는 것이다. 이두 가지 접근 방식을 적절히 조합하여 사용하면 AI 시스템의 유연성과 효율성을 크게 향상시킬 수 있을 것이다.

5.4 나만의 프롬프트 정의하기

프롬프트는 MCP에서 자주 사용되는 AI 모델과의 대화 패턴을 미리 정의해둔 구조화된 대화 형식이다. 쉽게 말해, AI에게 특정 작업을 요청할 때 사용할 질문이나 지시문을 미리 만들어두고, 필요할 때마다 재사용할 수 있게 해주는 기능이다.

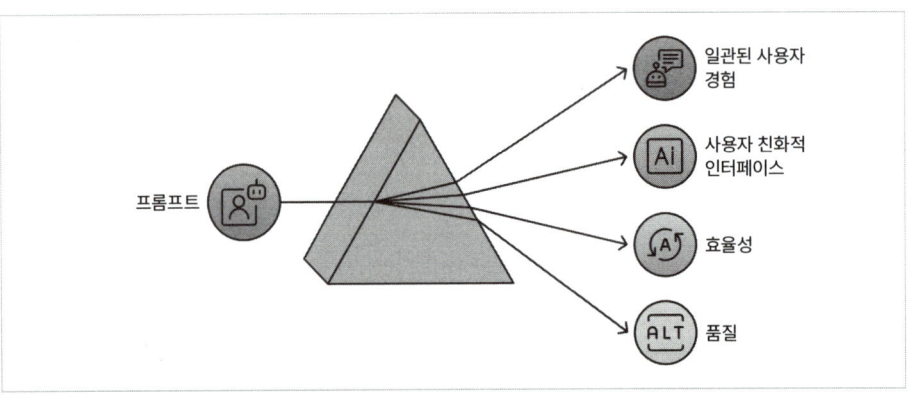

그림 5.13 **프롬프트 기능이 필요한 이유 개념도**(출처: Napkin.ai)

프롬프트가 필요한 이유는 일관된 사용자 경험 때문이다. 프롬프트는 AI 모델과의 상호작용을 더 효율적이고 일관되게 만들어주는 MCP의 핵심 기능으로, 반복적인 AI 요청을 표준화하고, 유저 친화적인 인터페이스를 제공하며, 고품질 AI 응답을 보장한다.

게다가 복잡한 AI 지시문을 작성하는 대신, 사용자는 슬래시 명령어("/코드분석")나 버튼 클릭과 같은 간단한 방법으로 프롬프트를 호출할 수 있어, 기술적 배경이 없는 사용자도 쉽게 AI 기능을 활용할 수 있다. 또한 파이썬 기반 MCP 서버에서는 간단한 코드로 프롬프트를 구현할 수 있어, 개발자들이 쉽게 활용할 수 있고, 이를 통해 AI 애플리케이션의 사용자 경험을 크게 향상시킬 수 있다.

설명만 들으면 이해가 어려울 수도 있다. 이제 프롬프트를 정의하는 걸 통해 더 자세히 이해해보자. 먼저, 앞서 만든 custom_resource 서버가 참조하는 `custom_resource.py` 코드에 다음과 같은 코드를 넣어보자.

```python
# 좌표 조회 프롬프트 추가
@mcp.prompt()
def coords_query(location: str) -> str:
    """특정 지역의 기상청 좌표를 조회하기 위한 프롬프트"""
    return f"""
다음 지역의 기상청 좌표(nx, ny) 정보를 조회해주세요: {location}
get_location_coords 도구를 사용하여 {location}의 좌표를 확인하고 알려주세요.
"""
```

코드 5.17 프롬프트 등록을 위한 코드

이제 저장 후 Claude Desktop을 종료한 뒤에 재시작하면 준비는 끝났다. 기존에는 '서울의 좌표는?'과 같이 물어보았지만, 이제 프롬프트를 등록했기 때문에 좀 다른 방식으로 호출이 가능하다.

/coords_query 서울

서울의 좌표 정보를 확인해드리겠습니다.
> custom_resource(로컬)의 get_location_coords 결과 보기>

```
{
  `location`: `서울`
}
{"nx": "60", "ny": "127"}
```

서울의 기상청 좌표 정보는 다음과 같습니다:
- nx: 60
- ny: 127

> 이 좌표는 한국 기상청에서 날씨 예보와 기타 기상 관련 서비스를 위해 사용하는 좌표입니다. 이 좌표를 이용하여 서울의 현재 날씨 정보 확인 등 다른 작업을 원하시면 말씀해주세요.

등록한 프롬프트를 호출한 결과(출처: Claude)

자, 이제 천천히 살펴보자. 기존에 우리가 일반 프롬프트로 '서울의 좌표는?'이라고 묻는 것과 동일한 결과를 보여주는 것을 알 수 있다. 같은 코드니까 당연히 같은 결과를 보여줄 것이다. 이 과정은 딱히 알 필요가 없어서 설명하지 않았지만 꽤 복잡한 과정을 거친다. 이를 최대한 쉽게 설명하자면, 사용자에게 보이지 않게 자동으로 AI가 서버가 제공하는 도구 목록을 동적으로 탐색해 사용자의 의도를 분석하여 어떤 도구가 필요한지 결정하는 과정을 거쳐 이루어진다.

이 과정에서 AI가 탐색할 수 있는 것은 도구의 이름, 설명, 입력 정보, 허용되는 작업 목록 등인데, 이를 보고 도구를 이해해서 응답해준다. 그러나 우리가 프롬프트를 정의하면서 조금 달라진다. 프롬프트를 정의하면 어떻게 달라지는지 간략히 서술해보겠다.

우리가 앞서 프롬프트를 정의하면서 `coords_query(location: str)`라는 함수를 만들었고, 이 함수는 `location`이라고 하는 값을 받아 작동한다. 그때 프롬프트로 '다음 지역의 기상청 좌표(nx, ny) 정보를 조회해주세요: {location} get_location_coords 도구를 사용하여 {location}의 좌표를 확인하고 알려주세요.'라는 값이 자동으로 호출되면서 자동으로 입력된 `location` 값을 받아 get_location_coords 도구를 사용하게 된다. 이를 통해 입력받은 location 좌표를 알려주는데, 이는 균일한 값을 보장한다. 여기서 주의 깊게 살펴볼 것은 다음 코드다.

- `@mcp.prompt()`: AI에게 맞춤형 지시사항 제공

`@mcp.prompt()`는 AI에게 특정 작업에 대한 지시사항을 제공한다. 이를 통해 AI가 특정 도구를 어떻게 사용해야 하는지, 어떤 형식으로 응답해야 하는지 등의 상세한 지침을 제공할 수 있다. 이는 특정 작업 유형에 최적화된 프롬프트 구조를 표준화하여 일관된 방식으로 작동하게 한다.

기존에 그냥 프롬프트를 입력해서 사용할 때는 AI가 도구를 결정하기 때문에 균일한 응답을 기대하기 어려웠다. 즉 항상 일관된 결과물을 보장하기 어려웠지만, 이제는 프롬프트로 정의했기 때문에 기대와 같이 동작하는 AI를 얻을 수 있게 되는 것이다. 이는 내가 MCP 서버의 프롬프트를 어느 정도 알고 있어야 한다는 단점도 존재한다.

하지만 이러한 단점보다 프롬프트를 명확히 정의하고, 사용할 때는 이를 호출함으로써 얻는 이점이 더 크다. 예시를 보이지 않겠지만, 복잡한 상호작용을 표준화할 수 있고, 비즈니스 로직과 AI 상호작용을 분리하는 데 도움이 될 것이다. 이를 통해 AI 모델이 업데이트되거나 변경되더라도 핵심 기능은 그대로 유지할 수 있다.

비록 프롬프트 설계에 대한 지식이 필요하고 약간의 코드 작성도 필요하지만, 이러한 초기 투자는 장기적으로 더 안정적이고 사용자 친화적인 AI 시스템을 구축하는 데 꼭 필요하므로, 고급 MCP 서버를 개발하는 데 필수라고 할 수 있다.

> **용어 설명**

⭐ 인터페이스

인터페이스는 서로 다른 시스템이나 주체가 상호작용하기 위한 방식이다. 인터페이스는 내부 구현 방식을 숨기고 필요한 기능만 외부에 노출하여 복잡성을 줄이고 일관된 상호작용을 가능하게 한다.

가전제품의 버튼과 화면을 생각해보자. TV 리모컨은 복잡한 전자 회로와 신호 처리 과정을 숨기고, 대신 전원, 채널 변경, 볼륨 조절 같은 단순한 버튼만 제공한다. 사용자는 TV의 내부 작동 원리를 몰라도 이 버튼들을 통해 쉽게 TV를 조작할 수 있다.

프로그래밍에서 인터페이스는 코드가 어떤 기능을 제공해야 하는지 정의한다. 예를 들어 '음악 플레이어' 인터페이스는 재생, 일시정지, 다음 곡 재생, 이전 곡 재생 등의 기능을 정의하지만, 이 기능들이 어떻게 구현되는지는 명시하지 않는다. 덕분에 개발자는 다양한 음악 플레이어 프로그램을 만들 수 있고, 유저는 익숙한 인터페이스로 모든 플레이어를 사용할 수 있다.

5.5 초보자를 위한 바이브 코딩으로 서버 구성(feat. LLM)

이 절에서는 LLM을 활용해 MCP 서버를 구축할 수 있다는 가능성을 소개한다. 분량상의 이유로 직접 구축하지는 않겠지만, 이러한 방법이 가능하다는 점을 소개 차원에서 설명하고자 한다. 이 내용은 앤트로픽의 공식 문서에서도 다루고 있으며, 해당 내용을 바탕으로 IT나 코딩에 익숙하지 않은 독자도 이해할 수 있도록 부연 설명을 추가해 재구성했다.

물론 코딩에 익숙하다면 직접 코드를 작성해도 좋지만, 여기서는 비전공자 또는 일반 독자를 우선 대상으로 하여, **바이브 코딩**vibe coding을 통해 무엇을 할 수 있는지 쉽고 명확하게 설명하는 데 초점을 맞출 것이다.

먼저 이를 설명하기 위해 바이브 코딩에 대해서 설명하겠다. 바이브 코딩은 코드를 직접 작성하지 않고, LLM과의 대화를 통해 코드를 생성하는 새로운 개발 방식이다. 전통적인 코딩이 키보드로 한 줄씩 코드를 타이핑하는 방식이라면, 바이브 코딩은 개발자가 원하는 기능이나 목적을 AI에게 설명하고, AI가 그 설명을 바탕으로 코드를 작성하는 방식이다.

이는 마치 개발팀의 팀원과 대화하듯이 코드를 함께 만들어나가는 접근법으로, 프로그래밍의 진입 장벽을 낮추고 개발 과정을 더 직관적으로 만든다.

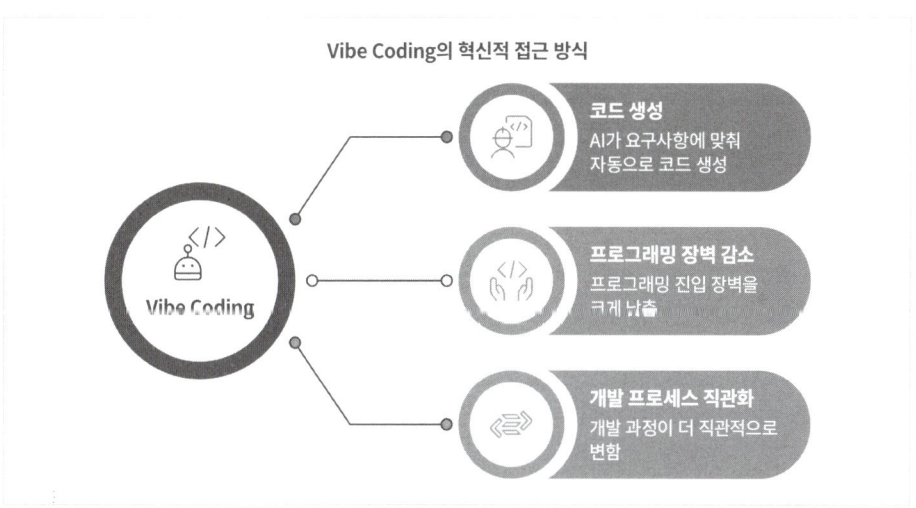

그림 5.14 바이브 코딩의 혁신적 접근 방식(출처: Napkin.ai)

MCP 서버 구축에 바이브 코딩을 적용하면, 복잡한 프로토콜 구현과 서버 설정을 Claude와 같은 AI 모델과의 대화를 통해 진행할 수 있다. 개발자는 코드의 세부 문법이나 구조에 집중하기보다는 서버의 목적과 기능에 집중할 수 있다.

바이브 코딩으로 MCP 서버를 만들기 위해서는, Claude와 같은 LLM이 MCP를 이해할 수 있도록 관련 문서를 제공해야 한다. 이는 마치 새로운 언어를 가르치기 위해 교과서를 제공하는 것과 같다.

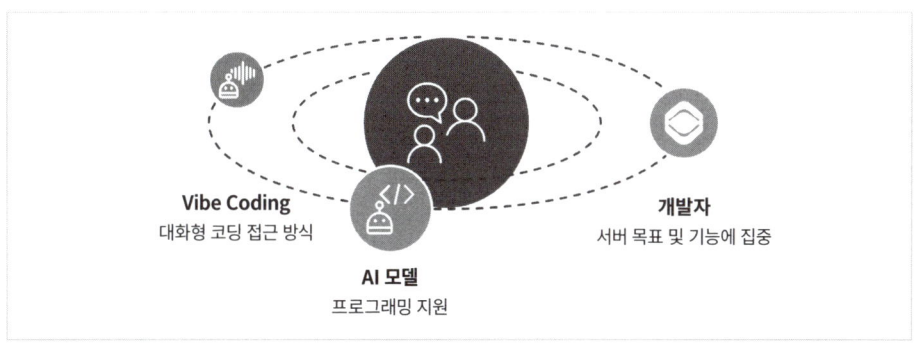

그림 5.15 바이브 코딩으로 MCP 서버 구축 적용 시 각자의 역할(출처: Napkin.ai)

앤트로픽의 공식 문서에서 권장하는 방법은 관련 문서를 Claude에 첨부하는 것이다. 여기서 말하는 관련 문서는 두 가지다. MCP 관련 문서(전체 웹 내용을 복사)[9]와 SDK 문서(MCP TypeScript SDK[10]와 Python SDK repository[11])다. 첨부한 웹 링크에 접속하여 README 파일과 기타 관련 문서를 복사하여 수집한 모든 문서를 Claude의 대화창에 붙여넣는 방식을 통해 MCP에 대한 기본 지식을 Claude가 이해할 수 있도록 한다.

이렇게 문서를 제공하면 Claude는 MCP의 구조와 작동 방식을 이해하고, 요구사항에 맞는 서버 코드를 생성할 준비가 된다. 이 과정은 마치 전문가에게 참고 자료를 제공하여 특정 작업을 수행하도록 준비시키는 것과 유사하다.

문서를 제공한 후, 어떤 종류의 서버를 만들고 싶은지 Claude에게 명확하게 설명해야 한다. 앤트로픽 문서에서 강조하는 것처럼, 구체적이고 명확한 요구사항을 제공할수록 더 정확한 결과를 얻을 수 있다.

서버 설계 시 가능한 한 정확히 설계하는 것이 중요하고, 특히 필요한 경우 자원, 도구, 프롬프트, 외부 시스템 연결의 내용을 명확히 하는 것이 좋다.

앤트로픽 문서에서는 다음과 같은 예시를 제공한다.

다음과 같은 MCP 서버를 만들고 싶다.
- 회사의 PostgreSQL DB에 연결
- 테이블 스키마를 자원으로 노출
- 읽기 전용 SQL 쿼리 실행을 위한 도구 제공
- 일반적인 데이터 분석 작업을 위한 프롬프트 포함

자료 5.2 앤트로픽 문서에서 제공하는 명확한 설계를 요청하는 프롬프트의 예시[12]

---

9 https://modelcontextprotocol.io/llms-full.txt
10 https://github.com/modelcontextprotocol/typescript-sdk
11 https://github.com/modelcontextprotocol/python-sdk
12 https://modelcontextprotocol.io/tutorials/building-mcp-with-llms

이러한 명확한 설명은 마치 건축가에게 집의 설계도를 제공하는 것과 같다. 어떤 기능이 어디에 필요한지 구체적으로 설명할수록, Claude는 그에 맞는 정확한 코드를 생성할 수 있다.

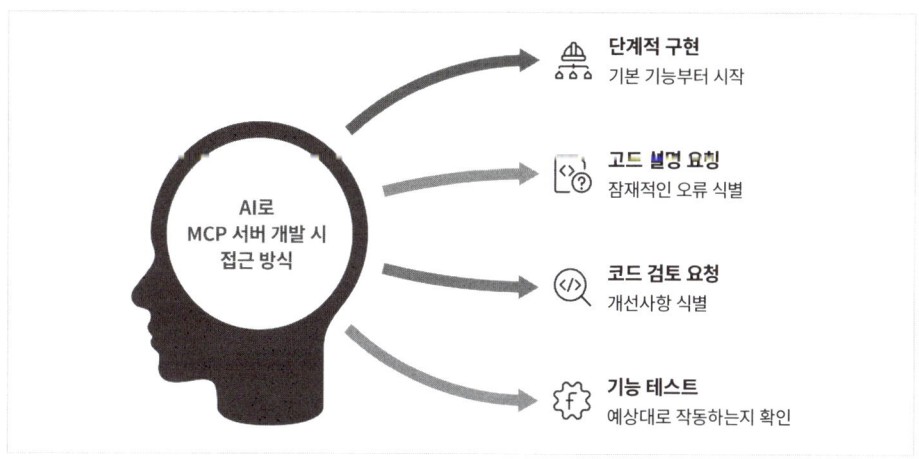

그림 5.16 AI로 MCP 서버 개발 시 접근해야 하는 방식(출처: Napkin.ai, Anthropic Docs)

유의할 점은 앤트로픽 문서에서 권장하는 대로, Claude와 MCP 서버를 개발할 때는 복잡한 작업을 단순한 단계로 나누어 접근하는 것이 좋다는 것이다. 대화형 방식으로 개발을 진행하면, 코드를 이해하고 수정하는 과정이 더 쉬워진다.

이를 위해 가장 기본적인 기능부터 구현하도록 요청하는 것이 좋다. 이는 핵심 기능부터 구현하는 것이다. 너무 많은 기능을 한 번에 구현하려고 하면 잘 구현되지 않을 가능성이 높다. 마치 집을 지을 때 기초공사부터 시작하는 것과 같다. 집도 한 번에 짓는 것이 아니라 단계별로 짓는 것처럼, 바이브 코딩도 마찬가지다.

그러면서 Claude가 생성한 코드에 대한 설명을 요청한다. 복잡한 부분이 있다면, '이 부분이 어떻게 작동하는지 설명해줄 수 있어?'와 같이 질문할 수 있다. 이를 통해 Claude가 잘못된 동작을 하지 않도록 반추할 기회를 주는 것이다.

Claude가 코드를 검토한 후, 필요한 수정이나 개선사항을 요청한다. 예를 들어 '오류 처리 기능을 추가해줄 수 있어?'와 같은 요청이 가능하다. 최종적으로 각 기능을 구현한 후, 해당 기능이 예상대로 작동하는지 확인하는 방법을 물어보는 방식으로 개발하면 원하는 대로 잘 개발할 수 있다.

앤트로픽 문서에 따르면, Claude는 AI가 접근할 수 있는 정보 소스 설정이나, AI가 수행할 수 있는 작업 설정, AI가 참고할 지침 설정, 문제 상황 감지 및 기록, 외부 시스템과의 통신 방법 설정 등에 도움이 된다. 이 과정은 마치 외국어를 모르는 사람이 통역사를 통해 외국어로 된 문서를 작성하는 것과 유사하다. Claude가 프로그래밍 언어와 MCP 프로토콜을 이해하고, 사용자의 요구사항을 코드로 번역해주는 역할을 할 수 있는 것이다.

이처럼 LLM을 활용한 MCP 서버 구축 방식은 프로그래밍 지식이 없거나 제한적인 사람들도 AI의 도움을 받아 복잡한 시스템을 구축할 수 있게 한다. 이는 기술 개발의 접근성을 크게 높이고, 더 많은 사람이 자신의 아이디어를 구현할 수 있게 한다. 이를 통해 IT 전문가와 비전문가 사이의 기술 격차를 줄일 수 있다. 우리처럼 비전문적인 사람들도 지식을 바탕으로 AI와 대화하며 필요한 시스템을 구축할 수 있다.

게다가 전통적인 코딩 방식에 비해 바이브 코딩을 통한 개발은 상당히 빠르게 진행할 수 있다. 개발자는 저수준의 코드 작성보다 고수준의 설계와 구조에 집중할 수 있어, 전체 개발 프로세스가 가속화된다. 특히 아이디어를 빠르게 프로토타입으로 구현할 수 있어, 혁신 주기를 단축할 수 있다. 이는 스타트업이나 신제품 개발에 큰 도움이 될 수 있다는 점에서 의미가 있다.

앤트로픽의 공식 문서에서 권장하는 MCP 서버 구축 시 모범 사례는 모듈화 및 단계적 접근을 구현하고, 철저히 테스트하여 문서화하는 것을 권장한다. 복잡한 서버는 작은 구성 요소로 나누어 개발하여 향후 유지 보수가 수월하도록 만들고, 코드와 기능을 명확하게 문서화한다. 이는 나중에 집을 수리하거나 확장할 때 참고할 수 있는 설계도를 보관하는 것과 같다.

또한 코드에 대해서 철저히 테스트하기를 권장한다. 이는 집을 지을 때 각 단계마다 안전 점검을 하는 것과 같다. 게다가 입력값 검증 및 접근 제한 등 보안 측면을 항상 고려하기를 권장한다. 이는 집에 적절한 잠금 장치와 보안 시스템을 설치하는 것과 유사하다.

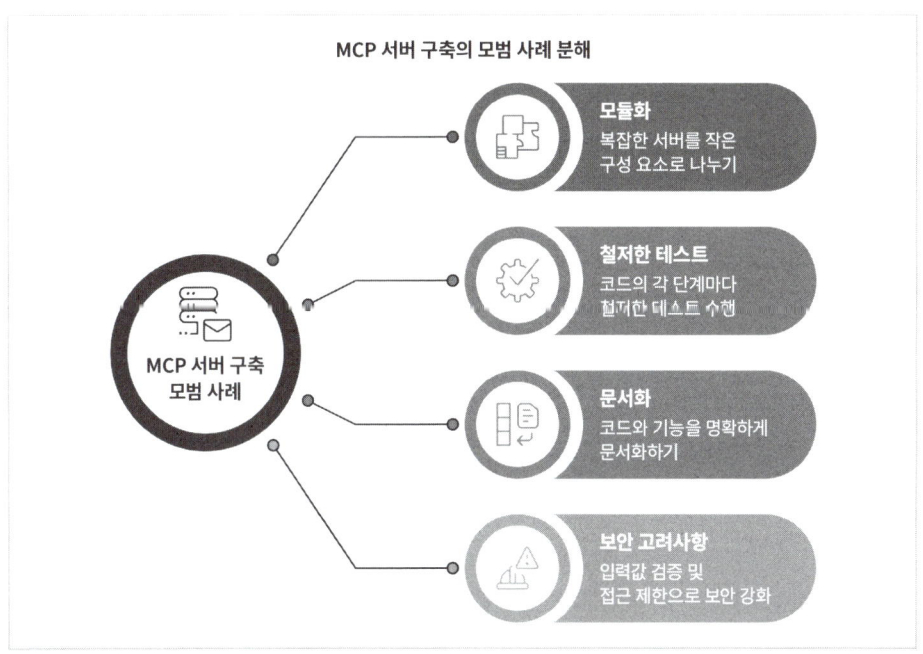

그림 5.17 **MCP 서버 구축의 모범 사례** (출처: Napkin.ai, Anthropic Docs)

이번 절에서는 LLM을 활용하여 MCP 서버를 구축하는 방법을 소개했다. 비록 직접 구축해보지는 않더라도, 기술적 배경이 없는 사람도 AI 모델의 도움을 받아 MCP 서버를 만들 수 있다는 것을 알 수 있다.

바이브 코딩을 통한 MCP 서버 구축은 단순히 코드 작성을 AI에게 위임하는 것을 넘어, 소프트웨어 개발 방식의 패러다임 전환을 의미한다. 이는 기술 접근성을 높이고, 더 다양한 분야의 전문가들이 자신의 도메인 지식을 바탕으로 AI 시스템을 확장하고 활용할 수 있게 하는 중요한 발전이다. AI는 MCP 서버 개발의 든든한 가이드 역할을 할 수 있으며, 바이브 코딩의 새로운 가능성을 경험하는 데 도움을 줄 수 있다.

CHAPTER

6

AI 에이전트와 MCP의 미래

최근 AI 기술이 급속도로 발전하면서 AI 에이전트 개념이 각광받고 있으며, 그에 따라 AI 에이전트를 지원하는 기술도 주목받고 있다. 특히 MCP는 AI의 상호작용 방식을 변화시키고, 기업과 개인에게 새로운 기회를 제공하고 있다. 이 장에서는 이러한 MCP의 미래를 함께 조망해보자.

MCP 서버 생태계는 앞으로 앱과 유사한 형태로 발전할 가능성이 높다. 다양한 MCP 서버가 모인 마켓플레이스가 등장할 것이니, 공식 서버뿐만 아니라 개인이나 소규모 팀이 만든 비공식 서버도 함께 존재할 것이다. 이러한 서버들은 마치 구글 플레이스토어나 애플 앱스토어처럼, 한곳에서 필요한 기능을 검색하고 선택해 사용할 수 있는 플랫폼 구성 요소로 활용될 것이다.

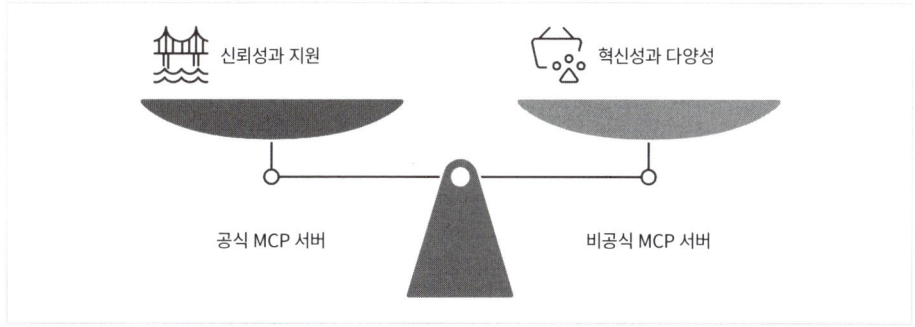

그림 6.1 기업에서 제공하고 관리하는 공식 MCP 서버와 개인이나 소규모 팀이 제공하는 비공식 MCP 서버 비교
(출처: Napkin.ai)

이로 인해 개인 개발자와 스타트업에게 지금과는 다른 형태의 기회가 열릴 것이다. 대기업뿐만 아니라 개인이나 소규모 조직도 특화된 MCP 서버를 개발하고 서비스할 수 있게 되며, 이는 모바일 앱 생태계가 다양한 개발자들에게 기회를 제공했던 것과 유사한 환경을 조성할 것이다.

분야별 특화 MCP 서버도 반드시 등장할 수밖에 없다. 예를 들어 데이터 분석, 문서 처리, 이미지 편집, 코드 작성 등 특정 목적에 최적화된 MCP 서버들이 생겨날 것이며, 사용자는 자신의 요구에 맞는 서버를 선택하여 AI의 기능을 손쉽게 확장할 수 있을 것이다. 미래에는 MCP가 무엇인지도 모르고 MCP를 쓰는 시대가 올 것이라고 생각한다.

이는 곧 비즈니스 모델의 다양화로 이어질 것이다. 무료, 프리미엄, 구독 기반 고급 MCP 서버 등 다양한 수익 구조가 생길 것이다. 초기에는 자사의 제품 활용을 돕는 MCP 서버 제공으로 시작하더라도, 결국 점차 더 많은 기능과 도구를 제공하는 기업용 고급 MCP 서버부터, 일반 사용자에게 필요한 기능만 제공하는 저가형 서버까지 다양한 가격대의 서비스가 생길 것이다.

AI로 수익을 창출하는 AI 비즈니스 모델이 궁금하다면 《AI는 회사에서 어떻게 쓰이는가》(생능북스, 2025)를 참고하고, 비즈니스 목표에 맞는 AI 도입을 단계적으로 실행하는 현장 중심 AI 트랜스포메이션 전략이 궁금하다면 《AI 트랜스포메이션》(제이펍, 2025)을 참고하도록 하자.

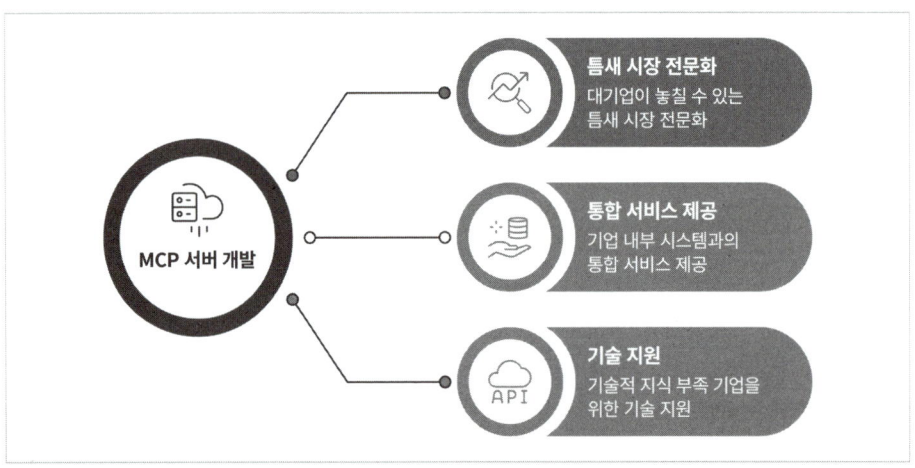

그림 6.2 **MCP 서버 개발에서 중소기업 및 스타트업의 미래와 기회**(출처: Napkin.ai)

MCP와 관련해 특히 중소기업 및 스타트업이 주목해야 할 전략은 대기업이 놓치기 쉬운 특수한 영역이나, 소규모 산업에 특화된 MCP 서버를 개발하는 등 틈새 시장을 공략하는 것이다. 예를 들어 법률, 특허, 학술 연구 등 특정 산업에 특화된 MCP 서버를 개발할 수 있다.

또한 MCP 서버 설정과 기업 내부 시스템 연동을 도와주는 통합 서비스나 컨설팅 기업도 등장할 것이다. 기술적 지식이 부족한 기업들이 MCP를 도입하는 데 필요한 지원을 받게 될 것이며, 이는 다양한 기업이 AI 모델과의 연동을 통해 업무 효율을 극대화할 수 있는 기회가 될 것이다.

최근 구글은 **A2A**Agent to Agent라는 개념을 제안[1]했다. 이는 AI 에이전트 간의 통신 규약으로, 쉽게 말해 서로 다른 AI 비서들이 대화하고 협력할 수 있게 하는 표준화된 방식이다. 마치 사람들이 공통된 언어로 대화하듯, AI 에이전트들도 공통된 형식과 규칙으로 정보를 주고받을 수 있게 하자는 것이다.

예를 들어 챗GPT가 특정 분야에 특화된 AI와 대화를 나누거나, Claude가 Gemini에게 특정 작업을 위임하는 식의 협업이 가능해진다. 이는 마치 전문가들이 모여 회의하는 것과 같은 협업을 AI 에이전트들 사이에서 구현하는 것이다.

실제로 이 A2A 프로토콜에 파트너로 참여하는 기업들을 보면 우리가 잘 아는 기술 기업이 많으며, 이로 인해 향후 확산 가능성도 매우 높다고 볼 수 있다.

그림 6.3 **A2A 프로토콜에 기여하는 파트너 목록**

---

[1] https://developers.googleblog.com/en/a2a-a-new-era-of-agent-interoperability/

MCP와 A2A는 모두 AI 시스템의 확장성과 상호 운용성을 높이기 위한 기술이지만, 접근 방식에는 명확한 차이가 있다. 예를 들어 MCP는 AI 모델과 외부 도구 또는 데이터 간의 연결에 중점을 둔다. 이는 단일 AI가 외부 세계와 소통하고, 작업을 수행할 수 있게 한다. 하지만 A2A는 여러 AI 에이전트 간의 협업에 중점을 둔다. 서로 다른 AI 에이전트가 정보를 교환하고 함께 문제를 해결할 수 있는 프레임워크를 제공한다.

중요한 것은 MCP와 A2A는 경쟁 관계가 아닌 상호 보완적인 관계라는 점이다. 예를 들어 복잡한 작업은 A2A를 통해 여러 AI가 분담하고, 각 AI는 MCP를 통해 필요한 도구와 데이터에 접근하는 방식으로 처리할 수 있다. 이를 통해 좀 더 유연하고 강력한 AI 생태계가 완성될 것이다.

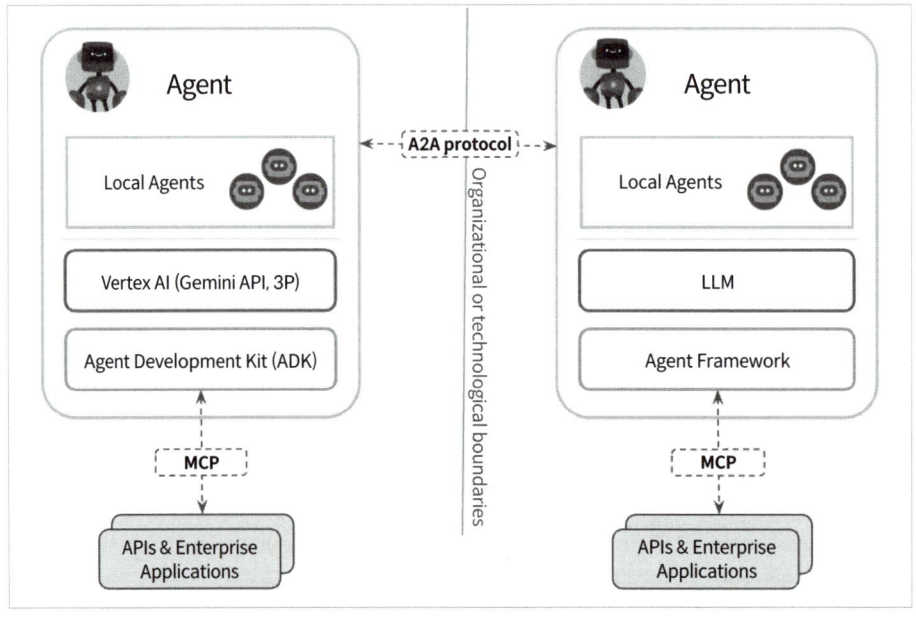

그림 6.4 **A2A와 MCP의 관계 도식도**[2]

하지만 MCP의 정확도와 신뢰성은 여전히 해결해야 할 과제다. 현재 MCP 기반의 AI 에이전트는 새로운 도구를 쉽게 추가할 수는 있지만, 그 도구를 얼마나 정확하게 사용할

---

2   https://google.github.io/A2A/#/

수 있는지는 보장할 수 없다. 실제로 사용 여부 자체를 직접 검증해보지 않으면 알기 어렵다는 점에서, 이 한계는 A2A와의 결합을 통해 어느 정도 보완할 수 있을 것으로 보이지만, 얼마나 가능할지는 아직 확답할 수 없다.

그럼에도 불구하고 MCP는 AI를 단절된 지식 저장소가 아닌, 정보를 바탕으로 실시간으로 행동하는 능동적인 에이전트로 진화시키는 중요한 촉매제라는 것은 누구도 부인할 수 없다.

이제 책을 덮고 컴퓨터 앞에 앉아보자. MCP를 이용해 AI와 우리 일상, 그리고 비즈니스가 연결되는 새로운 미래를 열어가는 첫발을 내딛어보자.

용어 설명

★ 바이브 코딩

바이브 코딩은 개발자가 자연어 명령을 통해 인공지능이 코드를 생성하도록 유도하는 프로그래밍 방식이다. 2025년 2월 Andrej Karpathy가 제시한 이 개념은 '코드의 존재를 잊고 분위기에 몰입하는(vibe)' 접근법을 강조한다.

이는 마치 건축가가 직접 벽돌을 쌓지 않고 청사진과 의도를 전달하면 건물이 지어지는 것과 유사하다. 개발자는 '사용자가 업로드한 사진을 자동으로 보정하는 웹 앱을 만들어줘'와 같은 자연어 지시를 AI에 전달하고, AI는 이를 기반으로 실제 작동하는 코드를 생성한다.

실제 산업 현장에서는 Y Combinator 스타트업의 상당수가 코드베이스의 95% 이상을 AI로 생성[3]하고 있다. 바이브 코딩에서 개발자의 역할은 직접적인 코딩에서 AI 생성 코드의 검증 및 최적화를 하는 역할로 전환되고 있다.

★ A2A

A2A는 인공지능 에이전트 간 통신을 위한 표준 프로토콜로, Google이 주도하는 오픈 표준이다. 이는 서로 다른 AI 시스템이 표준화된 방식으로 정보를 교환하고 협업할 수 있게 해준다.

예를 들면 여러 전문가가 각자의 전문 분야에서 일하면서도 표준화된 보고서 형식과 회의 절차를 통해 효율적으로 협업하는 것과 같다. 즉 비즈니스 출장을 계획할 때 한 AI 에이전트가 항공편 검색, 호텔 예약, 현지 활동 계획 등의 작업을 각 전문 에이전트에 분배하고, 그 결과를 통합할 수 있다. Atlassian, Salesforce, Deloitte 등 50개 이상의 주요 기업이 A2A를 채택[4]해서 도입하기 위해 노력하고 있다.

---

[3] https://wowtale.net/2025/03/07/238059/
[4] https://www.blott.studio/blog/post/how-the-agent2agent-protocol-a2a-actually-works-a-technical-breakdown

■ 진솔한 서평을 올려주세요!

이 책 또는 이미 읽은 제이펍의 책이 있다면, 장단점을 잘 보여주는 솔직한 서평을 올려주세요.
매월 최대 5건의 우수 서평을 선별하여 원하는 제이펍 도서를 1권씩 드립니다!

- **서평 이벤트 참여 방법**
  - ❶ 제이펍 책을 읽고 자신의 블로그나 SNS, 각 인터넷 서점 리뷰란에 서평을 올린다.
  - ❷ 서평이 작성된 URL과 함께 review@jpub.kr로 메일을 보내 응모한다.

- **서평 당선자 발표**

  매월 첫째 주 제이펍 홈페이지(www.jpub.kr)에 공지하고, 해당 당선자에게는 메일로 연락을 드립니다.
  단, 서평단에 선정되어 작성한 서평은 응모 대상에서 제외합니다.

독자 여러분의 응원과 채찍질을 받아 더 나은 책을 만들 수 있도록 도와주시기 바랍니다.

찾아보기

A

A2A   213, 215
agent   9, 12
AI 에이전트   2, 12
AI agent   2, 12
application programming interface (API)   18, 62, 68
artificial intelligence (AI)   3
AWS KB 검색 MCP 서버   91

B D

Brave 검색 MCP 서버   91
Brave Search   144
database (DB)   25, 27, 123
Docker   52, 61

E F

environment   9
EverArt MCP 서버   92
few-shot learning   7, 8
Filesystem   51

G

GCP   61
Git MCP 서버   92
GitHub MCP 서버   92
GitLab MCP 서버   92
Google Cloud Platform   61
Google Drive MCP 서버   93
Google Maps   61

H I L

hallucination   185
in-context learning   14, 16, 111
integrated development environment (IDE)   173
large language model (LLM)   14, 16

M N

MCP   7, 18, 23
MCP 서버   28, 29
Model Context Protocol   7, 18, 23
npx   52, 61

O P

overfitting   7, 8
PostgreSQL MCP 서버   93
prompt   30, 198
protocol   19

R

Redis MCP 서버   93
reinforcement learning   4
resource   29, 190

S

sequential thinking   83
Slack   69
SQLite   123
Sqlite MCP 서버   93
SSRF 취약점   101, 103
supervised learning   4

T U V

Time MCP 서버   94
tool   30, 163, 173
UI   38, 48
uv   52, 166
UX   68
unsupervised learning   4
URI   192
vibe coding   202, 215

찾아보기

ㄱ

가상 환경　169
강화 학습　4
공공데이터포털　170
과적합　7, 8
관계형 DB　123, 142

ㄷ

대규모 언어 모델(LLM)　14, 16
데이터베이스(DB)　25, 27, 123
데이터 역설　122
데커레이터　182, 189
도구　30, 163, 173
도메인　29, 31
도커　52, 61
디버깅　37, 48

ㄹ ㅁ

리소스　29, 190
명령 주입 취약점　99, 103
모듈식 설계　37, 48
문맥 내 학습　14, 16, 111

ㅂ

바이브 코딩　202, 215
비동기　187, 189
비지도 학습　4

ㅅ

사용자 경험　68
서버　28, 31, 36, 163
서버 측 요청 위조 취약점　101, 103
순차적 사고　83

ㅇ

아티팩트　131, 142
에이전트　9, 12
의존성　39, 49
인터페이스　38, 48, 198, 201

ㅈ ㅋ ㅌ

지도 학습　4
클라이언트　28, 36
통합 개발 환경(IDE)　173

ㅍ

파이썬　164
파이썬 IDLE　173
파일 접근 취약점　100, 103
패키지　166
퓨샷 러닝　7, 8
프로토콜　19
프롬프트　30, 198

ㅎ

학습 능력　3
호스트　28, 36
확장성　23
환각　185
환경　9